すべてが叶う究極の次元〈アッパールーム〉の教え

【自己実現】の超法則

Beyond the Known: REALIZATION

Paul Selig

ポール・セリグ

斉藤宗美 訳

ヒカルランド

これから私たちがあなたをいざなうのは、
〝実現〟という唯一の目的を達成できる場所、
アッパールームです。
あなたの魂が成長するためには何が必要でしょうか？
本当の意味で自分自身になるためにはどうしたらよいでしょうか？
敷居を越えて、どうぞ私たちのところに来てください。

アッパールームで共鳴すると、あなたは何でも実現することができます。
その場所であなたの視野は生まれ変わります。
あなたが「私は自分が誰なのか知っています」と宣言するとき、
あなたは神聖な自己を宣言しています。
あなたが「私は言葉です」と宣言するとき、
言葉はあなたを通して、行動する創造主のエネルギーとなります。

今、私たちは宣言します。

自分自身を新たに知り、自分の成長に必要なものを宣言し、
白か黒か、昼か夜かに関係なく、物事はこうあるべきという
過去への執着から起こる偏見を超えた世界を証言するのです。

新たに知り、言い直し、再び宣言したあなたがた一人ひとりの可能性に、
私たちは「はい」と答えます。

あなたがこの地球を前にして目にするものは、
人類の大きな変化の始まりです。
恐怖によって宣言し、選択し、隠してきたものは、
再認識と再宣言によって、祭壇に運んで引き上げなければなりません。
この祭壇とは〝意識〟です。
そして、意識を通して表現する神自身が錬金術師《アルケミスト》なのです。

私たちはここにいます。私たちはここにいます。私たちはここにいます。
あなたを称えて歌うとき、共に歩く新しい道にあなたを引き上げます。
あなたは愛し、知り、既知を超えて認識することを実現します。
そのとき、感謝と愛に満ちたあなたの歌が、
すべてのものの源と一つになって、
この次元の至るところに響き渡ります。

目次

パート1

アッパールーム

第1章 既知の解放

第4章 意思としての神

第5章 神の再生

パート2 実現

第8章　もう一度明確化

第9章　あなたの目の前に続く道

第10章　恐怖からの自由

本書は、二〇一八年五月十九日から八月二十六日にかけて、ニューヨーク州ニューヨーク市、ジョージア州アトランタ市、英国・ロンドン市、ミシガン州アナーバー市、ニューヨーク州ラインベック村、ウィスコンシン州マディソン市、カリフォルニア州サンタバーバラ市、オレゴン州ポートランド市、ワシントン州シアトル市、ノースキャロライナ州ブーン、カナダ・アルバータ州カルガリー市において開催されたワークショップやセミナーで、ポール・セリグを通じてチャネリングされた講義の未編集の録音記録です。

※訳文中の〔　〕は、訳注を示します。
　また、［　］は、著者による補足を示します。
　原注および訳注が長くなる場合は、傍注として掲げました。

まえがき

私は自分のことを頭の柔らかい懐疑論者だと思っています。友人たちやメンターのテッド・デッカーとダンカン・トゥルッセルが、ポール・セリグのチャネリングによる教えを聞いてみたらと勧めたとき、私は何気なくポッドキャストに耳を傾けました。ポールは謙虚で偽りのない人のように思われました。虚勢を張っているような素振りも、スピリチュアル・マスターの仮面をかぶりたがっているようにも見えませんでした。ポールがチャネリングの作業を始めたとき、すべては非常に興味深いものとなりました。彼はさっと言葉の一部分をつぶやき、それからはっきりと聞こえるように繰り返します。さらに聴き進むと、私はますます興味をそそられました。彼が伝えようとしていたメッセージは、そう、すばらしいの一言でした。私はこれまで、その生死を問わず、スピリチュアルな師からこれほど卓越した真理をついた表現を聞いたことはありませんでした。とても驚いたのです。そして、さらに探求してみようという思いに至りました。

私はすぐにポールのチャネリングによる著書に飛びつきました。その教えによって、私の考え方が変わっていったのはこの時でした。高度に進化した概念を把握する自分の可能性についても理解しはじめました。ほんの数カ月の間に実践して学んだ経験は、それまでの何よりも深いものでした。

私は、ポールに直接会うことを決めました。ポッドキャストの録音をしてもらうために、彼をテキサス州オースティンのオニット本社に招待したのです。オニットは最高のパフォーマンスのための体と心の保ち方に焦点を当てていますが、私が個人的に注目しているのは意識の拡大であり、これはしばしば精神の未知なる領域へと私を深く導いてくれるものです。

ポールとの友情はここから始まり、ガイドの教えからできる限り多くのことを学ぼうと取り組みました。私は幸運にも、彼の初期の著作『自由になるための本 *The Book of Freedom*』を手に入れることができました。この本によって、おそらく精神哲学における最も重要な問いである、自分は誰で、何者で、そしてどのように奉仕していくのかという問いかけをさらに深く理解することができたのではないかと思います。

ガイドから学ぶことは私に多くのことを教えてくれただけでなく、二十年以上にわたる経験から見つけた多くの真実に対して、言葉というものを提供してくれました。植物療法、呼吸法、ヨガ、瞑想に身を捧げて学んだすべてのことは、これらの教えと一致していました。こうした個人的な取り組みにおいて私が目指していたのは、愛と、そして、まさに今存在することの無上の喜びを経験する自由というものです。苦しみの原因となる頭の中の抵抗を抑え込んで、痛みを経験する自由です。無条件に、周りのすべての人やすべてのものとつながる自由です。自分の生い立ちやアイデンティティを超えて、私自身を知る自由です。

そんなことから、ポールから、彼の最新作（本書）を読んで、まえがきを書いてくれないかと尋ねられたとき、一瞬の躊躇《ちゅうちょ》もありませんでした。とても光栄なことでしたし、最新作の原稿を一足先に読めるなんて特別なことでした。この本は、これまでのガイドの教えの中で最も大胆なものです。それは、選択する者は誰でも、本当の自分について真に表現することができるということで、ガイドたちが神聖な自己、本当の自己、あるいは、神と一体化した自己と呼ぶものについて書かれています。

私の個人的な経験からいうと、時間をかけてこの本の教えを学ぶことは重要です。あなたの道には、あなたにとって最良のタイミングで、最良の教えが、あなただけのために用意されているのです。そして、その過程を進むとき、あなたがこの作業をしているという理由だけで、あなたの人生が他の誰かと比べて、良いとか悪いとかということはないということも認識してください。そのような判断はこれから始まる旅には持ち込むことはできません。私たちは皆、人生の学校で共に学ぶ者同士なのです。

この本を読み終えたからといって、私はガイドが「アッパールーム」と呼んでいるものの永住者になったとはいえません。それでも、太陽の光があたる窓から少しの間、私はその光景を眺めました。禅で「悟り」と呼ばれる瞬間でした。その眺めによって、私は以前より幸せになり、恐れることが少なくなり、そして、さらに多くの愛に囲まれて過ごすことができるようになりました。読者の皆さんにも、同じ経験をしていただければ幸いです。きっとそうなるに違いありません。

オーブリー・マーカス

『ニューヨーク・タイムズ』紙ベストセラー書籍『人生の主導権を取り戻す　最強の「選択」』（東洋館出版社）著者、オニット社の最高経営責任者

序章

一日目　はじめに

あなたとしてやってきた真実の大使は、新しい振動の世界を宣言するでしょう。真実の大使とは、自分が何者かを知り、王国での自分の居場所を確信する者です。王国とは、神が見るすべてにおいて意識となるものです。

顕在化《けんざいか》する世界は、単なる投影ではありません。ある意味、それは名前によって確認された振動レベルにあるべき共同の合意です。椅子、岩、木、屋根といった形あるものにつけられた名前なのです。これらはすべてつけられた名前を確認するために、名前が与えられています。しかし、ある梢《こずえ》は頭の中にあるイメージとは違うものかもしれません。ある家は家かもしれませんが、それは人のためではなく、雲のための家かもしれないのです。私たちがこれからあなたをお連れしようとしている見晴らしのよい場所から見えるすべては、改めて知ることになるものかもしれません。

存在する権利は、あなたの魂が生まれたときに与えられたものです。生きる権利をあなたから奪うことはできません。それは、あなたがどう生きているか、規則を順守しているか、壁に貼られた卒業証書、どんな家に生まれたかによって左右されるものではありません。そして、あなたが自分をどんな人間だと思ってきたかによって変わるものでもないのです。

存在する権利は、あなた自身が表現しているオクターブによって確認されます。そして、そのオクターブとは、あなたが決めた共鳴やエネルギーに満ちた調和のレベルです。私たちが皆さんを肉体の中にいるまま、高い部屋へ、理解し経験することができるハイレベルな同意へと引き上げるとき、実現[注1]という唯一の目的を達成することができる場所に案内します。

ここでポールが尋ねます。

――私たちが知ることができるとはどういう意味ですか？

体の密度によっては、受け入れることが不可能な意識のレベルというものがあります。しかし、体が高い振動において自分自身を表現することができるようになると、見た目にもはっきりとわかってきます。神の再生と「いう」形と領域について、あなたはこれから教えを受けます。そして、アッパールームに入るために、あなたは体を置き去りにすることはできません。失敗の原因に思える体、自分の思い描くものとは違って見える体、癌《がん》にむしばまれた体、あるいは、何か悪いことが起こるのではないかと恐れている体を置いていくわけにはいかないのです。知るまで、どんなもの

注1　原書の副題にもなっている Realization という単語について、著者は二つの意味で使用しています。一つ目は「本当の意味で気づく」や「認識」という意味で、二つ目は「実現」という意味です。文脈によって訳を変えましたが、本当の自分を認識し、実現するという表現を使うなら、両方とも Realization という単語が当てはまります。したがって、副題を「認識」と捉えても間違いではありません（訳者）。

からも解放されることはありません。まずは、宣言された振動のレベルで熟考されなければ、どんなことももう一度知ることはできないのです。

したがって、私たちは、あなたがどこに座っていても、どのように座っていても、あなたが自己を認識し、アッパールームの住民として自分を受け入れることを支え、サポートできるレベルまであなたを連れていくつもりです。ところで、このアッパールームとは、ある意味、創造されたものです。実際のところ、存在する、存在するかもしれない、または、いつか存在する可能性があるすべてのものは、意識によって創造されたものなのです。それがなければ何も存在しません。したがって、アッパールームを理想化する必要はありませんが、たった一つだけ、あなたをサポートしてくれるかもしれません。それは、あなたがそうしたいと願い、振動の調和の結果として到達しうる場所だということです。

ジュークボックスがあると想像してみてください。あなたは二つの数字を打ち込みます。すると、ある曲が流れてくるでしょう。アッパールームの座標はそんな感じで存在し、あなたがそうしたければいつでもそこに戻ることができます。しかし、アッパールームにとどまるということは、あなたをそこに連れてきてくれた振動を維持することであり、古い過去の火を絶やさないように折れた小枝を集めてはいけないし、崇高な場所でそれに火をつけることはできません。立ち込める煙によって、あなたはアッパールームから追い出されてしまうでしょう。あなたは持っているものだけを、ありとあらゆる方法で知られているこの次元のオアシスであるアッパールームに運び、必要のないものは元の場所に戻します。

あなたがここで直面するかもしれない危機は、もしあればの話ですが、あなたが小さな自己として求めているものはここでは見つからないかもしれないということです。「私を痛みのない場所、意識する必要がない場所に連れていってください。あるいは、その意識が心地よいものなら、すべての意識を運んできてください」と。アッパールームの視点から行動すれば、あなたはきっと世界のために貢献することができます。しかし同時に、これまで人間が人間にしてきたこと、人類が恐怖を利用してきたこと、あなたが自分自身の存在の源から切り離された存在で小さな自己に過ぎないと決めつけてきたこと、そして、人類やあなたが地球と呼ぶこの表現する次元に差し迫った危機について、あなたは新しい視点から見つけることになるでしょう。

では、私たちがあなたのために歌うとき、私たちはあなたが守ることのできる同意のレベルに到達できるように歌います。その歌は共鳴を意味し、言葉は目的や表現や調和を与えます。あなたをアッパールームに連れていくには、あなたがそれに同意し引き上げられることが求められます。それを少し経験するには、すでに存在するものに自己を合わせるということです。あなたは何かを起こそうとしているのではありません。あなたはアッパールームの階段の一番上にあるものを受け入れようとしているのです。共鳴する領域に歌声が広がるように、「私は自由です。私は自由です。私は自由です」と宣言します。するとあなたは自分を取り戻すのです。なぜならそこは、自由の部屋だからです。自分のことを小さな自己だと考えたり、同じように考えている他の人たちに同意してそう思ったりする必要はなくなります。

――それは、どういう意味ですか？

ポールが尋ねます。

法を遵守することです。時間によって規定されたことに従うことです。何かを否定されたときは、そんなものだと教えられてきたように従うということです。アッパールームではもう従わなくてもよいことがあるのです。それらは低いオクターブに存在するもので、そこでは理解され、実行され、最後まで見届けられることになるでしょう。「見届ける」ということは、最後までやり遂げるという意味です。古いものを手放してより高いものに合わせるということは、共有された創造という複雑に絡み合ったタペストリーや響き合うエコーの中に住む一個人として、あなたが同意して今いるその場所を超えて、限界のない、既知を超えた自由というものを経験することです。

つまり、私たちがあなたとこの作業を行うとき、いくつかの理由があってそうします。小さな自己がよくする反対を避けるために、そのような反対にあわないアッパールームにあなたを招待するのです。というのも、アッパールームには反対の根底にある恐怖が存在しないからです。私たちがそこであなたに教え、そして、あなたがそこで学ぶとき、あるいは、自分を取り戻すとき、これまでの古いやり方を求めようとする言い訳も、少しずつあなたから剝《は》がれ落ちていくことでしょう。古い屋根から屋根板が落ちるところを想像してみてください。屋根裏部屋が見え、アッパールームが現れ、そして、その上に広がるすばらしい空を遮るものはなくなります。そこに広がる天空。それはすべて神のものであり、神は至るところに存在します。あなたが既知を超えて実現するためにに何度も何度も自分を高めるための作業をサポートする愛の雲、記憶の雲の中に神は存在するのです。

私たちが今日あなたのために歌い、そして歌い続ける歌は、本書を通して伝えていきます。そして、私たちがそれを歌うとき、その教えを言葉の音色にするとき、神に身をゆだねるあなたを私たちはサポートします。その神こそあなたであり、これまでもずっとあなたであり、あなた以外にはありえません。それがここにいます。ここにいます。ここにいます。

この講義が何度も開催されるアッパールームへ、私たちがあなたを引き上げるとき、あなたはこう言ってもよいのです。

「いいえ、結構です。私は下の階に住みたいのです。恐怖が鳴り響く原野にとどまることにしました。私は怖いので、古い方法で学ぶことを選択します」

あなたは今いる場所にとどまることにするかもしれません。あなたはそのままでも愛されています。失敗することもないでしょう。しかし、本当のあなたになることをあなたが許可すれば、あなた自身が許可するなら、私たちはあなたを新しい教室に連れていき、そこから教えるでしょう。

WORK

これから三つ数えると、あなたの目の前には吹き抜けの階段が現れます。階段の吹き抜けが見えたら、現れた階段を昇ってください。さらに、三つ数えると、このアセンションであなたをサポートするために必要なエネルギーがあなたのために呼び出されます。一、二、三。

目の前の階段を見てください。そして、私たちがあなたを連れ出し、アッパールームに引き上げることを許可してください。三つ数えたら、階段を昇りはじめてください。一段進むごとに、あなたは次のことに同意します。

一、私は新しい自分を授かるために、これまでの自分や生き方から自由になりたいと思っています。

二、私は、自分について、また、自分がどうあるべきかについて、これまで自分を縛りつけてきた、あるいはまだ持ち続けている考えから自由になりたいと思っています。

三、私はこの道を進むにふさわしい人間であると自分を受け入れます。私はこうして生まれ、新しく知り、そして、「私は真に自分が誰なのか知っています。私は真に自分が何者なのか知っています。私は真にどう奉仕すべきか知っています」という言葉を通して振動の歌を歌ってもらったので、この入り口の向こう側で私を待っている王国から贈り物を受け取るかもしれません。

三つ数えたら、あなたの前にある入り口を見てください。私たちが歌う声がしたら、私たちの振動に加わり、あなたを待つものに向かってその敷居をまたいでください。一、二、三。

［ポールを通じてガイドたちの声がします。］

敷居を越えて、私たちのところに来てください。こう感じてください。そうです。

「私は真に自分が誰なのか知っています（声に出して言ってください）。私は真に自分が何者なのか

知っています。私は真にどう奉仕すべきか知っています。私は自由です。私は自由です。私は自由です」

私たちに受け取られてください。このレベルで表現することがどんなものなのかを感じてください。あなたのままでいてください。あなたのままでいてください。あなたのままでいてください。

ありがとう、そして、ここまでにしましょう。終わり。終わり。終わり。

二日目　本当の自分を実現するには

さて、あなたが自分は何を求めているのかと考えるとき、何を欲するべきなのか、何を目指すべきなのか、何を望むべきなのかと、これまでのあなたの歴史を参考にするでしょう。なぜなら、それがあなたという人間だからです。進化するあなたという人は、あなたが考えている以上に進化しています。そして、古いものに固執したり、新しいものを仮定したりすることは、あなたの未来の可能性を放棄することになってしまいます。それを決めるのは何か別のものなのです。**「私の魂が成長するためには何が必要でしょうか？　本当の意味で自分自身になるためには何が必要でしょうか？　本当の自分を実現するために必要な資質とは何なのでしょうか？」**と考えるべきなのです。

小さな自己の願望や指示は、それが心に浮かんだときに、改めて理解してみる機会を与えてくれます。あなたが何をするべきかと考えたことは、あなたが自分のことをどんな人間だと思っているかによって決まるものだからです。実現したあなたに王国を贈るために私たちがやってくるとき、私たちは小さな自己を超えて存在するあなたを見ています。私たちはあなたの小さな自己を放棄するわけではありません。小さな自己がいるべきではないと決めつけたりしません。しかし、私たちはあなたが誰なのか知っています。そして、知っているからこそ、小さな自己の巧妙さや要求、また、小さな自己が満足するような既定の考えに惑わされない場所であなたと会うのです。

私たちがあなたがた一人ひとりと交わす同意とは、あなたがこの出会いにおいて新たに知るということです。知るというのは、実現するということです。そして、あなたは本当の自分になることに同意するので、私たちはあなたがたすべてを受け入れるでしょう。この出会いがなかったら、自分はどうするべきだったのかと考えることで、あなたは小さな自己の願望について改めて考えることができるようになるかもしれません。「小さな自己の課題や取り組みを超えたところで、自分は誰なのかということを認識することがなかったら、私はあれやこれをしていたかもしれませんし、あれやこれを主張していたかもしれません。それはとても重要だと思っていました。小さな自己はそれが自分の運命を決めるものだと知っていると思っていました」と考えるかもしれないのです。

あなたが今日受ける教えは、あなたが上昇するようになると、既知を超えるというだけでなく、歴史の産物や、あなたが生きてきた歴史によって決められたこと、そして、あなたが本当だと信じてきた現実を証明するものを超えた、現実の透明性というものです。あなたが本当だと信じてきた現実は、ある意味、何千年にもわたって何度も作り直されてきた思考がまとまったものです。そして、この密集した次元であなたが経験する堅実性はとても現実的であり、また、もちろんまったく現実的ではありません。なぜなら、現実というものが、実はあなたがこれまで考えたり信じてきたりしたものではないとわかれば、その先に何があるのか、その先に何が存在するのか、そして既知を超えたところに何が見えるのかに気づき始めるからです。

さて、この道を進む必要条件は、あなたが私たちと一緒に既知を超えたところへ旅をするというあなた自身の承諾です。そして、今日、あなたがたそれぞれとこの出会いにおいて結ぶ同意は、これまで尊重してきたことや理解してきたこと、どんな人になるべきかあなたの母が言ったこと、世間があなたに期待していることなどを一切忘れて、あなたがあなた自身を知ることなのです。つまり、あなたが考える自分や、そのせいでこれまであなたが決めつけてきたことは実際に取り除かれるということです。

いろいろな物であふれている板があると想像してみてください。物があふれているので、あなたには向こう側に何があるのか見えません。それらの物を現実として理想化すると、一つの表現、あるいは、その結果や振動のレベルでわかる共鳴においてあなたを宣言します。あなたが自分自身をそれらの物より高く上げることができれば、現実のものを知覚するかもしれません。そして、その知覚によって、より高い景色が見えるアッパールームに行った人は、互いに共鳴する領域に何が存在するのかがわかるようになるのです。あなたに示される澄んだ景色は小さい自己の幻想から解き放たれます。そして、その景色は文化的な要因やあなたが何を欲し切望するべきか、あなたがどうあるべきかによって決まるわけではありません。

あなたがたの中には、どんな犠牲を払ってもこうあるべきだと決めて作り出した世界、これまでずっとそう思い込み、両親から教えられたことや文化によって培ってきたものによって形成され、あなたが納得していた考え方が、今新しい方法を知ることによって、これまで積み重ねてきたもの、重要だと思ってきたことは大して意味のないことだと思うようになる人もいるでしょう。そう気づくことができれば、それはすばらしい贈り物です。しかし、古いものを捨て、新しいものを受け入れるつもりかどうかが大切なのです。市場でお隣さんに挨拶するときにあなたが使うアイデンティティ、世の中でうまくやっていくための仮面、周りの人たちに合わせるための考え方など、小さな自己としてあなたが作り上げたものに固執しようとするなら、あなたはずっとそのような存在として知られるでしょう。知る必要があります。あなたの人間関係において、どんな真実も見出すことのできない歴史を黙認するのです。

あなたと共に実現する目的は、あなたをアッパールームの住人にすることです。そして、その場所であなたの視野は生まれ変わります。視野というのは、あなたが主張し、同意し、既知を超えたところにある、小さな自己による課題を超えたところにあるものです。あなたへのメッセージはいくつかの方法で伝達されます。あなたは言葉を聞き、言葉を読み、言葉を理解し、その言葉の意味と関係を築きます。しかし、あなたが受け取るエネルギーに満ちた伝達は、言葉を超えたところで行われます。それは、言葉や口調や振動の中に染み込んでいて、決して世俗的な領域のものとは相容れません。

実際、私たちがしていることは、古いものに依存するあなたをエネルギーに満ちた構造へと連れていくことなのです。そうすることで、知るという目的のために、そして、実はこれまでずっと存在していた本当の自己というものを主張し実現するために、既知を超えたところに何があるのかをあなたは受け入れるようになるのです。私たちはあなたを聖人にするわけではありませんが、あなたが自らの神性について認識するサポートをします。私たちはあなたを幸せにはできませんが、あなたが幸せを選択する機会を与えます。また、あなたが小さな自己を選ぶことを否定しませんが、あなたにとってもっとためになることを選択する機会を与えます。私たちはあなたのために歌い、あなたと共に歌います。そして、その歌があなたの歌になるまで、既知を超えたところにあるものを犠牲にしてまで、あなたが作り出した（あるいは自ら望んで作り出した）監獄から解放されるまで歌い続けます。既知の向こう側に何があるのか、可能性としてというだけではなく、あなたが真に受け継ぐという意味において、あなたは本当の意味で理解しなければなりません。そして、これから起こることをあなたが受け入れるとき、人生の使命はとても明瞭になります。それは何をするかではなく、あなたがどのようにあるかなのです。そして、もし行動を起こさなければならないとき、あなたが従うべき調和のレベルは、あなたに求められている行動を起こすということです。皆さんの多くが悟りを望んでいますが、悟りを求めているのはいまだに小さな自己であり、小さな自己は悟りを開くことはできません。それは無理なのです。小さな自己は悟りの領域には存在しません。しかし、この出会いにおいて私たちと共にある、こうしてやってきた、やってきた、やってきたあなたとしての神は、あなたに語りかけ、あなたを選び、あなたを受け入れるのです。そうして、神はあなたとして、あなたを通して、自分自身を知ることができるのです。この同意において、あなたはあなたの現実の可塑性《かそせい》を理解し、より高い領域においてあなたが授かるものは、それを受け取る準備ができたあなたの側面として同意され明らかとなるでしょう。実際のところ、あなたはすでに王国にいます。あなたの中には、すでに私たちの教えを受け入れようとしている一面があるのです。小さな自己は何も任されてはいないことを教えられるべきでしょう。この事実、あるいは真実との出会いにおいて、恐怖や不満や恥を感じたときに出現する人格の自己の仮面をはずすとき、新たに解放の可能性が生まれ、あなたが誰で何者なのかを知ることができるのです。

あなたが望んでいるように、私たちはあなたがたの先生です。救い主ではありません。あなたに聖油を塗ることはなく、褒めたり特別扱いしたりすることもありません。あなたがどんな選択をしようとも、どのみち私たちはあなたを愛しているのです。愛さずにいられるでしょうか？　調和したものを愛さないでいることなどできるでしょうか？　そして、あなたが自分は神の存在で、神の完全な表現だということを理解したとき、私たちはあなたたちなのだということがわかるはずです。私たちがそう理解するとき、私たちはあなたのことがわかるのです。それは、私たちがあなたを知っているというピアノの鍵盤の調和、ち・ょ・う・わ、あるいは弦、げ・んというものです。私たちは高い部屋から歌い、音楽が私たちをあなたへと導いてくれるので、あなたも一緒に歌いましょう。好きなように歌えばよいのです。好きな歌を選べばよいのです。自由意志というものです。ただ、私たちがこれから毎日教える新しい教室であるアッパールームでは、参加するという高い意思をあなたが持っていると判断しているのです。

――それは、どういう意味ですか？

ポールは尋ねます。

独立性を行使しようとする分離した意思によって、あなたは源から切り離されているという考えについて、新たに理解するということです。あなたには選択肢や意思があります。しかし、それは高い場所でということです。なぜなら、あなたは恐怖によって決めたり、怒りの中で作業したり、小さな自己を抑えつけて苦しめたりしているわけではないからです。そして、もはや自分が決めた人生に怒りを感じることはないので、神聖な自己としてあなたの意思は参加し表現するのです。この教えでは、神は意思として理解されます。話を続けることによって、あなたを新しい教えに迎え入れます。これは序章です。そして、そう、本書を私たちは『既知を超えて（Beyond the known）』〔本書原題〕と呼ぶことになるでしょう。

終わり。終わり。終わり。

P A R T 1

パート1

アッパールーム

THE UPPER ROOM

第1章 既知の解放

二日目（続き）　アッパールームにいることを選ぶ

さて、以下の質問を自分自身に尋ねてください。

「私は古い自分を捨てて、本当の自分になる覚悟はあるだろうか？　本当はこれまでずっとアッパールームにいた自分を受け入れる準備はできているだろうか？　アッパールームで経験することを選ぶ私は、この生涯における義務を超えて、自由な人間として自分のことを理解するつもりがあるだろうか？」

あなたには支配権が与えられているということを理解しなければなりません。実に多くの皆さんが、いろいろなことが自分に起こると考えます。

「彼が私にこんなことをしたのです」とか「彼女のせいで私はやる気をなくしました」とか「私に相談してくれませんでしたね」とか「私はまったく同意しませんでした」などと考えるものです。ある意味ではそうなのかもしれません。しかし、学び進化するという目的のために、あなたの経験を書き綴《つづ》るのはあなた自身なのだということを理解するまで、あなたは自分のことを人生の犠牲者だと考えるでしょう。

以前に述べたように、[注1]あなたは自分の人生の指導者と犠牲者に同時になることはできません。意識的に選択していないことが人生には起こります。しかし、あなたが人生で経験するすべては、好きかどうかにかかわらず、同意するかどうかにかかわらず、共鳴のレベルでは同意しているということなのです。「同意した」というのが正確な表現です。あなたはこの次元で経験することに同意したのです。あなたが期待通りだと確認しながら生きていくと、窓の外から見えるその世界は、あなたが思っていた世界と一致するという贈り物になります。あなたは経験するすべて、見るすべて、そして想像することができるすべてと調和し、一致する振動の中にいるのです。あなたはそのような方法で作業するので、あなたがそのように見たいのであれば、あなたが実現しようとすることはどんなことでも貴重な機会となるでしょう。

小さな自己はそんなことを知りたいとは思いません。小さな自己は、自分が知りたいことや確かめたことに基づいて、自分の経験を確認したがるものです。「私の夫は浮気性です。どうしてそんな人を選んでしまったのでしょうか？」とか「私の子どもは麻薬中毒者です。私は決してそんな子どもを選んだつもりはありません」と言うのです。

確かに、あなたは選びませんでしたが、そのようなことが起こるエネルギーと調和していたのです。ピアノの鍵盤のように、ち・ょ・う・わ、ち・ょ・う・わしていたのです。そして、あなたは調和しているので、あなたの行動はそれに一致します。ある意味、あなたが選んだ経験や学びによ

注1　ポール・セリグの著書『マステリーのための本 *The Book of Mastery*』、二〇一六年。

って決まるのです。

さて、機会というものはまったく別の方法で訪れます。機会のようには思えなくても、実際には自分の成長のために存在するのだということを理解すれば、人生とはいろいろな意味において機会の連続なのだということに気づくようになるでしょう。もしあなたが小さな自己を解体するなら――つまり私たちが言いたいのは、小さな自己というものは、考え方や物事による作り話、そして、これまで知ったことや受け入れてきたことによって作り出されたものということです――その後ろ側にあるあなたの存在の本質というものを理解することができるはずです。

ピアノで一つのコードを弾くと、すぐにいくつかの音が鳴り、心地よい響きや音色を運んできます。

「私は自分が誰なのか知っています」と唱えれば、それはピアノの音符、またはエネルギーに満ちた調和の中であなたが歌う音符なのです。

「私は自分が何者なのか知っています」と唱えれば、再びピアノに響く、あるいはあなたが歌うエネルギーに満ちた調和した音符となります。

「私はどのように奉仕すべきか知っています」と唱えれば、それはまた、エネルギーに満ちた調和あるいは歌となります。

「私は自由です。私は自由です。私は自由です」と唱えれば、それもまた、エネルギーに満ちた調和あるいは歌となります。

音符は同時に演奏されるので、それはあなたを表現しているのです。一つひとつの音符には意味があり、それぞれ独立して演奏されるかもしれません。別々に歌われるかもしれません。しかし、それらの音符が同時に演奏されると、その振動や音色はかなり違って聞こえることでしょう。

ポールがここでまた質問します。

――しかし、あなたは〝真に〟と言います。「私は真に自分が誰なのか知っています。私は真に自分が何者なのか知っています。私は真にどう奉仕すべきか知っています」と。〝真に〟とは、どのような意味なのでしょうか？

〝真に〟というのは、主張されている領域とでも言いましょうか。あるいは、音符が演奏されている鍵盤と言ってもよいでしょう。真実の領域には、本物でないものは存在できません。これには顕在化した世界における出来事との関わりにおいて、自分は誰で、何者か、というあなたの考えも含まれます。古いものから脱却し、新しいものを求めれば、物質的な領域において求める「一つの」感情について知る機会を持つようになるでしょう。

――それはどのようにして起こるのですか？

ポールが尋ねます。

一つのコードを鳴らせば、コードの響きが振動し、音が鳴ったことを振動によって知らせます。もし私たちが今あなたに言葉を使わずに音だけで歌うとしたら、声の振動はあなたが存在する領域に、そして体の中にさえ伝わり、音の感覚と感情が広がってゆくでしょう。

「私は真に自分が誰なのか知っています。私は真に自分が何者なのか知っています。私は真にどう奉仕すべきか知っています」と、祈りや言葉によってコードを奏でると、その主張は共鳴の領域に響き、コードは演奏され、鐘は鳴り、音色に込められた何気ない行動がこうした主張の意味するところと一致し調和します。

真実というものは常に真実であり、すべては歌ったり、言葉にしたり、主張することなので、顕在化した世界において実際に神の行動を呼び起こすコードをあなたが鳴らすのです。祈りとして心の中心に存在する神の側面としての「私は自分が誰なのか知っています」という宣言は真実なのです。「私は真に自分が誰なのか知っています」というのは神の宣言であり、あなたが何者なのかという神の明示であり、あなたはそれを体感します。「私はどう奉仕すべきか知っています」という宣言もやはり神による表現であり、エネルギーの領域で経験することなのです。

さて、私たちがキリスト、あるいは姿の見える創造主という意味で呼ぶ神聖な原理は、アッパールームでは振動によって作用する原理です。「私は自分が誰なのか知っています」という宣言は、どのように呼んでも構いませんが、キリストの祈りであり、本当の自己の祈りであり、神聖な自己の祈りであり、永遠の自己の祈りなのです。

明らかとなった神の祈り、それがあなたです。そして、この音色やレベルの振動によるあなたの奉仕は、より高いオクターブを取り戻すために、顕在化した世界に対するキリストの原理を呼び起こします。私たちが言及しなければならないのは、統治権とは同意して、あるいは振動と調和してあなたが選ぶすべての実現が、この領域、そう、あなたが私たちと共有するこの場所で達成されるということです。本当の自己としてあなたが動き始めるとき、そして私たちの教えに従うとき、ある意味においてあなたは顕在化した神となるのです。

「顕在化」というのは神の姿として実現したということです。神と同じような姿を受け入れない限り、あなたは切り離されたまま活動することになります。あなたが授かった神を表現する体は、同じような形に宿る他のすべてのものと一緒に、共鳴や振動による調和の中で活動します。つまり、他のすべてが顕在化するということです。

すべてが顕在化した次元に神聖な自己の存在を知らせることで、世界は新しく生まれ変わります。神は見るものや遭遇するもののすべてを神とし、私たちは神としてのあなたと話をしているのです。あなたが見る形やあなたが経験する物質的な領域について、改めて解釈し、再認識し、再考し、すべてのものに内在する神として改めて宣言するのです。

一度も咲いたことのない花を想像して、それをバラと呼べば、花びらが開きバラが現れます。すべての人間に、そして、あなたが見たり、考えたり、想像することに神が存在することを想像してみてください。ひとたび宣言した神の存在は、あなたが認識するものに内在する神性の顕現を呼び起こし、その証拠として振動の調和において神聖な自己を宣言します。こうして世界は新しく作られていきます。

以前の教えの中で、「私はあなたが何者か知っています」という言葉を使って、あなたがどんなものにも、どんな人にも神の存在を主張するとき、それは、神とはどんな存在かという形を認識するということですが、あなたがそう主張する相手、またはそう主張するものは、実際にはあなたが経験するかもしれないエネルギーに満ちた振動の反響に反応すると説明しました。言い換えれば、あなたがあるものを神性と見なし、神が内在すると認識すれば――そして、認識するということは知ることだと理解していれば――あるものは反応します。あなたが祝福するものは、そのお返しにあなたを祝福するのです。

さて、あなたがどう考えようと、あなたの領域の共鳴は存在しています。神聖な自己になろうとする必要はないのです。なぜなら、本当のあなたはすでに神聖な自己だからです。しかし、それについてあなたが認識しているからこそ、あるいは知っているからこそ、神の行動へ参加することができるのです。その神は――あなたが望むなら言葉と呼んでもいいのですが――すべてのものに存在します。あなたに内在する神性というものを宣言するために、あなたは個人的に、そして、他の人たちと一緒に来ようと決めたのです。それこそ、神聖な自己「である」ということであり、あなたが存在してきた世界はあなたがどんな人かによって構築されます。神としてのあなたが表現すると、あなたの世界が変わってくることを理解すれば、救い主が雲の中から現れてそうしてくれるのを待つこともなくなるでしょう。キリストは神聖な自己とつながることができた人のもとにやってきました。神聖な自己をキリストと呼ぶ必要はありません。なぜなら、神には名前などなく、どんな名前で呼ばれても、どのように認識されても構わないからです。

神があなたとしてやってきたので、あなたの隣の人にも訪れました。その人にあなたは会うかもしれないし、決して会うことはないかもしれません。そして、そのことをあなたが理解すれば、すべての人間の中に存在する神の原理と一体化するのです。神と切り離された人間など生まれません。

生まれることなどありえないのです。なぜなら、実際には神の理念自体が、すべての顕現を知らせるエネルギーに満ちた構造をしているからです。すべてが神であるため、すべてが神なのです。しかし、神性を実現することによって、神性が開花します。そう、バラの花です。バラと呼ばれるとき、花びらが開き、花が咲くのです。

私たちのところにやってきたあなたがたは、それぞれ、実はすでにこれからの作業のための準備ができています。あなたは私たちに手を伸ばし、何をすればよいか教えてほしいと言うでしょう。私たちはただ「あなたであれ」と言います。問題は、あなたがどう「ある」かなのです。あなたの世界を変える本当の自己として、あなたがどう存在するかです。本書には、どのようにしてそうなるのかだけではなく、なろうと努力するのを止めるにはどうしたらよいかについても指導しています。なぜなら、本当の自己は、なろうとしてなれるものではないからです。そして、本書で一貫して使われる言葉は、より高いオクターブにすでに存在する許容と受容力です。

あなたが本当の自己を明らかにし、自分を実現するアッパールームについて私たちが教えるとき、あなたにはいくつかの作業をしてもらうことになるでしょう。しかし、この教えを真に理解することができれば、それは自分であるという教えなのです。あなたに提示した「私は真に自分が誰なのか知っています。私は真に自分が何者なのか知っています。私は真にどう奉仕すべきか知っています」という宣言は、実のところ、より高いオクターブと調和しています。必要に応じてこれらの言葉を使いますが、同時に、最終的にこれらの宣言を言葉にして祈るには、あなたが誰で、何者で、どう奉仕するのかについて完璧に表現できる必要があるのだということを理解してもらいたいからです。

神としてのあなたは自分が誰で、何者なのか知っています。それについて議論したり、反対したりしません。鏡の前で裸になって「私は男ですか？　女ですか？」と自問すれば、すぐに答えはわかり、そんなことを尋ねた自分が愚かに思えるでしょう。認識すること、つまり知ることにも同じことが言えます。

「私は自分が誰なのか知っています」とは「私は本当の自己を認識しています」ということなのです。**「私は自分が誰なのか知っています」**を形として明らかにすると、それは本当の自己ということになります。**「私はどう奉仕すべきか知っています」**と言葉のオクターブに表現されています。言葉とは、あなたとしてやってきた行動する神ということです。皆さんがそれぞれに受け入れたのでやってきたのです。

今日という日、私たちは、これらの言葉を聞き、これらの言葉を読み、これらが真実であると知っていると宣言します。そして、あなたとしてやってきた本当の自己の明確な表現において、音色の中に、歌に、あなたという存在に訪れた本当の自己として、あなたは再び宣言し、認識し、知り、歌うのです。そして、私たちがあなた一人ひとりを祝福するように、本書の作業から始めましょう。ここに来てくださりありがとうございます。終わり。終わり。終わり。

（一旦休憩）

さて、あなたが物事を決めるとき、あなたは自分のマステリー（持てる技）を使って作業します。

どんなレベルにおいて取りかかるときも、あなたは自分自身で選択するのです。それゆえに、あなたがどんな選択をしてもあなたに責任があり、その選択によってもたらされた結果は、多くの場合あなたのよい教師となります。恐怖によって選択したり、恐怖によって作業したり、また恐怖を認めてしまえば、その選択の結果はいつでも恐怖となります。

今日ここに与えられたこと――それは、あなたがどのように選ぶかは、神聖な自己、本当の自己、キリストの自己、永遠の自己（どんな名前で呼んでも構いませんが）と思いを同じにすることだと決心する機会です。

それには二つの方法があります。

最初に知るべきことは、あなたが可能だと思うことをいつでも選択するということです。小さな自己が考える可能性の選択肢は、今どうかではなく、すべてこれまでの人生に起こったことや通用したものの中にしかありません。食事をとろうとして、慣れているからと昨日と同じものを注文するのを想像してみてください。他にもメニューがあるかもしれません。これまで味わったことのないおいしい料理があるかもしれませんが、昨日のメニューしか見ていないあなたは知ることができないのです。皆さん、次の行に線を引いてください。

その日の贈り物とは、いつでもその日の選択によって決まります。

そして、あなたが「私は真に自分が誰なのか知っています。私は真に自分が何者なのか知っています。私は真にどう奉仕すべきか知っています。私は自由です。私は自由です。私は自由です」という宣言によって新しいことを受け入れる準備があるのなら、新しいことが明らかとなるアッパールームに向かうことができるようになるでしょう。

私たちが今あなたに教えているアッパールームの教室では、古いものを手放すことによって、新しいものが存在しています。アッパールームにはあなたの好物の料理があるかもしれませんが、これまで食べたことがないもの、楽しいと思うことや学ぶことがあってもどうか驚かないでください。同じように、古いものから新しいものを選択するようになることは恵みというものですが、そのこの意味を理解しなければなりません。エレベーターに乗ってある階で降りたら、あなたは別の状況にいます。別のことが可能な別の場所です。高い階には、低い階にはないものが用意されています。ですから、低い階で求めることはやめることです。

新しい機会において選択肢がある者として、最高にすばらしいものを選ぶ自己をあなたは大切にするかもしれません。もしすべてが最高にすばらしいものによって選択されるなら、その選択に間違いはありません。


——それをどうやって知るのでしょうか？　私たちの選択が、最高の選択、すばらしいこと、崇高な新しい可能性だと、どうしたらわかるのですか？

ポールが尋ねます。

それは、とても簡単なことです。恐怖によって選択しないことです。昨日の選択肢からさっと決めないことです。食事に行って、スペシャルメニューについて尋ねているところを想像してみてください。「何か新しいものがありますか？　どのようにそれを経験しましょうか？」。これが選択の自由において、新しい方法で作業するということです。

さて、どんな選択をするか決まったら、あなたは宣言したものを受け取る立場にならなければなりません。どうやってでしょうか？　受け取ることに同意するのです。ポールは今あなたが車で建物に近づき、機械に向かって注文しているイメージを見ています。あなたはスピーカーに向かって「これを二つとあちらを一つお願いします」と言っているかもしれません。そして、受け渡しの窓に行くと、あなたは注文したものを受け取ることを期待します。それが期待というものです。

さて、高い階で作業するとき、あなたは息苦しさを感じることはありません。それは恐怖、うぬぼれ、欲、不安、自分の価値に対する疑心の中で選択したわけではないので、注文したものを受け取ることができるのです。

ポールはその例えについて言いたいことがあるようです。

――私はすべてにおいて私を支えてくれる関係というものを願います。そして、そのような関係を通して成長していきたい。誰かと愛、情熱、友情、信頼の関係を築いていきたいのです。

そうですね。あなたがそれを注文したいなら、二つのことを受け入れなければなりません。それは手に入れられるもので、あなたはそれを手に入れることができる、ということです。これが理解できますか？

ドライブスルーの窓に戻りましょう。「フィレミニョン、ロブスターの尾、それから横にバターをお願いします。それに、アイスペールに入った最高のワインをいただきましょう。受け取り口に行くまでに用意してください」。小さな自己はそんな注文をするかもしれませんが、ファストフード店で受け取る料理としてはふさわしくありません。あなたの期待を満たす別の店に行く方がよいでしょう。

ロブスターの尾であれ、完璧な結婚生活であれ、もしあなたが欲しいと思うものが手に入らないとしたら、それには理由があるはずです。それが手に入ると信じていないのです。あるいは、あなたのある側面（＝自己）がそれを欲しがっているだけなのです。欲しいものを欲しいと思ったら手に入れるべきだとあなたの側面が思い込んでいます。なぜなら、そうしなければ自分には価値がないと考えてしまうからです。これと同じようなことが「テスト勉強はしなかったけれど、Aが取りたいな」ということです。受け取るためには準備しなければならないのです。そして、それが可能になる唯一の方法は、自分にできることを受け入れるというものです。

さて、どんな同意のレベルにおいても、あなたが訪れるどんな階でも、生きる世界や機会を選ぶことができます。しかし、あなたの本当の自己は、受け取ることができるとわかっているものだけを求めます。本当の自己は妄想しません。「私の進化や成長にはあれやこれが必要です」という具合に、実は、とても現実的です。そして、もし実際に準備ができていたら、あれやこれはすぐに手に入るかもしれません。そして、実際に準備ができていないとしても、すぐにその準備に取りかかるでしょう。

あなたは一貫性のある人生を求めています。「一貫性」は、一致や調和の別の言い方です。あなたは住んでいる家、隣人、隣町の人々、天気、テレビのニュースと一貫性を持っています。実際、あなたはそのすべてに同意しているのです。それが気に入らないかもしれませんが、そこにあるということは、あなたは同意しているのです。あなたは受容という共鳴の領域に存在するので、そこにあるのです。同じようなものが同じようなものを引きつけます。

さて、あなたは戦争を起こしませんでした。それは認めます。一人ひとりの人間は戦争をしなかったかもしれませんが、人はそれぞれいくつかの点で、戦争に同意しているのです。音色や振動によって活動する顕在化した世界は、それを目撃する人の振動によって表現されます。「知覚する人がいなければ世界は成り立たない」と言う人々もいます。そして、実際にそうなのですが、あなたが考えるような意味ではありません。知覚する人がいなければ世界は同じではありません。それはまったく違う世界です。あなたがそこからいなくなれば、違う世界になります。なぜなら、あなたが求め共感した世界はどこか別の場所にあるからです。あなたはまったく違う方法で存在する世界の別のオクターブで、別の振動の調和を求めているのです。

皆さんの何人かが抱える課題は、あなたが見ている世界、あなたがいる居間や寝室の世界、あるいは窓から見える世界に責任を負いたくないということなのです。あなたが見るものはすべて、あなたと調和しています。そして、それはあなたの意識が見ているものについて伝えているということなのです。あなたが祝福するものは、あなたを祝福します。あなたが非難すれば、そのお返しにあなたは非難されるのです。

さて、あなたが生きる文化には一つの問題があります。それは、あなたが信じることを、周りにいる人たちが何度も何度もそうではないと念を押してくることです。「こう生きるべきだ」、「大切にすべきはこの人だ」、「兄弟や姉妹とはこう接するべきだ」と言ってくるのです。そして、あなたがたは共同でそれが正しいと宣言し、恥ずべきことに、みんなが賛成したからと、その共同同意にひれ伏すのです。「私たちは仲間を二流市民として扱います」とか「善よりもお金を大切にします」とか「プライドに価値があり、謙虚さなど必要ありません」と言うのです。

謙虚さを持ち合わせずに王国に入ることはできません。兄弟を罵倒した瞬間に、あなたは王国から閉め出されます。そして、もしお金があなたの神なら、そう選択したのですから、一日中お金のために祈ってください。あなたにはお金によって手に入るものが与えられるでしょう。それ以上のものは望めません。

神としてのあなたの価値観なら、こうしたことをしっかりと理解しています。社会の気まぐれ、時代の流行、あるいは時世の政治などには左右されません。自分が誰で、何者なのか知っている神としてのあなたは、バランスを取るための重しが真実の中にあるため、すべての変化に対応します。真実の中で嘘はつけないものです。他の人たちが波に覆われ、彼らの栄光の概念が残骸となって岸に流され、砂の上に投げ出されているとき、あなたは波に乗るブイになるのです。

本当の自己でいるからといって、あなたが他の人よりも優れているということではありません。他の人が本当はどんな人なのかを認識することができるということです。そして、もし彼らが無知ならば、教えてあげればよいのです。無知なら教わることができるのですから、それは恵みというものです。もし、あなたがすべてを知っているなら、それを知っていた、あるいは、知っていると思うなら、あなたは生まれ変わってこなかったでしょう。あなたは学ぶためにここにいるのです。

さて、私たちが教えている高い部屋、あるいは高いオクターブでの選択には、わかりやすく神による利益、配当、思いがけない結果がもたらされることを意味します。どういうことかわかりますか？　愛によって選択すれば、愛が生まれ、その愛はその後永遠に続いていきます。恐怖によって選択すれば、恐怖に抵抗して新しい道を選ぶまで、さらに恐怖が増していきます。真実の中で嘘はつけないものです。そして、恐怖、嘘つきはどうにかあなたに取り入ろうとします。

高いオクターブでは、恐怖によって選択することはできません。なぜなら、すばらしいことに、私たちがあなたと作業する高いオクターブには、恐怖が存在しないからなのです。なぜ、存在しないのでしょうか？

では、ピアノの鍵盤に話を戻しましょう。低音は存在しますが、オクターブを上げていくと、低音は消えていきます。考え方は理解できると思いますが、高いオクターブで弾いても低音は高音となり、音は永遠に続いていきます。ピアノでドの音を弾いたとき、音階は永遠に続くので、もしピアノの鍵盤が宇宙へと続いていくとしたら、あなたはいつまでもそれぞれのオクターブの真ん中のドを弾くのです。この話の教えがわかるはずです。本当の自己が高いオクターブで選択するということは、ずっとそこにあるものを求める機会だということです。

――どういうことですか？

ポールが尋ねます。

ポールの前にいる男性〔ガイドの一人と思われる〕が両手を上げて、まるで井戸車が回転するような動きを繰り返して何かに呼びかけています。これがムドラー（印）の在《ざい》です。高いオクターブで活動すると、すべては高いオクターブから宣言します。それが理解できますか？　アパートの地下室から二十五階へ行けば、あなたがかける電話はすべて二十五階からかかるのです。そこからあなたが女性家庭教師に電話をかければ、彼女は二十五階にやってきます。地下室に住んでいる人はあなたのところへは来ません。その人は電話に出ることはありません。あなたは自分自身と一致して高いオクターブに存在するすべてのものを知るので、すべてを新しい方法で知り、宣言するのです。

愛によって選択した結果も同じようなものになるでしょう。恐怖によって選択した結果も同じです。皆さんの多くは、手に入れることができると思うものを、許されるもの、そして、昨日のメニューにあったものを求めてしまいがちです。

WORK

今、あなたに与えられた機会とは、本当の自己が知っている崇高な方法で自分を思い描くようになることです。どうか目を瞑《つむ》り、時間そのものを超越し、どんな考えも錯覚もあなたを支配することはできないとちょっと想像してみてください。そして、この無限の場所では何でも知ることができ、何でも選ぶことができ、もうどんなことも時間によって制約されることはありません。

「準備ができたら、もっとわかるようになったら、自分をもう少し愛せるようになったら、パートナーを憎むのをやめたら、心配するのをやめたら、私は来週の火曜日には手に入れることができる」というのは、時計を意識しているから思い浮かぶ考えです。あとで、いつか、そのうちに、と言い続けるのです。

無限性の中に、無限の今に、そんなものは存在しません。あなたはあなたのままですし、あなたはあなたのようになるだけなのです。そして、そのあなたである場所から、どうか次のような宣言を行ってください。

「私は新しい方法で自分自身を知ることができます。私は既知を超えて経験することができます。私は真実だと信じてきたことから、私を作り上げた構造から、自分の考えだと主張してきた知恵の世界から、自由になることができます。何ができて何ができないと思い悩むこともありません。私だと決めつける構造には支配されることはないので、今私は本当の可能性、既知を超えたところに存在する無限の可能性に思いを馳せ、私として来てくれた神の支えに寄り添っていきます」

さらに、次の言葉を言ってください。

「私は、私の体を通した言葉です。言葉、私は言葉です。私は、私の振動を通した言葉です。言葉、私は言葉です。私は、自分自身を言葉だと知っている言葉です。言葉、私は言葉です。私は、自分の可能性を実現する言葉です。言葉、私は言葉です」

さて、あなたが「私は自分が誰なのか知っています」と宣言するとき、あなたは神聖な自己を宣言しています。あなたが「私は言葉です」と宣言するとき、言葉はあなたを通して、エネルギーに満ちた領域を通して、そして、あなたが自分自身を知り、その結果として起こる顕現のために準備したアイデンティティを通して、行動する創造主のエネルギーとなります。

肉体として具現化する言葉は、過去の歴史において教えられてきました。それは真実の教えです。神はすべての人の姿をしてやってきましたが、それを実現しようとする人はあまりいませんでした。この次元の密度と執拗《しつよう》に繰り返す恐怖というものは、この言葉を排除しようとしてきました。しかし、神としてやってきたあなたは、本来のあなたを宣言するためにここにいるのです。私たちが教えているのは、神としてのあなた、その姿をしたあなたなのです。

三日目　人生における疑問の真の原因

さて、皆さんによいお知らせがあります。本書を読み進めていくと、あなたの人生についてだけでなく、生きていることの意味や、スピリットの世界に身を置き、ずっと学んでゆく人生を宣言することの意味について、あなたが抱えている質問に対する答えも見えてきます。いいですか、あなたがたは皆自分が何者であるかを自覚して、私たちのところにやってきます。神は「そのまま」やってきました。それぞれが顕在化する神として宣言すれば、あなたの前に広がる世界と崇高な一致が実現します。

ところで、私たちが作業する場所であるアッパールームへあなたと行くのは、その場所があなたにとってふさわしいからというだけではありません。効率的に自分自身についてもっとよく知ることができるように、私たちは皆さんを招待しているのです。教室とは学ぶ場所です。そうです。そして、私たちが教えるとき、これから何を知るのかということについて、あなたがどれほど心を開いているかによって、あなたとの出会いが決まります。あなたは受け入れる準備ができるまで、何も宣言することはなく、宣言することはできません。これについてはしっかりと理解してください。これは段階的に学ぶものであり、あなたを指導している間、私たちはすべての教えが終了する前に学位を授けるようなことはしません。

――学位とは？　最後に試験があるのですか？

ポールが尋ねます。

実際には、試験などありません。そして、あなたが授かる学位は、私たちがあなたのために歌う高いオクターブ、アッパールームにおいてあなた自身が認識し、あるいは実現するということです。

さて、今夜の作業は既知を解放することです。そのために、あなたが何を考え、何を宣言するかということ以上に大切なのは、実際に自分自身について知りたいと切望するだけでなく、解放が起きてもよいと心から同意することによって必要条件を満たすことです。だからといって、あなたにとって必要なものを取り除くことはありません。例えば、まだしばらくの間は、あなたには短気な性格が必要かもしれないのです。短気なことが世界にとっては必要で、そこから学ぶべきいくつかの教訓があるのかもしれません。私たちはあなたを美しくしたり、賢くしたり、あなたが欲しいと思っているものを与えたりするわけではないのです。実際にはこれまでもずっとそうであったように、あなたがた一人ひとりが振動する賢者としての自分を認識するようになることを、私たちは楽しみにしているのです。

――賢者？　私たちは賢者なのですか？

ポールが尋ねます。

ある意味ではそうです。知るという作業によって――実際にはこの講義に参加したり本書を読んだりした結果ということですが――あなたは自分の崇高な目的のために知るというだけではなく、他の人たちのために実現できる人になるのです。

あなたが他の人たちに提供する実現は、あなたという存在と出会い、彼ら自身が顕在化した神を経験することです。日常生活の中で、あなたは常にアッパールームで作業するようになります。そこにいて、そこからすべてを見つめるからこそ、あなたと出会うすべての人は実質的にはその地点、その視点から知ることができるのです。そして、あなたが彼らのために実現すると、彼らは新しく生まれ変わり、実際に彼らの存在を高め、あなたと同じ領域で調和し共鳴するようになります。賢者であるあなたは知っている人、すべての顕現に内在する姿かたちを超越した神について心に思い描くことができる人なのです。

さて、あなたはいくつかの疑問を抱えて私たちのところにやってきました。

「私はどうして子どもの頃とても不幸だったのでしょう？」
「どうして理想のパートナーが見つからないのでしょう？」
すでに話しましたが、あなたの疑問のほとんどが、実際にはずっと本当の自分でいたのに、その本当の自分についてあなたが知らないことにより生じます。そして、ひとたび神としての自分について理解すれば、古いものが意味するもの、古い記憶、あなたの意識の領域に刷り込まれた歴史は、解き放たれるだけではなく、神としてのあなたが真実として目撃したものを再認識して更新するのです。

神は常にどんなときも、またあなたが時間と考えるものに神は存在していることがわかれば、神のレンズ、あるいは高い視野を通して歴史を見つめるということは、歴史のテンプレートを再認識するために活性化され再一致することを理解するでしょう。

もしよければ、想像してみてください。古いベッドが見えます。そこからは羽根の詰め物が出てきています。あなたはもうベッドは使い物にならないと考えますが、そのベッドの上で休んでいる神聖な存在による認識は、あなたが何を見ているかという経験だけではなく、ベッドについて持っている思い出も変えます。おそらく、ベッド自体は過去に存在しています。あなたはそれを現在において認識するのではなく、すべての折り目や羽根に存在する神を実現しているのです。そうすることによって、目にするものは実質上の神の存在として顕在化するのです。

ポールはこの教えについて少し混乱しています。そこで、彼が座っている部屋に案内することにしましょう。

この部屋にあるものはすべて、これまでにあなたが選んだものです。これはあなたが住みたいと思った部屋です。これはあなたが座りたいと思ったソファで、これらはあなたが欲しいと言ったブラインドやランプです。これらのものを購入するために要した時間はもう存在しませんが、それらを選択したということは今もここに存在します。あなたが何かを恐れて、恐怖によって何かを決めることがあれば、あなたとあなたが選んだものとの関係はいつも恐ろしいものになります。この部屋でポールを取り囲むすべてのものは、どうしてそれらが購入されたのか、買い物をしているときのポールの意識レベルはどんなものだったのかということを記憶しています。

歴史的な情報によって今この瞬間に神について知るとき、神の存在は動き始め歴史のテンプレートが変更されます。「でも、私が若い頃にあんなひどいことが起こったのです」と言えば、そのひどいこととあなたの関係は、あなたが誰で何者なのか、そしてこれまでずっと誰で何者だったのかという認識によって変化します。ここで肝心なのは、「ずっと」、ずっとそうだったということです。

ところで、私たちが教えているアッパールームでは、そこに存在する神聖な自己は創り出されたというだけではなく、永遠なのだということを理解すれば、それを経験したかどうかにかかわらず、あなたはずっと神聖な自己ということになります。あなたの、あるいは誰か他の人が入った体は、自分の神性についてどれだけ意識しているかに関係なく神聖なものです。

この教えを明確にするために理解するべきことは、あなたが見るものは、あなたの意識によって情報が与えられるだけではなく、意識によって変わるということです。あなたが目にする他の人たちが名づけたすべてのものは、与えられた名前の響きや名前が持つ意味を持ち合わせています。あなたが新しい目で物事を見るようになり、それが何かを教えてもらうために過去の経験に頼る必要がなくなり、他の人が主張したのではなくあなたが見ることによって与えられる情報を受け取るようになれば、あなたと顕在化した物理的な世界との関係も変わります。

以前の教えで言いましたが、知らないものを見るときに人間が最初にしたいと思うことは、歴史と照らし合わせてそれに名前をつけることなのです。「それは蛾のように見える。蛾に違いありません」とか「キャベツみたいだな。キャベツと呼びましょう」という具合です。人間は決して新しいものに尋ねたりしません。「あなたの名前は何ですか？　私たちはどうしたらあなたのことを知ることができるでしょうか？　私の限られた感覚や語彙《ごい》の域を超えて、あなたをどのように認識すればよいですか？」とは尋ねないものです。

古いものに固執していると、あなた自身が起こしたいと願う変化は生まれることはありません。生まれ育った環境で身についた考え方を頑《かたく》なに押し通そうとしているようでは、高い次元で顕在化するのは不可能というものです。

――しかし、それは不可能ですよ。

ポールが言います。

――私たちはそうした教えを叩きこまれているのです。私は壁を見ます。それを壁と呼びます。それを別の何かと呼ぶことはありません。私たちはこの教えに対してどのように向き合えばよいですか？

　そうしたいなら、あなたは壁と呼んでもよいのです。しかし、思い切ってアッパールームの観点から何かを、どんなことであれ経験してみれば、あなたが壁をどのように宣言するのか、壁に対してどう反応するかは、これまでの経験とはまったく違ってきます。なぜなら、知っているか否かは別として、あなたはアッパールームと同調しているので、共鳴における存在の質はあなたの存在によって変化しているからです。あなたは古いものをアッパールームに持ってこようとしているのでしょうが、そのためのスペースなどないのです。

　ひとたびあなたが高いオクターブに住むようになれば、その共鳴はあなたがこれまで知っていた世界を捨て去ってしまおうとするわけではありません。しかし、それまで経験してきたのとは違う方法で、あなたはその世界をコントロールする責任者になります。

　地球の種としてのあなたがたが抱える危機は、恐怖によって生まれました。今この危機について、学び変わるための機会としてだけではなく、機が熟しあなたを待っている新しい可能性を宣言するために、既知を超えて種が知らなければならない機会として、もう一度見つめ直さなければなりません。

　ポールはブドウの木に一房の実がなっているのを見ています。それは手の届く場所にあります。取ることができるのです。しかし、あなたが古いもの――それまで持っていたものだけということですが――を探している限り、変化のための機会、そして、平和への機会は完全に失われてしまうかもしれません。

この講義の目的はあなたがブドウの実のような成果を手に入れることを不可能にするものを、あなたの中から解放することです。そして、古いものへの依存を、あなたの考えるようなものにするということです。

つまり、手にすることができたかもしれないものを犠牲にしてあなたが選んできた、経験の詰まった過去のフォトアルバムを解放して、あなたの本物の経験にするのです。受け取りたいと願う人たちのために用意されたこの講義の贈り物は、あなたが日々の生活の中で知らないということを宣言する責任です。それはまた、あなたとして、あなたを通してやってきた新しい可能性というものです。

さて、以前の著書において、あなたとして、そして、あなたを通して実現するために現れた、あなたの側面である神聖な自己の本質的な目的について非常に具体的に話しました。そして、あなたが望むなら本当の自己と呼んでもよいのですが、こうした側面の自己の目的は、一つの世界の存在を宣言することであると言いました。

これは今でもその通りです。

そしてそれは、私たちが今言及していた崇高な教室、あるいはアッパールーム、あるいは高いオクターブと同調しているエネルギーに満ちた領域で、あなたがた一人ひとりが行うものなのです。

これらはすべて同じことを意味しています。アッパールームに住む人が負う責任は、目の前の世界を自分の視点、自分の責任として高めることです。あなたには支配権というものが与えられてきましたが、しかしそれは小さな自己の支配権だということをあなたは知っています。「もっとよい仕事、もっと幸せな生活、私を幸せにしてくれるはずのものが欲しい」という支配欲です。

本当の自己としての自分の人生の主権を握っている人には、足りないものなどありません。王国の贈り物を手にすることができることを知っています。なぜなら、本当の自己と贈り物が調和しているからです。恐怖におびえたり、自分の選択を正当化したり、隣人のせいにしたり、自分の成功のために他者を蹴落としたりすることはありません。アッパールームでは、競争という考え方さえ滑稽なのです。あなたがたは一緒に走る競走をして、誰が最初にゴールに入るかを楽しむことができるでしょう。しかし、大事なことはあなたが仲間と一緒に走ることであって、誰が一位のメダルをもらうかではありません。高いオクターブの領域では、本当の意味で卒業するということはありません。物語はずっと続いていくものなのです。

この講義の初めに、あなたが受け取ることができるのはあなたが対応できる範囲で、あなたが宣言するのはあなたと調和しているもので、そして、選ぶのはあなた自身でなければならないと話したとき、私たちはとても簡単なことを伝えようとしていたのです。神があなたとして来たというのは、何もあなたがどんな姿を選んだかという責任を放棄するということではありません。実際には、あなたの信頼性が高まります。なぜなら、あなたが見つめている自分、つまりあなたの生涯は、高いとき、低いとき、そしてその間で決めてきたさまざまな選択によって生まれたものだからです。そして、低い意識とか低い部屋とも呼べる集団的な社会も、これまでの選択によって恩恵を受けてきたのです。

責任を負うということは、神としてのあなたは、どんな出会いにおいても、どんな存在でも、どんな状況でも神性を主張することができるということなのです。その結果、この新しい理解においてあなたが見るものの振動を知らせます。言い換えれば、あなたが積極的に存在したことによって世界が変化し、振動によってあなたが高まっていけば、あなたが何度も何度も手に入れることができるものは、古いものを切り捨てることであなたが誰で何者かということを知る機会なのです。

さて、自分についての考えを持っている人は「誰かがいつか私はこうだと言ったので、私はこんな人に違いない」と同意してきました。しかし、古いものから解放されると、つまりあなたが自分であると信じていたものから解放されると、あなたは再び自分を発見し、もう一度宣言し、あなたに内在するキリストの本質、あるいは本当の自己を知る機会を得ることになります。

私たちは新しい生徒さんたちにこのように話しています。これはキリストや宗教的な教えではありません。そして、本当の自分によって実現する創造主の側面というのは、原理であって人間ではないのです。神そのもの、あなたがた一人ひとりとしてやってきた人間の姿をしたキリストは、あなたがたが共有する世界が変化するための完全な表現を求めています。キリストは一人ではありません。キリストの存在はすべての人の魂に刻み込まれており、生まれ変わるための顕現は、最終的に個人が古いものを捨て自分に責任を持ち、自己実現を達成したときに起こるのです。

「見よ、私は万物を新しくする〔ヨハネの黙示録21章5節〕」というのは真実の教えです。小さな自己は何も新しくすることはありません。壁の色を塗り直したり、庭の植え替えをしたり、ここですばらしい時間を過ごすかもしれません。私たちは小さな自己を放棄しません。しかし、小さな自己はいまだに低いオクターブの密度で作業しているため、すべてのものに内在する神を知覚できる存在ではないと私たちは言わなければなりません。

アッパールームの条件である、古いもの、あるいは知っていることを解放することはとても単純なことです。これまでの経験から生まれた考え方だけではなく、頑なに信じてきたことも手放す意志が必要です。

本を読んでいることを想像してみてください。後ろから、真ん中から、または表紙から読み始めても構わないとします。おそらく、それでは物語がどのように展開するのかわからないでしょう。どこから読み始めたかによって、あなた自身が物語の筋をまとめるかもしれません。王子は物語の中盤まで出てこないのですが、「これは王子の話だと思う」とか、最初から読み始めた人は「きっと魔女の話だと思う」という具合です。そして、物語の中心となるかもしれない眠れる森の美女は、適当な場所から読むと決めたあなたによって、あなたが飛ばしたページに登場します。

何が言いたいかというと、皆さんはこのようにして自分がどんな人間なのか決めつけているのです。大切なのはあれかこれか、仕事か家族か、または実現することなのかと、小さな自己はこれこそ自分が決める問題だと思い込みたいのです。小さな自己は悟りを開くことはできません。アッパールームではそのようなことは起こりません。しかし、経験によって形成された、あるいは受け継がれてきた、構成概念、寄せ集めの考え、行動などによって、小さな自己がこれまでずっとどうやって生きてきたのかを示すことで、小さな自己にとってこれまでずっと真実だったものが真実となってしまうのです。

人格構造というものは一時的な経験に過ぎず、表現するあなたとしての神、本当の自己、神聖な自己が、アッパールームにおけるあなたの経験のタイトルとなるものです。そして、これはこれまでの自分から解放されて、実現することです。学ぶため、経験するため、自分を理解するための機会として提示された寄せ集めの考えや物語の断片が一つにつなぎ合わされて、本来ずっとそうだったように解釈されるのです。

神があなたとして、そしてあなたを通して姿を現すとき、神そのものが現れます。それはあなたが選んだ表現の形ということになります。神聖な原理が肉や骨、エネルギーに満ちた領域で表現されるようになると、あなたが歌うオクターブは出会うものを変えていきます。あなたとしての神は、経験し、見つめ、知るものすべてに内在する姿を現した神と共鳴することができるのです。アッパールームではそれが明らかにされます。そして、すべての章で、教えなければならないすべての機会において、私たちが存在するすべての教室で、私たちはあなたがたをアッパールームに連れていき、あなたがたすべてが共有するエーテルの領域から、私たちは何百万の人々に教えます。

――そんなことが可能なのですか？

ポールは尋ねます。

あなたがたはそれぞれ、そのためのテンプレートを持ち、あなた自身の世界、神の表現の中、そして、あなたという存在の産物の中に存在するので、あなたという振動する存在が目覚め、見るものすべてを主張するのです。あなたは真実の大使であり、知るためにここまでやってきました。そして、知ることによって、あなたはこれまでずっと真実であったことを宣言するのです。神はすべてとしてやってきました。誰も逃れることはできません。神はすべてとしてやってきたのです。

さて、この話はここで終わりにして、ポールの質問に答えましょう。本書の序章は、あなたが考える前に書かれました。あなたの問題は、あなたが本の冒頭に書かれていることに対して準備ができていなかったということです。それで、教えがあなたを通して伝えられたとき、あなたはそれを押しのけてしまいたいと思ったのです。私たちの教えを、あなたを通して行うためにそれでもよいと思いましたが、私たちが参加者の皆さんをアッパールームに案内する前に、そこがどういう場所なのかを参加者は理解する必要がありました。そして、私たちはすぐに説明しました。私たちが今話しているこの本『既知を超えて――実現（副題と呼びましょう）』の教えは、アッパールームで出会うすべての人々に与えられる行動するための目標なのです。毎週私たちと一緒にいたいとき、毎日読書をするとき、あるいは、アッパールームで私たちのことを考えて、一緒に午後のお茶を飲もうと決めたとき、そこであなたにお会いできることを楽しみにしています。

終わり。終わり。終わり。

四日目　見るものすべてに宿る神

さて、私たちがあなたは何者であるかについて教えるとき、ある一つの理由により、形や神そのものも含め教えています。それは、あなたが物質的な自己を神性から排除してしまうと、神として顕在化した世界とあなたとの関係性も排除することになってしまうからです。

ところで、すべてのものは神であり、さまざまな方法で活動しています。あなたが目にするもので賛成できないものがあるかもしれません。それはあなたの好みに合わないかもしれませんが、あなたが神として見ているものを理解する必要があるのです。それを正しいとするべきとか、賞賛しなければならないという意味ではありません。残虐行為を目撃するとき、あなたは残虐行為を賞賛しないでしょう。しかし、あなたはすべての神やすべての血管に宿る神の存在を排除することなく、あなたの目に映るものと一致しているのです。

　あなたがた一人ひとりがより高い意識を持つようになると、実のところあなたは自分が見るもの、自分の視界に入ってくるものに責任を持つようになります。神聖なものだと感じると、私たちはその答えを歌にしてあなたに届けます。そして、その融合によってあなたが目にするすべてに宿る神の存在について、あなたはとても意識するようになるのです。顕在化した神の何かを否定すれば、知ることができるかもしれない神とあなた自身の参加を否定することになります。

「できる《can》」という言葉に線を引いてください。知ることや実現することが「できる」ものは、あなたが同意するものと一致していつでもそこに存在します。そして、あなたが見ているものの中に、神の存在を否定すれば、そこにいるに違いない内なる神との一致を否定することになります。「違いない《must》」という言葉に線を引いてください。それはそこにあるに「違いない」のです。そこにないとすれば、どこにもありません。あなたが同意し、賞賛し、神聖化するというだけで神の存在を宣言することはできません。なぜなら、そうすることによってあなたに見えるものは、物事がこれまでずっとどうであったのかという過去の記憶の中に存在するものだからです。

さらに説明すると、あなたがきれいだと思うものは神聖であるに違いなく、忌まわしいと思うものは神聖ではないとする場合、あなたは過去から受け継いだ美の基準によって美しさを決めているのです。あなたは美と忌まわしいものの間に不和をもたらし、あなたが望むものに神を宣言し、望まないものから神を排除しています。そのようなことをすれば、大地と空は永遠に分離されるべきだと言っているようなものなのです。大地と空というのは、形やスピリットを意味します。しかし、あなたが空として見ているものが、たとえそこに壁があったとしても、すべてを包み込んでいるとすれば、あなたの知っている空はその範囲でしか存在しません。そのような分離が起こらないように、しっかりと取り組まなければなりません。なぜなら、あなたは自分自身やあなたを通して宣言しようとする可能性に対して、分離という手段を使ってしまうかもしれないからです。

あなたが仲間を見つめるとき、彼らが引き継いできた神聖な本当の姿を見るとき、あなたは真実を宣言しています。理想化したものではなく、いつかではなく、何となくではなく、それが本当に何であるかについて理解するのです。あなたによって認識された彼らの本当の姿が顕在化したとき、より高い場所への順応はそれを目撃した人に可能です。あなたという神が、その人はどんな人なのかを理解したとき、彼らに内在する神について明らかにするのです。そしてその顕在化、あなたが「私は神の存在としてのあなたを知っています。私はその姿とその本質としての姿を手に入れた存在について宣言します」とした姿は、彼らがこれまで知っていたことやそうだと思い込んできたものとは実は正反対だと宣言するのです。

もしあなたが目の前にいる人について、あれこれ難点はあるけれど神にふさわしいとするなら、あなたはその人を二つに分けてしまったことになります。あなたの基準によって半分は天国に、残りの半分は地獄に存在することになります。

ところで、私たちが皆さんを導きたいと考えている調和、神としてのあなたが調和するとき、実際には二元性の概念というものは消えてしまいます。もちろん、昼と夜、男性と女性、あれとこれというものはありますが、それらはすべて同じ源から発生したものであり、単に異なる方法で表現しているだけなのです。

あなたが善や悪と呼ぶものは実際には同じものです。あなたが悪とするものは、悪とはこうあるべきとあなたが決めたことです。しかし、あなたがよいと決めるのも同じことなのです。それらは同じだけれども、高いか低いか、どちらかの領域に存在すると想像できれば、今日恐ろしいと思われていることが、やがて見直され、再考され、あるいは高い方法で再認識される可能性があることを理解できるでしょう。自分が誰であるか知っており、真の神性を宣言するあなたという人が、忌まわしいと思うようなことを目撃するとき、あなたはその向こうにあるものを認識しなくてはなりません。なぜなら、神であるあなたは、見るものすべての中に神しか見えないからです。

――それでは、こんな場合はどうですか？

ポールが尋ねます。

――何かひどいものを見ているのに、私はそれを美しいと言うのですか？

恐ろしいものだと宣言することを否定すればよいのです。その代わりに、あなたが目にするものに神が存在するもっと高い認識へと移行します。あなたはそれをよく見せようとか、バンドエイドで隠そうとしているわけではありません。香水をかけて、ひどい臭いを消そうとしているのでもないのです。たとえ低い振動にあっても、また、あなたが神の存在を否定しても、あなたはどんなレベルにおいてもなされるに違いない神の表現を宣言しているのです。

もう一度「違いない《must》」に線を引いてください。「そんなひどいことに神がいるなんてありえない」と思うかもしれません。すべてに起こる振動は、存在しているに「違いない」のです。あなたが見るものに神の存在を意識するということは花が咲くということなのです。世界はこのように変化していきます。

さて、ポールには多くの質問があるようです。あなたがたもそうだと思います。確かに、こうした内容は決して容易ではありませんが、皆さんがこの旅を続けるならば必要な教えです。あなたが見るものすべてに神を認識することは、すでに存在する神の顕現を宣言することなのです。目の前の真実を目撃するあなたという神は、すべての中に存在する神の再生です。今、あなたの住む世界には、何が善で何が悪かについて多くの合意や多くの考えがあります。あなたは何が高くて、何が低くて、何がその中間なのかについて本当の意味では理解していません。あなたが主張するものはすべて、あなたが信じているもの、あるいは表現することができるものに限られています。

あなたは思いつくことができない表現や顕在化を宣言することはできません。事実、あなたは目の前のより高いオクターブに何が存在するのかその可能性についてもわかってはいないのです。なぜならあなたはそのレベルに自分を上げることができず、あなたが見ようとしているものと同じ高い視点に届いていないからです。

私たちの目標は、アッパールームで自分をどう「引き上げる」のかについて教えることです。しかし、あなたが下に存在する汚物や絶望や腐敗にこだわっていれば、それを実現することはできません。あなたが目にするものを否定しても何も起こりません。あなたが見ているものを宣言することによって行われるのです。そして、宣言の性質上、内在する神を宣言して、高い方法を認識できる場所、高い視点があるところへと神を引き上げるのです。

WORK

あなたが座っている部屋があると想像してください。部屋はあなたを包み込んでいます。あなたが存在するこの部屋には、他の人々にとって表現のための領域が存在することを理解しながら、あなたは部屋の中に存在しています。物事は向こうに、上に、そして下にも存在します。あなたが座っているところから、あなたは対応できるだけの振動のレベルと一体化することができます。もし苦しむことを望むなら、あなたは古いものに頼り、苦しみが巣食う場所に降りていき、そこで苦しみのレッスンを受けることになるでしょう。

あるいは、レッスンはアッパールームで受けるから、そこに送ってほしいと宣言することもできます。その違いとは、あなたがアッパールームで活動すると、表現のレベルにおいて、あるいは、あなたが同調する神のレベルにおいて、あなたはそれを知り、実現するということです。他のものに宿る神の存在を否定すれば、自分の中の神を否定することになり、あなたは急いで下へ降りて別の経験をする羽目になるでしょう。

　さて、あなたが誰で何者か――「誰」はアイデンティティで、「何者」は神が顕現した姿ということも意味します――を意識して私たちのところにやってきたあなたがたは、それぞれ高いオクターブに存在する姿を宣言する力を持っています。あなたが目にするものを否定すれば、それを行うことはできません。それを可能にするのが実現というものです。この「実現《Realization》」という言葉を丸で囲んでください。ここで重要なのは実現なのです。殺人者の中に神を認識することは、おそらくそれが否定された場所で神を主張することです。あなたが見て知ったものに神を宣言することができます。そして、私たちはあなたに約束します。あなたが出会う人やものに神を宣言するとき、あなたがそう呼んだものは、私たちが命名した「反響」として同じようにあなたに宣言するでしょう。

　さて、反響、形となって表現する神の反響音について、あなたはいつでも知ることができます。「私は自分が何者なのか知っています」――「知っている」というのは認識という意味です――と宣言すると、神の姿をしている他の人が何者なのかを宣言するあなたをサポートします。そして、あなたが「私はあなたが何者なのか知っています」と宣言するとき、あなたは小さな自己として仮定しているのではなく、神聖なる自己として知っていると宣言しているのです。

　あなたとしての神は、他の人に内在する神を否定することなどできません。そして、神が他の人に神が存在することを宣言するとき、その人も神の存在を宣言し、振動する領域においてあなたはその反響を見たり感じたりするのです。あるいは、宣言された神を証言する振動の波として、あなたは知るのです。

もしよければ、あなたには自分は愚かだと思っている小さな子どもがいると想像してみてください。あなたが子どもにとても頭がよいと言うと、子どもはにっこりと笑います。あなたは子どもを賢くしたのではありません。あなたは子どもが生まれ持った才能を宣言しているのです。その宣言に子どもが応えるのです。あなたが誰かに、何かに神を宣言すると、あなたはそれを新たに認識するのです。「見よ、私は万物を新しくする」ということです。

さて、今夜のテーマは、既知を超えて古い考えを解放するという教えですが、次の段階に進むためには何が必要かという話をします。何よりもまず、あなたが戦っているものはイデオロギーで、あなたが恐れていることはただの可能性で、あなたが神を否定するのは何にでも恐れるように教えられてきたからだということを理解してください。すると、表現の領域であなたが受けてきた洗脳は、既知を超えたところで理解し他に受け取ることができた可能性を奪ってしまっていたことを理解するはずです。

あなたに起こったさまざまなことが果たしてどんな意味だったのかと考えることを止め、そのさまざまなことを超えて、あなたは誰で何者なのかを取り戻してもらいたいと、私たちは考えています。寡婦であることの意味、貧困に苦しんでいる意味、それほどまでに怒ったり恐れたりする意味など、このような考えから解放されてしまうことです。

「超えて《beyond》」という言葉に線を引いてください。高いオクターブに存在するということは、このような考えを「超えて」存在することです。あなたがたはそう、現世の経験をしています。笑うことも泣くこともできるのです。しかし、あなたはあなたや他の人として現れた神を否定しているのではないのです。

ほんの五分、恐怖を超越して恐怖のない場所に存在するとしたら、どんな感じがするでしょうか？　アッパールームに恐怖はありません。毎日ここで五分過ごして慣れてください。この世に恐怖というものがなかったら、もし、何千年にもわたって続いてきた恐怖という概念がなかったら、一体どんな感じなのでしょう？　あなたは何を見て、世界はどんなものになるでしょう？　アッパールームの窓から、主張や既知やそう違いないと思ってきたものを超えた世界をあなたは見るのです。そして、今夜あなたが同意するのは、これまで物事はこうなるべきと古いものを受け入れてきた過去を乗り越えて、既成概念を超えて存在する世界を知り宣言し参加するということです。

今夜、私たちは宣言します。これらの言葉を聞くすべての人が自分自身を新たに知り、自分の成長に必要なものを宣言し、白か黒か、昼か夜かに関係なく、物事はこうあるべきという過去への執着から起こる偏見を超えた世界を証言するのです。今夜、新たに知り、言い直し、再び宣言したあなたがた一人ひとりの可能性に、私たちは「はい」と答えます。

「私は真に自分が誰なのか知っています。私は真に自分が何者なのか知っています。私は真にどう奉仕すべきか知っています。そして、私は新しい世界の顕在化を宣言するためにやってきました」

今夜すでに述べたように、作業はすべて高いオクターブで行われ、あなたがた一人ひとりが理解できるように説明してきました。私たちと一緒に一つ練習してみましょう。考えられる最悪な事態をちょっと想像してみてください。そして、少し時間をかけて、その最悪の事態は、これまでどうだったか、どうあるべきかという歴史によって作り出された考え方だということを確認してください。起こりうる最悪の事態は、いつだって単なる考え方なのです。

WORK

さて、同じ作業をしますが、今度は新しいことを加えます。今あなたが見ているものには神が存在しています。あなたが見ている高いオクターブでは、もう一度すべてを見て、知ることができます。神があなたとしてやってきました。あなたの許可を得て、私たちは改めてあなたに、その最悪の事態について神が見るように見てもらい、新しい光景を作り出してもらいたいと思います。

神はすべてのものに存在します。シロアリが食べる家は神のものであり、シロアリは神のものであり、いつか新しい形として知られるかもしれない崩壊した建物も神のものなのです。

神がどんなものなのかについて教えられてきた概念について、あなたは今考え直さなければなりません。善と悪の考えといった二元性は、恐怖と偉大さの記憶です。しかし、高いオクターブでは恐怖はあなたと同調することはなく、すべては新しい方法で知るのだということを理解しているなら、あなたは言葉としての本当の自己と一致した存在として最初の一歩を進みはじめることでしょう。

第1章はここで終了です。これまでの話は「既知の解放」と呼びます。ご清聴ありがとうございました。

第２章　自分がどう奉仕すべきか知っている

五日目　神視点から見た成功の定義

さて、皆さんの中には、生まれ持った人生の課題というものによって何になるべきか決める人もいるでしょう。これまでの業績や世間が自分をどう見ているのかによって、あなたは自分自身を定義しています。そして、自分は何になるべきかと思い描いた未来を実現するために人生を導いていき、「私はあれやこれを手にすることができれば、買うことができれば、これやあれになることができれば幸せになるはず」と考えるのです。そうなると、あなたが生きる人生は、偶像崇拝の証のようになってしまいます。

私たちが言いたいのは、物を手に入れることや、力を誇示し他者に対して権力を振りかざすことが目的となってしまうということです。それは、本当の自己の目的ではなく、この先も決してそうなることはありません。あなたはよい人生を送るかもしれません。本当の自己としてすべてを知ることができるかもしれません。しかし、本当の自己が求めるものは実現であり、それを邪魔するものは神聖なる自己にとっては受け入れがたいものとなります。

あなたの進む道に障害が現れたとき、あなたにはそれを理解し、どこでそうなってなぜ自分に起きたのかを考え、そして、その障害を取り除くための機会というものが与えられます。しかし、あなたはこれまでと同じ方法や簡単に納得できる考え方によって障害を取り除こうとします。あなたはその考えを主張し、その他大勢のこうなるべき、こうするべきという意見に納得してしまうのです。

成功とは何かについてあなたが考える定義は、誰かによって決められた理想、象徴、指示だと他人のせいにしないで、あなた自身が決めなければなりません。あなたが意味を与えれば、あなたはそれに力を与え、正当化し、そして、それに応じて創り出すのです。男性または女性であることの意味は、あなたが認識する、または意味があると考える課題を通じて達成されるべき指示となります。

ところで、あなたがたを教えるとき、私たちは、あなたの小さな自己が自分はどうあるべきかと決めたものを超えて、あなたをあなたとして見ています。そして、私たちは本物だけに意味があるとみなしています。真実の定義とは、あなたのために何千年もかけて手に入れることができたものだと理解しなければなりません。あなたが望むなら、真実を再定義しましょう。本当のことは常に真実であり、どんなものでも本物なら常に真実です。私たちが今日、この瞬間にあなたとここにいるのは真実です。この瞬間、私たちはいつもあなたとここにいます。この瞬間が過ぎれば、私たちはいつもここにいるわけではなく、あなたもここにいるわけではありません。しかし、この瞬間それは真実です。あなたが認識する時間を通して、私たちはあなたとの関係においてここに存在し指示を与えるのです。

明日あなたはどこか別の場所にいるかもしれません。そして、その瞬間に時間という歴史の中に、あなたはずっと刻み込まれるのです。あなたは実際には多様な階層に存在しているのですが、あなたがどこにいるかは物質的な現実に生きる小さな自己にしか理解されないとしても、その瞬間立っている場所にあなたは存在しているということは常に真実です。

私たちがあなたと一緒にいる、あるいは、あなたが私たちと一緒にいるということは必ずしも真実ではありません。あなたが自分の性別や性格や職業や目の色や顔色について思っていることは必ずしも真実ではありません。あなたは自分が思っているような人ではないのです。あなたは自分という人間はこうだと思う自分を信じており、あなたであるという思考は、その考えを正当化するために、あなたのマグネティックフィールドを通して証拠を集めているのです。あなたはある意味、他の人のために、そして、彼らと交流しながら、自分は誰で何者かというやりとりや認識を通して、自分を定義するためにいつも自分を訓練しているのです。しかし、その訓練はあなたが自分自身だと信じてきたものをただ押しつけるだけのものです。

今、あなたが既知を超えていつも存在している本当の自己を実現するとき、肌の色、性別、生まれたときにつけられた名前に関係なく、本当の自己はいつも真実です。「いつも《always》」に線を引いてください。そして、それが誰で何者かということが明らかになるとき、表現の構造として神が実現するのです。

あなたが理解できるように、私たちは少しずつあなたがたを指導していきます。そして、そのほうがよく伝わるので、私たちはこうして集まってくださった参加者にしか教えていません。真実を理解するということは、知覚された現実の一時的な性質とは「物事はこうあるべきだ」という集合的な考えによって正当化された単なる幻想に過ぎないと認識することです。私たちが幻想という言葉を使うとき、それが存在しないと言っているわけではありません。あなたが抱いている幻想は本物ですが、それは集合的な領域における意識的な思考によって前もって用意されたものです。皆さんが住んでいる何千年と続いてきたこの世界のために、あなたがた一人ひとりが掲げる課題は、その形を作り、あなたが経験することを選んだ形を正当化します。

このより高いオクターブの領域を超えて存在するのは、さまざまな方法でそれ自体を表現する現実の仕組みであり、あなたが神として経験するかもしれないことの総和です。しかし、ここで経験するほんのわずかな出来事も神であり、それが神であることに気づくと、あなたがこれまでとはまったく違う方法で体験するようになります。あなたが見ているものが神聖であるかもしれないとふと考えるのは、すべてが神聖であるためです。実際には、神は常に釣合の中で存在し、あなたがそれはこれまでずっと存在していたものだったという認識してもおかしくはないのです。すると、形という幻想は、あなたの存在に対していくらか柔軟になります。

皆さん、次のことを理解してください。あなたとしての神は、経験する現実の仕組みとの出会いの中で、あなた自身を知っているより高いオクターブであなたが表現する風景を主張するのです。言い換えれば、この次元でのあなたの存在そのものが、すべての顕現に内在する神の存在を取り戻すのです。

さて、これを体験するには、あなた自身がそこから離れることなく、それを理解できるようになることです。あなたはそのことを理解しなければなりません。もしあなたが離れてしまっているなら、あなた自身から生まれるものにはならないので、あなたはそれを理解することができません。しかし、あなたが誰で何者かを認識するためには、あなたであり、すべてのものでもある神の仕組みとなることです。もう一度、「認識《realization》」という言葉に線を引きます。

「私はどう奉仕すべきか知っています」という宣言によって知ることができる、あなたの表現による調和において、顕在化した世界につながるあなたという振動の領域は、内在する神に歌い、あなたは何が存在するのかを経験します。それはこれまでもずっと、そしてこれからもずっと真実なのです。あなたとしての神が真実であるように、あなたが何を考えようと、どれだけ否定や反論をしようとも、あなたが見るすべてのものについて同じことが言えるのです。あなたが目にするすべては音色と振動の中にあるので、あなたが表現する音色においてあなたはそれらを感じるのです。そして、あなたが神聖な自己として表現する音色は、錬金術の観点から見えるものと一致します。形として表現された神の考えは真の錬金術の定義であり、形の顕現とその変成転換は人間におけるキリストの現れというものです。

さらに、物質的な形で実現できる創造主の側面であるキリストという言葉は、すべてのものがこのレベルの理解と音色でなければならないので、形が神のものとして、神の中にそれ自体を知ることができる無限の現実として理解されなければなりません。そして、あなたがこのように形と領域で宣言できるという考えは異端と呼ばれ、それを続けるならば同じように呼ばれることもあります。しかし、真の異端は神の否定であり、その顕現ではないということを理解しなければなりません。

もしあなたが神のものでないなら、あなたは一体何なのでしょうか？　あなたの肌と骨が神のものでないなら、あなたは何なのでしょうか？　あなたが思い、表現する心が神のものではない場合、それは何なのでしょうか？　神として、偉大な神として、これらのことを実現することが、ここでの鍵となるに違いありません。そして、それは王国に入るための鍵であり、これまでもずっと鍵となる考え方でした。

王国――繰り返しますが、すべての顕現における神の認識です――というのは、実際には、より高い部屋を表現しています。あなたが転生することを選んだ密度の経験的次元はあらゆる方法で存在しますが、神はそれとして、またそれを通して存在します。そして、そのことを認識するからこそ、真実、あるいは見るものに神の存在を宣言する人として、あなたとあなたが生まれながらに持つ権利を取り戻すことができるのです。

あなたが見る風景はその形を通して知っているため、あなたはその神聖さの形に注目しなければなりません。手のひらに石があるのを想像してみてください。その石はあなたが生まれる前から存在し、いつかその形を変え、粉々になり、ほこりのように風に舞うでしょう。あなたが立った瞬間に石が固いと知るのは、その瞬間の石をそのままの姿で認識するということです。神としての石を、石が石の形をしていることを、石が用いた名前を、石と調和してあなた自身が見える石を理解するということは、同時に石がただの石であるということも理解することなのです。なぜなら、その石こそあなたが知り、認識し、関係性を築いたものだからです。石がほこりになると、あなたと石との関係も変わってきます。ほこりがあなたと同じ星でできていて、あなたと同じ水と空気でできているなら、あなたの姿かたちは別の歌を奏でますが、あなたはそれほど石と変わりありません。

宇宙ではすべてが調和しています。すべては動いています。静止することはありません。そして、石がそのままの形をしている、空の星が星の形をしているというあなたの静止状態についての認識は、あなたが抱いているかもしれない限られた目標や見方なのです。あなたは音色、あなたとして表現された振動の中の音色だと理解するなら、あなたはまた音色の中にある風景の中で活動するようになり、私たちがあなたに与えた宣言を通して、あなたの歌、つまり振動の中の神聖な自己は、実際に小さな自己として知っていた現実の仕組みを変えるでしょう。あなたが私たちと一緒に作業し、私たちの指導にそって活動するとき、あなたは自分自身だけでなく、あなたが表現する風景を取り戻します。そして、私たちがポールを通じてオクターブと音の中で歌うときに私たちが奏でる音色は、あなたが一緒に歌うことができるテンプレートを作ります。

さて、もしあなたがテキストを読んでいて、私たちがそれに合わせて音調を奏でるなら、音色は私たちが歌う振動の中に実際に刻まれており、あなたはただその音色の中で私たちと会おうとするだけでよいのです。すると、あなたは私たちと一緒になります。私たちはこの瞬間に永遠にここにいるので、あなたはここで永遠に私たちと会うことになるかもしれません。千年、百万年、それはそれほど重要ではありません。この瞬間、会話の中で、私たちはいつもここにいて、いつも歌っています。あなたが音色で私たちに出会い、私たちが歌う音がこの出会いを通してあなたの領域で出会うとき、あなたは言葉を超えて、そしてあなたが物事に与えた意味を超えて出会います。

そんなわけで、以前のように一瞬の疑念があなたの頭に浮かんだら、疑念の言葉と言葉の隙間に向けて私たちは歌います。そうすれば、あなたが選んだ現実を進んでいくために、そして、これからそれを超えて行動するために必要な体やアイデンティティの有無にかかわらず、あなたは形を超えたところで無限を経験するかもしれません。私たちがあなたに歌うこの永遠の中で、永遠の瞬間はあなたがた一人ひとりのために、音の中に、オクターブの中に、歌われている音の中に存在するので、あなたは自分自身の永遠を宣言するのです。そして、これに対する証明は、あなたが時間として知っていることを超えたあなた自身の経験でしょう。時間そのもの、つまり時間の幻想は、あなたが進歩して私たちの歌に参加するにつれて、新しい方法で知ることになるのです。

WORK

三つ数えたら、ポールを通じて歌います。あなたがどこにいても、今これを聞いているのか、読んでいるのかにかかわらず、一緒に音を奏でてください。私たちと出会い、あなたを十分に表現する「あああー」という音があなたの存在を通して伝わるように出してくれればよいのです。一、二、三。

ああああああああああー　ああああああああああああー

ああああああああー

今、あなたらしく。あなたのままでいてください。そして、あなたがいる領域で、あなたが宣言した考えの中で、存在するという思考の中で私たちから受け取ってください。また、本物ではないものはすべてあなたの領域から追い出してください。今、あなたのために私たちが宣言する「私はどう奉仕すべきか知っています」は、それ自身のアチューンメント〔高次のエネルギーと同調するための言葉や作業〕なのです。そして、あなたがそう主張するとき、あなたはエネルギーに満ちた領域とあなたとして演奏された音符とを合わせます。現実を変えるのは「私はどう奉仕すべきか知っています」という宣言です。これは小さな自己にはできないことで、またこの先もありえません。

あなたとしての神は、その表現において、世界を新たに宣言するのです。これらの言葉を言うときは、尊敬の念を持って言ってください。あなたとしての神は真の話し手であり、「私はどう奉仕すべきか知っています」という言葉を言うのはあなたという神です。あなたがそう宣言するとき、あなたはエネルギーに満ちた領域と共感するでしょう。ポールは形として上昇することでそれを経験していますが、実際には既知を超えて表現するために、その現実を克服する真の神の表現ということなのです。

ポールが尋ねます。

――現実を克服する、とはどういうことですか？

あなたが何らかの形で住んでいた密集した領域の性質は、あなたの経験から形としての神の表現を妨げてきました。石や木や海の振動を理解すること、その振動の反響の中で真に存在するすべてを知覚することは、このアチューンメントによってもたらされる贈り物です。「私は自分が何者なのか知っています」と宣言するとき、あなたは形の上では内在する神を宣言しているのです。あなたが誰かに「私はあなたが何者なのか知っています」と宣言するとき、あなたが彼らの姿をした神を実現、あるいは知るということなのです。「私はどう奉仕すべきか知っています」という主張では、あなたがもたらす調和、あなたとして楽器で演奏される音は、それを見るもの、想像できるもの、あるいは、あなたとして、そしてあなたを通して表現される神の振動として考えるものすべてに届きます。

そして、存在の性質上、それは実行するのではなく、潜在しているのです。「存在《being》」という言葉に線を引いてください。以前に教えた「私はここにいます。私はここにいます。私はここにいます」という宣言は、あなたの神の可能性を高めるものです。また、「私は自由です。私は自由です。私は自由です」という宣言は、幻想の中にあなたを縛りつける平凡さ、制約、支配を超えて宣言するのです。そこから自由になることは、つまり既知を超えてあなたがこれまでずっと誰で何者であったのかを改めて宣言することは、あなたが今現在どこにいるのかという贈り物なのです。そして、この後の章でも詳しく説明する「私はどう奉仕すべきか知っています」という宣言は、あなたが新しい世界に参加することを宣言するものなのです。

これはポールのために言います。確かに、この内容は第二章のタイトルです。「自分はどう奉仕すべきか知っている」という章の始まりです。ここまで話を聞いてくださりありがとうございます。

（一旦休憩）

あなたがた一人ひとりが、アッパールームに上がってくることを決め、そして決断しました。皆さんは「はい」と言っていますが、それはどういう意味でしょう？　ここで体験した振動を維持するためには何が必要でしょうか？

では、本当の自己である神の姿を手に入れることができるということを理解するならば、あなたはどこか別の場所で救いを求めることはなくなるでしょう。あなたが誰で何者なのかを知っているように、アッパールームはあなたがいる場所であり、奉仕を行う中で自己を表現するところです。あなたとしてやってきた神の顕現には、その姿を維持するために必要な条件があります。もしあなたがその条件を維持しなければ、あなたは急降下してしまうでしょう。これは問題ではなく、これもまた大切なことを学ぶ機会です。また、あなたは別の方法で学ぶという選択をするかもしれません。

最初に提案する条件は、変化している自己への思いやりです。あなたは小さな自己が小さな独裁者でいるべきではないと思い、本来なら思いやりが必要なのに、小さな自己の権力のせいにするのです。

ほとんどの場合、人格の自己を主張するための情報は、ばらばらに分解されます。そして、小さな自己の分解は、解放を求める体に縛りつけられていた鎧《よろい》から自由になることだとあなたは思います。そうすることは安全だと感じ、あなたは小さな自己を分解するのです。

この実現の中心には真の安全が保障されていて、そのような安全は神聖な自己やキリストの自己を通して結ばれる神との関係においてのみ可能だということを理解すると、そこにしかない贈り物を受け取ることができるのです。

あなたが世界と戦っている間、あなたは必要に駆られて鎧を求めるかもしれません。思いやりが必ずしも同意を意味するわけではないことを理解するとき、あなたはもっと楽に感じるようになります。あなたは苦しんでいる人に思いやりを持てる人です。あなたはその人に、これまで経験した苦しみを超えてもっとよい方法を教えてあげようとするでしょう。一生懸命学ぼうとしている人に怒鳴る必要はありません。その代わり、あなたは思いやりを持って支えてあげるのです。

二番目に提案する条件は、あなたの栄光を公に叫んだり、飾ったりする必要はないということです。あなたとしての神が自分について紹介するとき、それを謙虚に行います。意識において躍動するエネルギーに満ちた領域であるあなたの本当の表現こそが、あなたのために宣言してくれるので、あなたは自分の名前を叫ぶ必要などありません。したがって、あなたはこの作業に栄光など求めないでください。謙虚に、そして勤勉に、あなたの成長のために必要なことを指示してくれる本当の自己のために取り組んでください。これはあなたが生きる人生の中で行われ、あなたに提示される機会は、あなたが宣言し、学び、そして自分のためになることなのです。

あなたにとって必要な三番目の提案は、その日に起きたことをしっかりと振り返ることです。昨日の荷物を今日に持ち込んではいけません。さもなければ、あなたは自分の成長のために必要なものだと思い込んで、昨日に戻ってしまい明日から離れてしまいます。毎日が、あなたは誰で何者なのか、そして他の人についても知る機会となり、これだけで十分なのです。過去にとらわれたり、どうなるかもわからないのに将来の展望について振り回されたりしないでください。その日の教えは、魂が必要としている教えです。明日は明日にぴったりの方法でやってくるものです。

次に言及しなくてはならないのは、他人への恐怖や彼らの意見によって行動してはいけないということです。あなたが仲間を恐れるなら、あなたは彼らのために何かを決めたことになります。

ここで、ポールはこの件について質問があるようです。聞いてみましょう。

――しかし、誰かが私に危害を加えたいと思っていたらどうしますか？

そうですね、それならもっと彼らを恐れてはいけません。ただし、彼らが何かするかもしれないと注意して行動してください。あなたに向かってくる殴打を避けるために、びくびくしながら行動する必要はありません。実際、恐怖が何を引き起こすのかというと、恐怖を避けるために走った後も、あなたをずっと走らせ続けることです。

ほとんどの場合、他者に対する攻撃は、恐怖に基づく行為であり、あなたを攻撃する者は恐怖に反応しているのです。彼らの中に神を認識することは、彼らの恐怖を超えて彼らを祝福することです。誰かを祝福することは、神が存在するかのように彼らを認識することです。それはあなたがいつでも誰かに与えることができる贈り物であり、そうすることで彼らを引き上げることができます。

誰かを恐れれば、あなたは彼らに力を与えてしまいます。誰かに権威を与えるということは、彼らをあなたの神にするということです。あなたが彼らを恐れているならば、あなたが恐れているものの仮面をかぶせて、恐怖があなたの神になることをあなたが許してしまったのです。

恐怖を感じたときに高いオクターブで再び自己を確立することは、あなたが選ぶべき選択です。

しかし、ここでしてはいけないことは、低いところにある何かから逃げるためにそうすることです。「ああ、アッパールームに戻るのが一番だ。ここなら安全だから」と。確かに安全ですが、どうか覚えておいてください。アッパールームこそがあなたのいる場所で、他にはありません。そして、あなたがどのようにアッパールームで奉仕するかによって、あなたは必要なだけアッパールームにいることができるのです。アッパールームの安全に戻るということは、あなたがいるところも安全だと知ることなのです。なぜなら、あなたが活動する風景のすべての条件において、神はあなたと同じで、神はあなたと共にあるからです。

さて、あなたが自分自身や他の人の中の神の存在を否定するとき、例えば、怒りや恐怖によって、または自分や他人を許せなくて、あなたはいろいろな方法でそうしてしまうかもしれません。そのような選択は、神の存在を手放すことにもなりかねません。したがって、すべての問題に対する答えは問題の中にあることを理解してください。問題を正当化することや問題があると言ってしまうことは、問題を再び宣言してしまうことです。問題にするということは、小さな自己が形となって幻想を宣言することですが、そのことで、成長し新しく知るための機会として、あなたが問題と呼ぶものをもう一度見つめ直し、再び知り、認識する格好の機会とも言えます。

魂が必要とするものは、あなたの準備ができたときに、それぞれに届けられるのであって、それ以前に受け取るものではありません。受け止めるには多すぎるというほどのものは決してあなたに届けられることはありません。その性質上、それで十分であり、本当の自己というものを意識してあなたの内側から受け取るものなのです。

転生を繰り返すことで生じる魂の成長は、あなたがある姿をして生まれ変わったときに宣言できる機会です。あなたである本当の自己を実現すれば、あなたは魂が必要とする教訓に異を唱えることはないでしょう。しかし、かなり違った方法でそれらの教訓を授かることになります。アッパールーム、あるいは、私たちが教える教室は、学び、成長する機会に満ちています。あなたは戦場で学ぶこともあれば、平和の中で学ぶこともあるでしょう。どんな場合も、目的は教えることなのです。しかし、それはある意味、あなたがどのようなレッスンを受けるかによって決まるものです。

最後に言わなければならないのは、アッパールームでは、あなたが必要としているものが届けられます。あなたは懇願する必要はないのです。そんなやり方はここでは機能しません。高い振動の中では、密度が低くなることを理解してください。そして、もしあなたが愛を必要としているなら、あるいは、あなたが慣れ親しんだ方法で自分自身を知りたいのなら、また、あなたの魂があれやこれを求めているなら、あなたは楽にすぐにそれらを手に入れることを期待してよいでしょう。

密度が高く、恐怖によってあなたが密度を上げてしまうような低い振動の中では、あなたが求めているものを手に入れるにはもっと長い時間がかかります。あなたが自分のものを懇願する必要がないことを理解するなら、あなたはそれを受け取ります。そして、私たちが何度でもあなたを連れていくアッパールームに必要な調和は、あなたがあなたであることによってわかるようになるのです。あなたがあなたであることとは、あなたが誰で何者なのかわかっているということで、あなたが世界と出会うときに、すべての人のためになる生き方、学び方、表現の仕方を提供するのです。

　さて、皆さんの中には未来図が欲しいと思う人もいるでしょう。人類は自滅するのでしょうか？　それとも生き残るのでしょうか？　地球上での争いは終わるのでしょうか？　それとも続くのでしょうか？

　私たちはあなたがた全員にこれを言わなければなりません。ある意味において、あなたが考える世界が世界の姿になるということです。アッパールームであなたが見るものすべてに窓があると想像してください。高い窓から世界を眺める人は、世界をそこまで引き上げることができ、その人が宣言することができるかもしれない世界の姿の中で、新しい光景に出会うことができます。この機会に、あなたが住んでいる高いオクターブを世界に宣言していくことです。それは姿となって現れるでしょう。そして、この三部作の中の一つで書こうとしているのは、まさにこのテーマなのです。しかし今は、あなたが目にするものにどのように意識を刻むのかは、あなたが高いオクターブで見るもので決まるということを話しておきます。世界で起こっている出来事をあなたが恐れるなら、恐怖と受け入れてしまった自分の背中を叩くことです。怖くて震えていようと、文句は言わないでください。恐れることを選択したのはあなたなのです。

　さて、世界はあなたに恐れる必要があると言うでしょう。あなたがそれを黙って受け入れてしまえば、戦おうとしている、降伏しようとしている、征服しようとしている群衆に加わるということです。戦争と呼ばれる古い枠組みの中でしか自分を見出すことのできないその他大勢の一人になってしまうのです。平和と調和するためには、平和がそこにあることを知る必要があり、その意識の中で、あなたは平和の使者になります。あなたが何らかの方法で戦いに巻き込まれ、目撃したり経験したりする戦いは再び学ぶための機会だと捉えるなら、あなたは本当の自己としてそうするべきです。

　本当の自己は出会うものに光や平和や癒しをもたらし、それ以上の損害や怒りや災難が起こらないようにするものです。神聖な自己は、平和の創造者ではありませんが、平和を守り、存在することによって平和を宣言するのです。神聖な自己は見たものを受け入れるかもしれませんが、誰かに押しつけたりしません。魂の独立性には、それぞれがそれぞれのやり方で自分が誰なのかを知っていることが要求されます。しかし、あなたがするべきなのは、どんな人の中にも神を知ることであり、そうすることで、あなたは証人となって、彼らが神聖なる自己を宣言することを許可するのです。「知る《know》」という言葉に線を引いてください。これはつまり認識です。

　神はあなたがた一人ひとりとしてやってきて、これからもずっと顕在化するでしょう。あなたがた一人ひとりが「はい、私は自分自身について新たに知っています」と確信して、あなたの仲間のためにそれを宣言することができます。そして、あなたとして、またあなたを通して起こる神の出現は、出会うすべてを包み込む光の高潮となるでしょう。

――光の高潮とは、壮大な表現ですね。

　ポールが言います。

　これは最初から言ってきました。そのテンプレートである神の顕現は再び宣言され、再び知られるようになるのです。キリストはすべてとしてやってきました。そして、その実現は人類が自分たちについて知ることができる次の方法ともいうべきものです。しかし、あなたは自分や仲間がどんな人間なのか、喜んで受け入れなければなりません。それには、話したくない、意見が合わないと思う人たちも含みます。神はすべてか無かのどちらかです。どちらの方法も欲しいというわけにはいきません。

最後に、私たちはあなたがた一人ひとりに言います。本書において作業を続けるにあたって、必要に応じて、私たちはあなたと会うでしょう。皆さんがエーテルにいる私たちに尋ねる質問は、本書の中で答えていきます。私たちは時を超えて存在しますが、時を通して自分たちについて知っているので、あなたが質問したり、再び作業することを求めたり、私たちがあなたと共にあるアッパールームで何度も何度も自分自身を見つめ直したりすることで、私たちはあなたに会うのです。それぞれ参加してください。深く感謝します。

六日目　キリストの自己

さて、私たちがあなたがた一人ひとりの成長のために必要なものを教えるというと、あなたは難しい仕事や規律を学ぶのかと考えるかもしれません。そして、次々にあなたにとって必要なものが用意され、すぐに対応してもらえるのかと考えるかもしれません。しかし、そういったことではなく、皆さんは何かを達成したという満足感を感じるようになるのです。私たちが教えるとき、実際にはより高い部屋にあなたを連れていきます。そこでは、スピリチュアリティを定義するための教義や理想はなく、経験的な方法で学ぶことによって知識を深めていきます。

今夜、私たちがあなたがた一人ひとりのために行う「あなたは新たに知り、知ることによって実現します」という宣言は、あなたが受ける教えの有効性を確かなものにするために私たちが誓うものです。そして、私たちがあなたに代わって行う「あなたは本当の自分について知る自由を持っています」という宣言は、私たちが確信と愛をもって誓うものです。

アッパールームにこれまでずっと存在してきたあなたが本当の自己であり、そのように調和しているということは、本当の自己が表現する世界に与える贈り物なのだということを理解しなければなりません。私たちが皆さんとこうして出会う中で、あなたは本当の自己と調和し、神の実現とはあなたが目にする世界にその姿が現れることだということを理解します。そして、授かる教えを理解してあなた自身の権利を主張するとき、あなたはすべてを受け入れる器となるのです。あなたがこれまでずっとそうだった人間の姿をした神の器なのです。

「ずっとそうだった」というのは重要です。もしあなたが「ずっとそうだった」ら、そのためにどうやって努力すればよいのでしょう？　どうやってそれを心から望めばよいのでしょう？　どうしてそれが手に入らないと決めつけることができるでしょう？　あらゆる点で、神を望む気持ちは、あなたを通して実現しようとする神そのものであり、あなたがそれを受け入れるようになると、姿を現した本当の自己の実現が可能になってくるのです。

繰り返しますが、この教えに必要な条件は、意欲を持ち、同意し、そして、あなたが表現する自己になるために、あなたとしての神が権限を与えることです。

そして、この贈り物、あなたが実現する贈り物は、存在の本質そのものによって知り、歌い、賞賛し、宣言し、そして他の人にも贈ることができる顕在化した神との出会いです。「私は自分がどう奉仕すべきか知っています」という宣言において、本当の自己としてのあなたの領域の振動は、出会うものすべてと一致します。そして、「私は本当の自己としてやってきました」と自分の存在を知らせることは、あなたの表現として真実を明らかにするために必要な調和においてあなたという存在を宣言します。

真実であるということは、それを表現することとです。「ある」という言葉に線を引いてください。それは小さな方法では達成することはできません。大規模な方法で行うのです。これまで経験したことのある低水準の振動に取って代わる、あなたが調和する振動のオクターブで達成するのです。そして、その実演において、あなたが自分自身を知っているという現実は、まったく新しいオクターブにおいて取り扱われます。確認しておきますが、「実演」とは実現です。

あなたという振動する存在は、何を見て、何を感じるのか、そして、キリストが表現する新しいオクターブには何が調和しているのかをもう一度宣言するために歌となって歌います。

ここでもう一度確認しておきますが、「キリスト」という言葉はイエス様ではなく、あなたが花として咲くように、あなたという神聖な種を植えるということです。そして、キリストの自己がアッパールームに顕在化すると、啓示、またその源との悔悛《かいしゅん》という目的のために、キリストの自己は低い水準で振動する場所に存在するものに呼びかけます。どんなものもまず、それが神聖だと認識されなければ、神聖だとはわかりません。そして、それを認識する人、つまり見るものすべてに神の存在を証言するあなたとしての神は、啓示における出会いについて新しく表現します。あなたは顕在化した世界における本当の自己の真実の現れとなるのです。

他人を恐れる日々、自己を非難する日々、恥と怒りの日々は終わり、あなたという存在、つまり本当の自己として新しく創造された世界と出会うあなたは祝福されるのです。

ところで、ここで私たちは、背景に潜んでいる男性（ポールのこと）に注意を向けなければなりません。彼は首を横に振りながらこう言っています。

――信じられません。悲しみに満ちた日々は終わったと？　どうしてそうなるのですか？

いいですか、私たちは皆さんに言っておきます。今日あなたが生きているあなたの人生を見つめてみれば、悲しみに満ちた日々は終わっているのです。そして、あなたが古い自分に戻ってしまうかもしれないと苦しむような悲しみの記憶も同じように終わったのです。ここにいるあなたがた一人ひとりは、その存在の性質上、これらの言葉を聞き、ページを読み進め、この音声を聞く人々は、やってきたキリストの自己と調和して、再び宣言し、もう一度知り、新しく生まれ変わったのです。それがここにあるのです。それはあなたが求め同意した自由のための塗油《とゆ》というものなのです。

さて、あなたが指示を受け、これから住むことになるアッパールームにおいて、このレベルの振動で奉仕すること、そして、奉仕する振動を保持することは、単純にこのレベルにおける振動の本質ということです。あなたが「私は自分がどう奉仕すべきか知っています」と心から宣言するとき、キリストの自己の塗油によって、あなたが存在する領域は上昇します。

神はあなたがた一人ひとりとしてやってきて、あなたを通して自らを知らなければなりません。それを目撃する者たちによって起きたすべてに内在する源である神の実現は、自らの本質によって再認識されなければならないのです。あなたが神を宣言するたび、神を知るたび、目にするものの中に神を実現するたびに、その本質において神について再び知るのです。ある意味、形の錬金術は単純に実現の実演ということになります。

これらの言葉や出会いを通して私たちからあなたが受ける指導は、一時的なものではありません。実は私たちは、皆さんがいるべき上の場所へと導こうとしています。なぜなら、世界の物事に大きな意味をもたらした顕在化する自己は、その小さな本質というものを乗り越えて、再び知り新しく表現することができる、私たちが教えるこの場所へと引き上げられなくてはならないからです。

明らかに、あなたが進む道は、本当のあなたの実現、神として顕在化する自己、そして、顕在化する世界と出会うことです。それは、神として存在することによってあなたがそう宣言する調和した世界です。存在するということが重要な問題だと理解するなら、行動するというより、あなたが選んだ道を受け入れるということで、あなたは弟子として迎えられるのです。自己を新しくすることはできません。あなたが望むなら、あなたは髪、外見、態度を変えることができます。しかし、根本的な変化、高い調和における体と魂の錬金術は、キリストの自己によって行われます。なぜなら、あなたとして、そしてあなたを通して実現するのは、キリストの自己だからです。

私たちがこれから皆さんに指導していくこの実演には、特色があり独自に知る方法が存在します。あなたは姿や実体を持って存在し、あなたがそこで話し、そこについて語り、存在すると話す世界もまた姿と実体があるので、高いオクターブに存在する本当の自己として、あなたは一つの顕在化を経験しなければなりません。私たちがあなたに教えるところにあなたを連れていくことができないなら、あなたは神として小さな自己の視点から顕現を理解することはできません。

小さな自己は、何者になるべきか、何を望んでいるか、何を持っていなければならないか、何を手に入れなければならないかを決めることにとても慣れています。そして、あなたとしての神は、まったく異なる方法で、その存在の場所から、そして、自分が進む道から新しい表現に向けて、それが何か知っているので、世界の善を受け取る人となります。支配権において、あなたとしての神は見るものすべてに対して宣言するべきことがあります。

「私は新しい世界を見ています。私は新しい世界を宣言します。私は再生と復活の証人です。そして、私は自分自身の復活を受け入れ、すべての人の復活のためにその手段となります」

さて、ここで活動するなら、本当のあなたではない存在に大きな注意を払って行わなければなりません。本当のあなたではないというのは、注目を求め、利益を主張し、自分自身の精神的な性質の偶像崇拝をしたがる小さな自己です。本当でないあなたには制限があります。しかし、本当のあなたは神のものであり、どんな制限もないのです。神のようになるということは、簡単に言えば神そのものになるという意味です。あなたがあなたとして、あなたとともに、あなたを通して表現するパラメーターは必要なもので、アッパールームで振動するときの姿と表現から生まれます。私たちが限界の意味について教えるとき、あなたがたが全員真実を定義し、そのことについて話し合ったり、従ったりするためのパラメーターを求めていることを、私たちは理解しなければならないと思います。実際、その表現における神は無限であり、神としてあなたが顕在化することも無限です。しかし、無限なのは神であって、あなたの身分証明書ではありません。

さらに、もう少し理解してもらいたいことがあります。このような方法で再創造し、再認識することは、あなた自身もその一部である、すべてがすべてを含む顕現の仕組みを非常に謙虚な気持ちで受け入れることなのです。「私は自分が誰なのか知っています。私は自分が何者なのか知っています。私は自分がどう奉仕すべきか知っています。私は自由です。私は自由です。私は自由です」という宣言は、あなた自身のためだけでなく、存在そのものに対しても宣言されるのです。一人のキリストが現れるという考えは、別のキリストを崇拝しようとしている人たちにとって非常に魅力的です。キリストはすべての人の中にやってきたこと、そして、キリストの顕現はこれまでずっとそうであったものを実現することだと理解すれば、あなたの世界は変わるでしょう。しかし、宣言はすべてのためになされなければなりません。

アッパールームにおいて受ける教えは、小さなものから大きなものへ、あるいは、冒瀆、または冒瀆的な信念から、常に真実で神聖なものへと移行させることです。そして、あなたが「私は真実のすべてを知るようになりました、私は新しい世界を目撃するためにやってきました」と宣言することは、自分が誰で何者かについて完全に理解した神としてあなたが奉仕することを宣言します。あなたがこれまで住んでいた部屋だけが、あなたが知ることのできる部屋だと信じて人生を送ってきたと考えるなら、これから起こることにあなたはきっと驚くでしょう。天井はなくなり、何度も何度もこれまでずっとそうであり、これからもずっとそうなる場所にあなたは引き上げられ、小さな自己が期待することも、築くことも、そして信じることもできなかった、あなたがすでに知っていたかもしれない永遠が目の前に現れるのです。

あなたがこの道を進むにあたって、私たちはいくつかの方法でサポートします。確かに私たちはあなたの教師で、愛の精神を持ってやってきました。しかし、あなたができないと思うとき、私たちはあなたの証人になるためにここにいます。あなたが見ているものが神のものではなく、新たに知ることができると信じられないのなら、あなたと一緒に証言するために、私たちに頼んでもよいのです。見ることの力を学ぶことができるまで、私たちはあなたの目になって見るでしょう。ただ一つの考えがあるだけだということを、そして、考えを表現しているのはたった一つの存在だということが理解できるまで、私たちはあなたの心で考えるでしょう。そして、この講義、この本、この具現化と表現における専門書の次の段階に、私たちがあなたを連れていってもよいと思うとき、実現するあなたとしての神は、歌い、あなたにしかできない存在について宣言します。

「私は次の段階に連れていかれても構いません。教えてほしいのです。そして、その教えが展開する中で、私自身の中で、そして、私が目撃し見るすべてが展開する中で、私自身となることに同意します」

参加していただき深く感謝します。

七日目　悪や不正が存在できる理由とは？

　さて、私たちは、次の段階に進むことを決め、より高いオクターブと調和する者として自らの権威を宣言し、世界の再創造のために起こした自らの行動の結果を受け入れる、あなたがた一人ひとりのためにここにいます。あなたという神聖な自己は、その権限によって、絶えず存在し、光を望まない人々には見えず、よく非難され、わりと曖昧で、しばしば拒否される神性についての認識を世界に浸透させる使命を担っています。怖がって光と向き合うのは、実際には、最も恐怖を感じ、恐怖を通して自身を知る自己の最も深い部分を解放してくれる光から逃げることなのです。

「私は真にあなたが誰なのか知っています。私は真にあなたが何者なのか知っています。私は真にあなたがどう奉仕すべきか知っています」と誰かに自由の宣言をすることは、たとえその人が憎み、汚し、真実や愛を前にして怒りや激情を向けたとしても、そこに存在する本当の自己を再び宣言することになります。今あなたが個人的に、そして、集団として持っている能力は、あなたが目にするすべての利益と善のために、自分が誰なのか知ることです。「すべて《all》」に線を引いてください。あなたが表現する風景は、共有のタペストリーです。たくさんの糸が交差しています。そして、あなたが表現して積み重ねてきた現実は、あなたが見てきた世界を創造したもので、その新しい認識の中で、再び創造しなければなりません。しかし、そこから誰かを、または何かを排除することは暗闇に葬ることです。暗闇に取り残されたものを、アッパールームやより高い階、キリストの意識にもう一度引き上げ、再認識し、再創造しなければなりません。あなたがそうするなら、すでにそれはここに存在し、「私は自分がどう奉仕すべきか知っています」という宣言の中で、あなたが誰で何者なのかという表現を探し求めているのです。

さて、「私は自分がどう奉仕すべきか知っています」という宣言は、あなた自身の領域だけでなく、あなたの領域が出会うものにおいて、振動的な行動を呼び起こします。そして、あなたの姿をしてやってきた顕在化した自己は、これらの言葉を話す人でなければなりません。それこそが、私たちが以前その姿と「私は自分が誰なのか知っています」というあなたが「何」なのかについて注目した理由です。顕在化する自己は低い振動で表現するオクターブと出会うと、その存在の性質上、姿を引き上げ、出会う恐怖を象徴化して、もう一度知ることができる高いオクターブで宣言します。

何かを土に埋めて、殺すかのように踏みつけ、土を蹴ってその上にかけ、乱暴に去っていくことは、将来、発掘して再認識しなければならない遺物を残すことになるでしょう。そして、その結果が、地面の汚染、あるいは、この場合は引き離された自分自身を取り戻すための共有された風景なのです。あなたが他の人の中に存在する神を否定するとき、その人が贖罪または再生するのを妨げます。実際には贖罪も再生も同じことです。そして、最も傷つき、最も激怒し、あなたがそう呼びたいのならそれでよいのですが大混乱や悪を引き起こそうとしている人々こそ、最も再生を必要としている人たちなのです。あなたがたの中には、悪いことをする人たちのために祈ることによって、暗闇を可能にしてしまうのではと思う人もいるでしょう。実際には、あなたが誰かのために祈るとき、あなたは真実を宣言しています。なぜなら、他の姿でごまかしたり、隠したり、変装していても、神の存在はそこになくてはならないからです。あなたがそれを何と呼ぼうとも、神、あるいは、源が存在しないということは、神のいない世界を宣言しているということになってしまいます。

さて、神がいる世界に、どうして悪や不正や独裁国家が存在することができるのでしょうか？ それが今夜の課題です。なぜなら、あなたがそれを選び、そうなるようにしているからです。というのも、あなたの仲間の異端や神の否定がこの次元にひどく浸透しているからで、あなたはそういうものだと思ってしまうのです。そして、兄弟対兄弟、男対男、女対女、宗教対宗教というように、あなた自身が作り出した分離というものがひどく浸透してしまうと、それは怪物のように勝手に永続してしまうのです。今、私たちが神はすべてに存在すると言うとき、あなたは目にする怪物そのものや恐ろしい創造物そのものを、再認識し再創造のために高いオクターブへと引き上げなければなりません。なぜなら、怪物はあなたの怪物に対する怒りや恐怖や憎しみによって力を得てしまうからです。あなたが罵れば、お返しに罵られます。あなたが悪口を言えば、それはそっくりそのままあなたに返ってくるのです。

人類は、個人として、文化として、共同体として、国として、そして世界として、その行動に責任があります。現時点で、非常に重大な報いがあり、あなたの世界で起こる不正は、たった一つの目的のために明らかとなるのです。それは、人々に再認識してもらい、正され、新しくしてもらうということです。「見よ、私は万物を新しくする」とキリストは言いました。それはいまだにその通りで、これからもずっと真実です。そして、あなたが目にするものに同じように宣言すると、あなたの振動の領域はあなたが暗闇と呼ぶものと遭遇し、それを引き上げようとします。自分が誰なのか知って引き上げようとしている人だけがそれを達成することができるのです。恐怖の中で作業する怯えた男は、自分自身や他人の幸福を恐れますが、そのような恐怖でさえ、恐怖を助長し何の役にも立ちません。

「私は創造主であり、そのように現れます。自分が誰でどのように奉仕するか知っているというのは創造主の表現であり、愛、真実、風景における正しさにおいて強い影響を与えます」と、あなたが自分は誰なのか知っていれば、その風景は引き上げられ、隠されていた暗闇が現れ、暗闇の啓示においてあなたは光を宣言するでしょう。隠れたままでは暗闇を癒すことはできません。暗闇は隠れようと模索し、仮面をかぶり、別の名前で行動します。暗闇はさまざまな姿になって、あなたを引きずり込もうと都合のよい言い訳を考えるのです。そうなのです。それには恐怖を感じている小さな自己の行動である独善を含みます。

「私はどう奉仕すべきか知っています」という真実の宣言によって、あなたが自分の領域を引き上げるとき、すべてに存在する神の同意によって、あなたの領域は引き上げられるのです。そして、そこにいる神の存在を確認し、再認識します。隠れていましたが、今、新たに知ることができるのです。変動、怒り、苦しみ、戦い、絶望を経験する世界の気候は、皮膚の層のようなもので表面をはがすことができます。すると、柔らかく生で新しい肉、つまり明らかとなった実質を、知り、見て、受け入れることができるようになります。しかし、あなたが仲間同士で戦っている間にも、あなたが恐れている間にも、あなたが批判している間にも、それはとにかく起こります。人類は生き残ることを選択しました。そして、彼らについてどう思っているかにかかわらず、あなたがあなたの仲間の自由を宣言することが、あなたが探し求めている目覚め《アウエイクニング》への鍵となるでしょう。自分の行動によって解放者になるという考えはすべてうまくいっていますが、誰がとった行動も意識によって報告されます。そして、あなたが持っている意識は、自分が誰で何者なのか暗黙のうちに理解しているので、それこそが手の届く場所にある王国の実現のために今回表現されたキリストの再創造なのです。

さて、私たちがこのような話をすると、ポールは不安そうです。彼に二つのことを説明します。私たちはこれまで隠喩で教えてきたと、あなたは長い間考えてきました。そして、これからも時々隠喩を使うかもしれませんが、実はもうその必要はないのです。王国、アッパールーム、高いオクターブなどは存在するものなのですが、あまりに混乱して皆さんは死ななければそのような場所を経験することはできないと信じてきました。これまで自分だと思ってきたあなたが死ななければならないのです。小さな自己はまだ存在しています。まだ、ここにいるのです。しかし、小さな自己はもはや運命を決定する人ではありません。その機会は、決定的にあなたとしてやってきた本当の自己に与えられたのです。

今、世界中で報いがもたらされており、人はそれぞれ自分の報いに向き合わなければなりません。そして、古い皮がむけ、歴史の残骸が消え、今真実が明らかとなり語られ、真実というものがすべての人類に宣言されるとき、真の同意というものが可能になります。そして、その法則が明らかとなり、すべての人に神を実現するという復活は、あなたがこの道を進んだことによって生まれた結果に違いありません。

いいですか、皆さんは同じ源からやってきたのです。そして、個性化の過程で皆さんが参加する仮装大会は終わることはありませんが、高い方法で理解されます。「この人生で、私は愛を学ぶことを選択します」、「この人生で、私は責任を持って行動することを学ぶ必要があります」、「この人生で、私は活動と不活動における利点を理解する必要があります」と。このようなことを理解するのと同じように、あなたという魂は、魂としてあなたが目覚め進歩するために宣言し続けます。あなたは天才かもしれませんが、高級料理を前にして、どのフォークを使うのかわかりません。あなたが学ぶことは常にあります。皆さんが進むこのすばらしい道を通して、個人として、また集団として、あなたのレッスンはこれからも続くのです。

さて、知る場所であり、平和の場所であり、すべての人が本当の自分を確認できる場所であるアッパールームは手が届くところにあり、いつでも戻ることができます。しかし、恐怖に陥ったり、復讐を求めたり、不当行為を行おうとすれば、かつて恐怖を抱えたまま到着したオクターブに呼び戻されてしまいます。そして、あなたはそんな場所で学ぶことになるのです。ずっと高い場所にいたいなら、その意思を実現してください。そして、そうすることは、あなたが常に選択していることを意味します。あなたは高い場所にいるのだと想像してください。その高さを維持するように努めてください。その下にあるすべては、あなたが怖がったり、恐怖や怒りで行動したりするように働きかけてきます。気をつけないと、そのように行動してしまうかもしれません。あるいは、アッパールームで同じような行動をして、その結果、世界を引き上げること、高揚することがいかに大切なことかを理解するかもしれません。戦争に参加することは戦争に同意し、その同意によって戦いを強制することなのだと理解するなら、より高い方法で取り組めば、あなたがどんなことをしても消極的にはならず、何も恐れず、どんなものにも存在する神の本質的な認識を持って作業することができると理解するでしょう。

ポールが再び口を挟みます。

――私が目にするものの中には、神の存在を見いだせないものもあります。または、見ると現実にそうなってしまうので、見たくないものもあります。

それに対する私たちの答えはこうです。神を否定することは、あなたが目撃している暗闇を強化してしまいます。何かに光をもたらすには、それ本来の姿を見つめることです。そして、神の存在を見いだせないときにどうしてそう思うのか気づくことは、誰もがどんな時でも知ることができて、知るようになるキリストや神の種をあなたが明らかにする必要があるということなのではないでしょうか。なぜなら、もしそこに種がないなら、どこにもないに違いないからです。

前回、あなたが何かを推測できない、祝福できない、あるいは神の存在を見つけることができないと感じるとき、あなたは私たちの目を通して見ることができるかもしれないと話しました。そして、なぜ私たちがそのようなことを提案するのか教えます。あなたが知り表現する世界には弾力性の性質があることを私たちは知っているので、最終的に永久不変の中には、何も現実ではないことを私たちは理解しているのです。あなたが目にするすべては変化していきます。あなたが自分であると思う存在を構成するすべての細胞は生きていて動いているのです。目の前に広がる風景はいつか消えてなくなり、何か別の風景が現れるのです。あなたが立ち上がる瞬間、立ち上がる瞬間に対するあなたの同意は、いつかではなく、そのうちにではなく、そのときにではなく、そのいつかが自ずと明らかになるときに、神を見つけることができる唯一の場所なのです。なぜなら、いまこそ報いのときだからです。報いとは、自分自身と向き合い、自分が創造したすべてと向き合うということです。あなたはその創造物の文化として、共同体として、国として、世界として存在しているのです。

WORK

アッパールームと完全に調和すると、これまでそうだと思ってきたことが違っていたことに気づきます。それはあなたが思っていたものではありませんでした。歴史によって告げられた集合的なタペストリー、風景の集合的な領域、そして、あなたが何を見るべきかという思いに一致する、あなたがそこにあってほしいものは、自分が誰なのかわかっている誰かによって、すべての人々によって再認識され、再創造され、新たに知られるでしょう。

よかったら、次の言葉を言ってください。

「今夜、私はすべての人のために、私の存在のすべてを奉仕のために捧げることを選択します。私が提案する奉仕は、本当の自己の『私はどう奉仕すべきか知っています』という宣言によって実現するのだということを理解し、私は行動を起こすときに感じる恐怖から解放されます。

そして、この真実の中で同意しているので、私は真実の中で実現するでしょう。そして、どんな行動が必要とされるかは、必要に応じてその都度知らされます。私は新しい存在になることを自分に許可します。私の自由意志で、これらの言葉を述べています。私はすべての人のために、私のすべてを捧げます」

私たちは、あなたの贈り物、奉仕する意思、これからずっとその手と心と目を携えて集まってくださったことに感謝します。あなたがたの師になるという名誉に感謝します。来週から、この講義の次の章に取りかかりたいと思います。これで第二章は終了しました。終わり。終わり。終わり。

第３章 新しい世界への準備

八日目　あなたは何に同意するのか

あなたは自分がどうあるべきかを決めるとき、決断に必要な情報を得るために古いものに頼ってしまいます。また、自分がどうあるべきかを、あなたに対する他人の態度によって決めてしまうのです。あなたは予め自分が思う自分になることを決め、同意した考えに合うように自分の人生を構築します。ここにいるあなたがた一人ひとりは、その存在の本質として、自分が生きる人生に同意している、ということになります。これがどういうことかわかりますか？　存在の本質として、あなたの人生、あなたが目にする人生、あるいは、あなたの周りであなたが目にする人生のあなたの解釈に、あなたは同意しているのです。

物事はこうあるべきだという理想化について、ここで取り上げなければなりません。なぜなら、自分自身や、他人や、そして、あなたの世界に対する失望は、自分は何が欲しかったのか、どうあるべきだったのか、どんなことを教え込まれてきたのかを確認しようとして、あなたが決めたことだからです。結果を理想化するとき、あなたは自分の期待に基づいて何がどうあるべきかを前もって決めているのです。そして、すべての場合において、期待というものは、あなたが受け継いだ情報にあなたが同意するという予想なのです。「これはこうあるべきです。あれはそうあるべきです」というのは、結果に対してあなたが言うことで、何がどうあるべきかを決め、そして、その結果があなたの期待と違っていると、あなたは失望するのです。そして、ほとんどの場合、願望というものは実際には小さな自己の願望です。なぜなら、本当の自己は予想などしないからです。本当の自己は、宣言することができて、知ることができて、実現のために必要なものが完全に調和している、絶えず存在する今という空間に住んでいるからです。実現するということは、古いものを犠牲にしても、あなたが本当の自分になるということですが、歴史による指示はあなたがどんな人だったのかについて絶えず確認しようとします。したがって、「私は自分が神の存在だと思うのですが、私が見ている風景はどうもそれが反映されていません」と混乱してしまいます。実際のところ、私たちが教えるように、こうした混乱はあなたが新しい風景、より高いオクターブ、アッパールームにおいて自分を実現することを求めるよい機会となります。

あなたがた一人ひとりはアイデンティティを主張します。あなたはどんな人だったのか、どんな人なのか、そして、こうして立っているこの瞬間にどんな人になるべきなのかはあなたが決定します。それがあなただと主張するあなたの唯一の歴史は、あなたがそこにいたと考える人です。共同体にも歴史があります。はい。しかし、共同体にも同じことが当てはまります。「これは私たちが自分たちであると考える人たちであり、幸せな家族、勝利した国、正しいことをした人、または間違ったことをした人です」と言うのです。これらは、同意によって顕現化した世界を宣言する共同の推測というものです。

さて、同意による世界とは、実際には、共同の理由、共同の決定方法によって生まれた意識の中であなたが住んでいる場所ということになります。もし今日あなたがそのような共同の合意など交わしたことはないと思うなら、どんな共同体に同意するのか考えてみてください。「私は他の人と一緒に部屋にいます。他の人と一緒に町にいます。あれやこれの法律がある州にいます。あるいは、あれやこれを信じる国にいます。私は時計が何時なのか知っていて、それが合っているか私の隣人に確認することができます。私は自分が何を信じているかを知っていて、そのことを私の教会、寺院、モスクが確認してくれます」。あなたがたは皆、こうして共同で決定し、そして、あなたがたが受け継ぐことを選んだ歴史を前提として、持つべき理想を確認する風景の中で作業しているのです。

受け継がれた歴史とは、単純に言えば、これまでに何が起こったのかというあなたの考えで、それは通常、物語をどのように語るかを決める数名による解釈に基づいています。物語がどのように語られるかは、常に聞き手が同意することです。「私は教えられた話に同意します。好きではありませんが、同意したことを受け入れます」と。

さて、私たちがこの場合に「同意」と言うとき、実際にはよく使っている意味ではなく、違う意味で使っています。「物語は天から降臨し、人間の姿をして、十字架にかけられて死んだ神についてだということに同意します。私はその話を信じます。私はその教義に同意します」ということを例にとってみましょう。物語自体はさまざまな教師によって、さまざまな方法で表現される可能性があり、あなたが同意するのは、その物語において死んだ者、あるいは、人間の姿をして生まれた神とあなたとの関係性についてなのです。誰もあなたに物語を語らなかったからといって、それが決して起こらなかったと言えるでしょうか？　ある意味そうかもしれないと、私たちは言わなければなりません。なぜならあなたの意識は、経験値という意味で確認することができないからです。物語の歴史は今日、あなたが真実として受け入れるかもしれない変化の中に存在します。しかし、変化を受け入れることによって、あなたは実際にその変化によって手に入れることができる真実の本質、神のかけらを失うのです。

——どういうことですか？

ポールが尋ねます。

かなり簡単に説明すると、宗教への影響や世界への影響について考えると、あなたは影響というものを見ているのであって、そもそも宗教として確立された意識の個性化という真実の感覚を見ているわけではありません。宗教とは、一つの考えを実践してきたものです。実現、つまりあなたが誰で何者なのかを知ることとは、実践ではありません。神を知ることは実践ではありません。それは、すべてのものに存在する神と力を合わせて、一致して、調和している状態です。これを理解すると、宗教の役割が変わり、あなたの宗教への同意が変わるに違いありません。宗教というものは、いまだに非常に崇高な真実への入り口として機能する別の時代の遺物ですが、現在は、その入り口へと通じる道を見つけるためには懐中電灯だけでなく、完全な光《イルミネーション》が必要です。何かを教えてくれるろうそくの炎の揺らめきは、教えの本質である真実によって満たされるのとは大きく異なります。

そして、この一致のレベルで奉仕することに同意するなら、あなたは実際に教えを優先し、引き受け、どこに行かなければならなくてもあなたを真実に導く光を求めるのです。

私たちは宗教を軽視しているわけではありません。私たちが言いたいのは、あなたが知っている宗教は歴史的であり、古い教えは十分に保持されてこなかったということなのです。あなたは、真実の言葉を伝えた神について理解することなく、行動の行儀について指導を受けているようなものです。真実の言葉は、かつて山や谷で、あるいはどこか異国の土地で話されたものかもしれませんが、あなたが決して理解することはできない言語です。私たちが教えるとき、あなたが座った瞬間に私たちはあなたをもう一度宣言します。すると、あなたはこれまでずっと真実であったものを再び把握し、再び理解し、再び認識するのです。「ずっと《always》」という単語に線を引いてください。そして、あなたは真実ではないもの、決して真実ではなかったもの、歴史の中で神、あるいは神と呼べるものを否定してきたものを信じることはないのです。

さて、無限の永遠において、何がずっとそうだったのか、今日とは何なのか、そして、それはどうなるのかという意識が存在します。しかし、そのようなことを考えた瞬間、あなたは永遠の中の自己について知るように導かれます。なぜなら、その永遠こそ真実が一致する唯一の場所だからです。「私の経験や好みからいって、こっちの方が優れていると思います」と小さな真実を選ぶなら、そこにいたままで構いません。しかし、あなたが本当の自分と一致する偉大な真実を望むならば、あなたはその準備をしなければなりません。そして、それは私たちがアッパールームと呼ぶところで行います。ポール、これは私たちが正しいと呼ぶ「ところ」です。私たちは物ではなく風景について話していて、今日は慎重に言葉を選んでいます。

あなたがた全員が必要とする一致は、歴史的に価値のある品々ではなく、あなたが立った瞬間に、これまでずっと真実だったものへの同意、つまり振動の一致において見つけることができます。あなたが奇跡を望むなら、奇跡とは、低い振動の顕現において知ることができる高いオクターブに存在するものに対する同意だということを受け入れなければなりません。この教えにおいて、小さな自己を含めることは理解のために絶対不可欠です。あなた自身がばらばらになってしまっては、私たちは教えることができません。「今日、私の低い自己は言いました」とか「小さな自己などいなくなればいいのに」とか「私の低い自己は一体いつになったら消えるのでしょうか」とならないようにしなくてはなりません。あなたの低い自己は神のものです。そうだと知らないだけなのです。そして、私たちが提案するアッパールームとの調和に対する同意は、あなたがこれまでずっとあなただった自分と調和し、小さな自己と呼ぶものは共有する風景を生きていくための道具であり、あなた自身は歴史と理想化の中で何者になるべきか知っているということを理解し同意することと同じことなのです。

今、こうした言葉を聞いて、あなたは自問するでしょう。「ええ、私がそんなことをするのですか？　私はそうしたいのでしょうか？　本当にそうなのでしょうか？」と。ならば、あなたが疑問に思うことを、ここであなたのために待っている本当の自己に尋ねてみることをお勧めします。本当の自己は答えるために待っているのです。そうだと言うために待っているのです。「私はそうするかもしれません。がんばれるかもしれません。実現できるかもしれません。世界を改めて宣言するために、私は本当の自分を取り戻します」と。神があなたとしてやってきたのは、あなたのひどい歴史を修正するためではありません。あなたのひどい歴史は、かつて起きたことに関してのあなたの考えなのです。本当のことではありません。

ポールは反論します。

――しかし、彼の父親が彼を殴ったこと、彼女の夫が彼女を捨てていなくなったこと、彼女が傷つけられたことはどうなるのですか？　あるいは、彼ら全員が暴力を受けたことが本当だとしたらどうなのでしょうか？

そうしたことでさえ、アッパールームでは、つまり神の高いオクターブにおいては、別の解釈を試みることができます。もし自分の歴史は恐怖や痛みに満ちたものだったと思うなら、あなたがそのような現実を作り出しているのです。なにも事件など起こらない、または起こらなかったと言っているのではありません。あなたが認めたこと、あなたが同意したこと、あなたが共感していることについて言っているのです。そして、それがあなたの世界となり、あなたの現実というものが、あなたはどうあるべきかを決めてしまうのです。

あなたが真実だと信じてきた多くのことが、実はまったく真実ではありませんでした。あなたが現実として見ているものは、実際には、形となった考えや教え、あるいは共同の合意の集まりです。「私は銀行がどんなものかを知っています。あれは銀行です。私は銀行とはどんなところか教えられました。そして、私たち全員、銀行がすることに同意しています」と。それは形となった共同の合意です。あなたのそれはどんなものなのかという考え方が、銀行をずっと存在させるのです。たとえあなたが銀行を嫌っていても、あなたは銀行に同意し、その描写を認め、そこにあることを期待し、そして、あなたは受け継がれてきた銀行という構造を超えて、銀行を引き上げようと考えることはできず、その奥にある大切なことに気づくこともできないのです。何かを引き上げることは、私たちがアッパールームと呼ぶ高い視点から知覚することです。そこからは何でもすべてが見えるのですが、あなたは小さな自己がするような物事に対する考え方をやめる努力をしなければなりません。皆さん、これを理解してください。本当のあなたである神聖な自己は、古いものを認めようとはしません。必要ないのです。本当の自己は、あなたが何に同意しようと受け入れますが、あなたが物事はこうあるべきと固執することによって、神聖な自己の実現が妨げられてしまうことも理解しています。

さて、今日、私たちはアッパールームにおいて知ることができる顕現について伝授しようと決めています。小さな自己としてあなたが何に同意してきたか、そして、創造の条件として古いものを認識するための歴史のデータにおける共同の合意について話していきます。意識というものは常に顕在化していて、そこから何も除外されないことを理解すると、あなたが存在する領域は、すでに自らが信じているものになろうとすることがわかるようになります。あなたの領域は、あなたが見る世界の構造、人々の振る舞い、そして、最近の出来事の結果やあなたが何を現実と捉えるかによって、どんな可能性があるのかに同意しています。すべてが同意している場合、そして、同意とは一致を意味しますが、その場合にあなたが同意しなくなったらどうなるのでしょうか？「いいえ、私にはどうやって世界を変えるのかわかりません。それは私の仕事ではありません。私はもっといい家、もっと幸せそうな子ども、神聖な自己とのより強い絆が欲しいです。それだけで満足です。それでよしとしましょう」と。単純な理由から、それでよしにすることはできません。あなたが見るすべてにおいて、あなたは同意しているのです。そして、その同意の性質上、あなたの意識はそう認め、そうなるように働きかけています。確かに、あなたは戦争に同意しませんでした。つまり、あなたは自分が戦争を始めたとは思っていませんし、その背景にある政策に同意していないし、戦争などまったくない方がよいと考えています。しかし、あなたが毎日戦争について聞いているということは、あなたは戦争に同意し、あなたが一致している意識レベルでは戦争を認めているのです。

世界を再創造するためには、小さな自己の視点を引き上げる必要があります。そして、私たちが、小さな自己と小さな自己のつまらない心配を超えて考える必要があるのは、あなたがあなたの世界として知っている未来が、多くの点において新しいものを現実にすることができる一致を実現できるかどうかにかかっているということなのです。したがって、あなたへの最初のレッスンは、あなたはあなたが見るすべてと同意している、ということです。そして、同意しているので、あなたは意識によってそれを変えることができるのです。何かを大げさに表現すると神を制限してしまいます。その意味がわかりますか？「あの女性は決して変わることはありません」というのは、その女性の神を否定することになります。「あの国はまったく学びません」というのは、その国の変革、啓蒙、または再創造の可能性を否定することになります。あなたも同じようなことを言っているなら、あなたはまさに自分が望まないことを認めていることになります。結局また、自分が言うことに同意しているのです。

結果を現実化することについて理解する必要があります。「まあ、平和になるように祈っておきます」。それはよい行いですが、平和を実現することはそれを祈ることとは大きく異なります。そして、平和を実現できるのは平和というものがわかっている場所に存在する人だけです。小さな自己が選択するのでは、崇高な方法では何も知ることはできません。神聖な自己、キリストの自己、本当の自己は、すべてのものを引き上げて物事を動かしていかなければならない人です。顕在化した世界は、私たちがアッパールームと呼ぶオクターブにあなたとしてやってきた神と調和することによって実現するのです。

本当の自己はここに存在します。本当の自己は今のあなたと同じです。しかし、「私はとても不幸な男です」、「私は無職の女です」、「あれやこれの危機に対応できない人間です」と。このように、あなたが自分に対してどう思っているかは、あなたが望まないものがあなたに大きな力を行使するレベルと一致してしまいます。もっと崇高なもの、あなたとしての神との一致を宣言し、確認しなければなりません。そして、こうした観点から、私たちが言及してきた目に見える変化を知るのです。「知る」というのは実現するということです。「ええ、それを知っていました」と、あなたは何かについて言うかもしれませんが、「それを知っていました」というのは「私はそれを認識しました」という意味です。そして、何かを認識するたびに、それは本当の意味で知ることなのです。

さて、私たちがここで話す真実とは、ささいなレベルではありません。同意というものは何層にもなっています。「そう、彼は気難しい人です」とあなたは誰かについて言うとします。そして、おそらくそれは、性格的に、また特徴においては本当のことかもしれません。「しかし、彼はいい人です」。それもまた、本当かもしれません。気難しい人でもいい人かもしれないのです。しかし、それを超えたところで認識すると、彼が何をしたとか、彼が自分のことをどう思っているかとか、彼の小さな自己についてあなたが彼をどう思っているかに関係なく、あなたが見ているその人は神と切り離された存在ではありません。そして、この真実、つまり彼は認識し、知っていることにおける新たな宣言は、彼自身や、あなたと彼の関係、そして彼が表現する世界を変化させる崇高な真実なのです。

ここにいるあなたがた一人ひとり、つまり講義で私たちの言葉を聞いたり、配信で聞いたり、本書を読んでいる一人ひとりが、世界の再生のためにあなた自身がその表現において新しくなった「もの」、対象だと理解すれば、あなたはかわいそうな自己やかわいそうな自己が抱える問題について考えることをやめるでしょう。あなたは新しく知ること、そして知っている自分を信じることに力を注ぐ自己と出会い、あなたと同じ神を復活させるのです。なぜなら、その神はあなたが学ぶアッパールームの教室で、常にそばにいて同意し力になってくれる存在だからです。

このレベルに一致し、あなたがたがそれぞれ経験する移行とは、自分に起こることはすべて完璧だと信じ、自分の存在の源に完全に身をゆだねることを求められた人に起こる変化というものです。なぜなら、神だけがあなたは何のためにやってきたのか知っているからです。「私だって何のために来たかわかっています。これが私の練習です。訓練です。これが私の奉仕する方法で、これが私という人間です」とあなたは言うかもしれません。それがあなたの望むものなら、それでよいでしょう。しかし、それでは、出会うすべての人に与えることができるスピリットに関する大きな恵みを手に入れることができるのに、あなたは自分にほんの少しの贈り物をしているだけということになってしまいます。その意味がわかりますか？　前よりよくなっていればそれでよいという考えに慣れ過ぎて、あなたに関連し、そこにあり、あなたのために用意されたスピリットの贈り物に気づくことができないのです。あなたがどんな人だったのか、どんな人なのか、そして、どんな人になることができるかという考えに固執しなければ、あなたは気づくことができるのです。

繰り返しますが、あなたは常に顕在化しています。あなたは常に自分の世界を確認しています。しかし、あなたは、本当の自己の存在そのものが新しい世界を呼び起こすことを認識して、形と領域で知るためにキリストの自己としてやってきたので、あなたとしてやってきたすべての形の中に存在する神の認識は、存在の贈り物であり、新しく認識し、知ることになるのです。終わり。終わり。終わり。

（一旦休憩）

私たちは今日、あなたがた一人ひとりに、あなたが生きてきた人生は、あなたが生きてきたからこそ完成していると確信してもらいたいと思っています。人生が完成すると、大きなチャンスが待っています。生きてきた人生を完成させるためには、「もはや過去によって現在や未来を決めることはなく、私は簡潔に新しいものの再生を宣言するでしょう」と言う必要があります。「簡潔に」というのは、あなたはすべてをわかって作業しているので、何の疑いもなく迅速に、変化のための条件を明確に主張するということです。そして、すべてをわかっている人として、あなたは実現することを宣言するのです。

さて、古いものに戻ることも、しばらくの間は許されます。記憶の片隅にある何かを解き放ち、それを振り返ったり、何かを思い出したり、過去にあった出来事に同調するかもしれません。あなたは何かを解放し、それを振り返ったり、何かを思い出したり、歴史の中で起こった何かに賛同するかもしれません。その上で、あなたが経験したことは過去の出来事で、歴史のデータは今のあなたにはあまり必要のないものだと、新たに決めるのです。なぜなら、今のあなたが本当のあなただからです。神の愛に従うことをどう宣言するのかは、誰がその経験を宣言するのかを認識することです。あなたとして存在する神は、事実、あなたのすべての表現において融合しようとするので、あなたの表現として、あなたは顕在化した神を認識することができます。

このことを理解することが顕在化を成功させるための鍵となります。すでに述べたように、あなたはあなたが見るものに同意して自分自身を理解します。あなたが見るすべてのものについて、あなたは何らかの振動のレベルにおいて同意したのです。アッパールームでは、あるいは、神が表現する同意のレベルでは、物事がどのように選択され、何が選択されるかは、本当の自己と一致していなければなりません。そして、この一致において、成長のための条件が迅速に提示されます。ある理由があって、次々と速やかに提示されるのです。あなたである花が咲いていて、花びらが太陽に向かって開くのを妨げることとは、今このときに存在し、あなたを通して実現しようとしている神の愛を妨げることになるでしょう。このレベルで達成する支配権は、あなたが思っているようなものではありません。あなたが何について宣言すべきかを考えるとき、それはまだ過去の情報に深く影響されています。「私が欲しかったあの家を、あのすばらしい友だちを、あの完璧な仕事を覚えていますか？」というものではないのです。あなたの完璧についての概念でさえ、過去に起きた出来事に照らし合わせてあなたが思い込んだものです。それが完璧とはこういうものだという考えにぴったりなので、完璧となってしまっただけなのです。

アッパールームでは、完璧なものはあなたのために認識されます。そして、その結果として、あなたはこう言うでしょう。「私が創り出すすべては私の意識と一致しているに違いありません。そして、私はアッパールームにいるので、私が宣言することは、つまり私としての神が私の領域で私の姿で、そして、私の目の前に存在するすべてと相互作用しながら宣言することは、魂の解放にとって絶好の機会です」と。アッパールームでは本当の自己として活動することに同意するので、あなたの現実は新しいオクターブへと移動します。アッパールームの音楽、つまりそれは単純にあなたが表現し達成した音色の調音や振動という意味ですが、その音楽は、調和の中で、何を見て何を感じるのか、また、何と相互作用しているのかを明らかにしなければなりません。そうすれば、顕在化した世界は、あなたの表現の本質によって、神聖な自己の支配権のレベルへと引き上げることができるのです。

「それでは一体、私の神聖な自己は私に何を望んでいるのでしょうか？」

あなたはそう尋ねるかもしれません。神聖な自己はすべてを望み、また何も望んではいないのです。それが必要とするすべてであり、同時に、あなたが考えることができるものは何もありません。なぜなら、考えることは知ることではなく、知ることは認識することだからです。あなたが考えることができるものは何もないというわけです。そして、これ以前でもこれ以後でもなく、あなたが立っているこの瞬間にしかわからないものかもしれないので、情報や知っていることとの関連性は、決して「また」という機会はなく、あなたが立っているこの瞬間にしか受け取ることはできません。

さて、それはいつも今なので、あなたはいつも知っているかもしれませんが、本当の自己のレベルでということで、ピクニックのために荷造りしたいと思って雨が降らないことを望んでいる小さな自己としてではありません。本当の自己は知っています。小さな自己は思い込み、考え、それまで集めた根拠から決めてしまいます。自分が誰で何者なのかを思い出すことができれば、高いオクタ－ブにおいて宣言し明らかにするために必要な「知っている」という状態に戻ることができます。

ここでポールが口を挟みます。

――高いオクターブで知ることができるのは、どんなことですか?

これまでに教えてきたことはすべて、高い部屋、高いオクターブについてでした。私たちが教え始めたときから、あなたが受け取ってきた情報はこの次元における表現で、あなたは、あなたが対応できるレベルから発信された情報の受取人なのです。大きな違いは、私たちの言葉が高いオクターブからポールを通して、あなたが表現するオクターブへと翻訳されたということです。これは、あなたが受けたチャネリングの霊媒能力です。しかし、あなたが上昇すれば、この教えを翻訳する代理人は必要なくなります。なぜなら、あなた自身が教えとなり、あなたはこれまでずっとアッパールームにいたようにその教えを具現化することができるからです。

ここで知ることができるものはあなたの想像をはるかに超えていますが、本当の自己が必要とするものだけを受け取ることができます。「私は新しい部屋に行きます。私は部屋の隅々まで探索し、壁紙を剝がして石膏や梁まで丸裸にします。窓ガラスを割って、それが本当に何でできているかを確認します」。アッパールームではそんなことをする必要はありません。実際、あなたが到着した状態によって、受け入れるために何が必要かすぐにサポートしてくれます。そして、あなたが一致している論理的思考では理解できないことを要求されるなら、古いものを無視し、そこに置かれている障害を避けて、知識の受取人になることです。前に説明したように、賢者とは実際にはこのレベルの知識を持ったあなた自身のことなのです。

あなたが考えることができる方法では、あなたはあなた自身の幸せについて知りません。

ポールが何か言いたそうです。

——誰かが今の話を利用しそうですね。自分が決めたことの言い訳にしそうです。

「神聖なる自己が言ったのです」

と、愚かなことをやって、それを神のせいにするのです。

実際にはそんなことは起こりません。なぜなら、あなたが自分をだまして作業することがあれば、あなたの振動数はかなり低くなり、あなたが宣言することができるものも低い振動の範囲となるからです。高い振動の中で同じように高い現実に身を置いて作業し、そのために必要とされる一致が絶えず存在するなら、つまりすでにここにあるなら、それは即座に顕在化します。一つの問いに答えを出すために、五年待つというような考えは必要なくなり、その答えを得る可能性は、これもまた受け取る準備と力があなたにあるかどうかによるのです。

さて、低いオクターブでは、あなたは愚かなことを信じてしまうかもしれません。「ええ、ガイドたちは夫の元を去るように言ったので、私はそうしました」と。あなたの不幸とあなたの愚かな選択について私たちを責めないでください。私たちは誰かに何かするように言うことは決してありません。それは私たちの仕事ではないのです。私たちはマスターではなく、あなたの先生であって、愛のみにおいて指導します。あなたが配偶者と別れたいなら、その選択にあなたは責任を負っています。そして、その選択による予期せぬ問題は、低い場所と同様にアッパールームでも起こります。ただ、一つだけ違いがあります。どんなレベルで宣言しても、それはすべて学ぶ機会というものですが、高いオクターブで選択することができることは贈り物のようなもので、あなた自身が選択したことを受け入れたということになります。高いオクターブで、恐れることなく、苦しむことなく、自分や他人を傷つけることなく行った選択は、いつもあなたに完璧な答えを与えてくれるでしょう。

さて、あなたはずっとここアッパールームで学ぶことができます。あるいは、これまでのように試行錯誤しながら学ぶことになるかもしれません。「私はパーティーに招待されました。何を着ていきましょう？　誰が来るでしょう？　新しい出会いがありますか？　何かするべきでしょうか？　やりたくないことをやってほしいと言われたらどうしましょう？　早く切り上げても大丈夫でしょうか？　行ってよかったと思うでしょうか？」と。あなたは一日中あれこれと考えていればよいのです。自分はどんな人間になるべきか、何が起こるのか、何かを選択したらどんな結果になるのかというゲームを続ければよいのです。あるいは、あなたは神と一致することもできます。本当の自分としてパーティーに行き、ただ知っているのです。

さて、知るということは責任でもあります。はっきりと言います。あなたは自分が知っていることに責任があるのです。さらに、あなたが知っているという理由だけで、小さな自己の世界でも、あなたは正しいということにはなりません。知っているからといって、それであなたが善の恩恵を受けるわけではないのです。一人の女性を見ていると想像してみてください。あなたは、この次元において彼女に残された日々にはもうすぐ終わりが来ることに気づきます。または知っています。それは、残された日々が少ないかわいそうな女性に伝えることではありません。あなたはあなたが知っていることに責任を負っています。小さな自己はこう言うかもしれません。「ああ、なんとかしなければ。彼女がこの状況と向き合うことができるように手助けをしなければ。すべてが正しい方法で行われるようにするのが私の仕事です」と。あなたの考える正しい方法とは過去のもので、彼女に対するあなたの義務感は、彼女自身が生と死において必要としているものとは何の関係もありません。必要なのは、あなたが彼女としての神を受け入れることです。あなたが確認するのは神としての彼女です。そして、それが彼女という人であり、この生から死へと向かう経験とどう向き合っていくのかは、彼女自身の魂が助けてくれることだと認識して、神としての彼女を宣言するのです。

例えば、あなたが何かの情報を持っているからといって、それを誰かと共有しなければならないということではありません。それがおかしいと思うなら、あなたは何にでも首を突っ込む人になってしまいます。私たちは言わなければなりません。神聖な自己とは、他人の私事に干渉しません。その理由は、神聖な自己は自分の行動に責任を持っているからです。そして、他の人のことを悪く言ったり、うわさ話をしたりすることは、低い次元の行いです。

「ああ、でも、うわさ話をするのはとても楽しいですよ」とあなたは言うかもしれません。それなら、他人についてのうわさ話を楽しむのと同じくらい、あなたがうわさされることを楽しむことができなくてはいけません。なぜなら、そんなことが往々にして起こるからです。好きは好きを引き寄せます。そして、あなたが行うすべての行為は、因果応報によって同じ反応を引き寄せます。さて、「彼女は報いを受けました」とか「彼にいつかツケがまわってきます」と、カルマを正当化することは、その意味を弱めてしまうことになります。すべてのカルマは、原因と結果のバランスです。報復ではありません。それは法則であり、それ以上のものではありません。あなたが本当の自己と一致するとき、あなたが神として具現化するとき、あなたの選択が高い部屋でなされるとき、あなたはもはやこれまでのようにカルマを負うことはありません。それでも、あなたが何か選択するとき、予期しないことが起こるかもしれません。しかし、それはカルマの教えではないのです。いろいろな意味で、カルマの目的は先生になることで、あなたが行う選択が本当の自己と一致していると宣言することなのです。

さて、私たちが顕在化について教えるとき、私たちは二つの点を考慮に入れています。あなたが何かを欲していること、そして、あなたは神がそれを与えてくれるだろうと思っているということです。このように考えるのは間違いで、私たちはその理由を説明しなければなりません。小さな自己は自分が持っているべきだと思うものを欲しがります。神はすべてのものの源ですが、ケーキを食べたいと思ったら、あなたはそれを焼くことを学んでください。天使たちがバントケーキ〔リング状の型で焼くケーキ〕を持ってやってきて、扉をノックしてくれるなどと期待しないでください。そんなことが起こる可能性は低いのです。気づいたり知ったりすることで、実際に必要なものをすべて呼び出すことができることを理解すると（もちろん、ケーキもこの中に含めますが）、あなたはアッパールームの一致のレベルでは、あなたが必要なものは、あなたが受け取るもので、それは、あなたが欲しいと思うものでもなければ、あなたが思う、または思ったことのある「なるべき自分」でもないと気づくこともできます。

永遠の顕在化の場所があったとしたらどうでしょうか？　呼吸するのと同じくらい簡単に、あなたが知ることができたらどうしますか？　もし今、それが本当だとしたらどうしますか？　あなたは今それが本当のことで、その現実を生きていることを知っていますか？　小さな自己、あるいは本当の自己として、あなたは常に宣言し、顕在化しています。高いオクターブでは、あなたが宣言することは、宣言した高い一致において知り表現します。しかし、どの自己が宣言し、どの自己が尋ね、どの自己が受け取るかは、あなたがそこから学ぶために理解しなければならないことです。あなたがた一人ひとりは、顕現化された世界の経験を通して転生し、学ぶことを決心します。これは「ずっと」あなたのチャンスでした。これからもずっとそうあり続けるでしょう。しかし、私たちがアッパールームであなたに同意すると、顕現化はそこから始まります。

――何か例を、例を示してください。

ポールが言います。

――理論上の話のようにしないでください。どうするべきか具体的に教えてください。

私たちは以前に、創造のムードラについて教えましたが、魂の発達のためにあなたが必要とするものは容易に手に入れることができ、あなたがアッパールームで学ぶ方法は、あなたがこれまでやってきた方法よりもはるかに簡単です。物事によってしか自分を確認できない小さな自己は、すぐに顕現化した世界で神を実現する本当の自己に取って代わられます。すると、宣言することを受け入れるための順応性というものが生まれます。その違いは、素手でトラックを持ち上げるのか、それとも、あなたが受け取ることができるようにトラックを引き上げるのかということになります。

密度がかなり低いアッパールームでも、顕現化が不可能という状況はめったにありません。しかし、ものを手に入れたいと願う小さな自己は、密集した領域で作業しています。本当に何が必要かわかっている本当の自己は、顕在化する姿で必要なものを受け取ることができて、また、その準備もできているのです。

今、私たちは大事なことを言いました。「顕現化する姿」とは、のちに形となる形のないものとの相互作用によって、物質の世界であなたが宣言するという意味です。エーテルの柔軟性、順応性は知られているものであり、その後新たに宣言されています。本当の自己として顕現化した世界と出会うのも同じことです。あなたがこの経験の入り口に立ち、あなたの目の前に広がる新しい世界を見るとき、またとない機会が一度に一つずつ、次々に連続してあなたに提示され、顕在化した世界をあなたが知覚する高いオクターブへと引き上げます。

WORK

少し時間を取って次のことを決めたら、あなたはその答えに一つの贈り物を受け取ります。

「私はどんなものも、すべて崇高な方法で見るようにします。私はどんなものも、すべて崇高な方法で知るようにします。私はどんなものも、すべて崇高な方法で選択するようにします」

これらの宣言はあなたに幸運をもたらし、この表現が、あなたの目の前で形の実現を求めている可能性とまだ顕現していないものとを一致させるでしょう。

あなたという花は花びらを広げ、香りを運んできます。そのすばらしい香りの雲が、あなたの知っている地球を包み込み、愛の領域はその開花の中で、あなたの存在を通して愛の可能性へと次元を引き上げます。あなたが手を動かすように求められたら、あなたは働くことを求められます。それは、知ることにおいて、あなたの条件を満たすものです。あなたの世界に対するあなたの贈り物が完全に存在することだったら、顕在化する世界にその姿を映し出すために、あなたはあなたの存在の源の反映の中で、その完全さと一致するでしょう。神はすべての創造物に神を見るのです。

ポールのために休憩しましょう。

（一旦休憩）

私たちはあなたが本当の自己に同意して、毎日物事を決めていくことをお勧めします。「どのようにすればよいのですか？」とあなたは尋ねるでしょう。尋ねるのではなく、一致するのです。**「私は神聖な自己と調和します。私は本当の自己と調和します。私は本当の自己に同意しています」**。それから、必要な行動に出ましょう。「まあ、神聖な自己はそこにいるのだから、何とかしてくれるだろう」と、神聖な自己と離れてしまうことは、ある意味、不必要な関係、あるいは、自分の都合による関係だと片づけてしまうことになります。そして、これまで何度も言ったように、これらの教えは決して便利なものではないのです。あなたが成長する過程で、本当の自己と一致するという選択が必要になってきます。

あなたが、自分は誰で何者なのか問う必要がなくなるほど認識のレベルと一致したら、何かを尋ねる必要はなくなります。知っていることをなぜ尋ねるのでしょう？　そして、あなたが本当の自己として活動するとき、つまり、それがあなたなのであなたが本当の自己だと宣言するとき、「私はそれを正しく行っているだろうか？　別の選択をするべきだっただろうか？」というような疑問は、古いものとして、それがやってきた場所へ過去の遺物として置いてくればよいのです。

私たちは、あなたがた一人ひとりに約束します。私たちが伝えようとしている一致というものが、永続的な調和であると理解するなら、あなたが取り組んでいるのは、あなたとして転生した自己が形となり、すべてを知っているキリストの自己の実現であると理解することができるでしょう。永続的な調和とは、それぞれの進化の過程で宣言する段階的な同意と一致です。

さて、私たちがここで話している「あなた」は、もはや小さな自己ではありません。なぜなら、もはやあなたは小さな自己を自分とはみなしていないからです。そうです。あなたは自分の名前と住所、あなたの子どもが学校で何を学んだか、あなたがどこで働いているか、そして、あなたが何をしているのかを知っています。しかし、より崇高な同意が唱えられ、あなたはキリストの自己の使者、そして、奏でられた音になったのです。これまでは、あなたの経験の宣言者として、小さな自己がその役割を果たしてきましたが、今は小さな自己がその卓越性で消えてしまったように、キリストの自己があなたの人生の裁判官と陪審員となって、古いものを手放し真実を宣言しました。そして、「見よ、私は万物を新しくする」という宣言の意味を完全に理解したのです。あなたはある意味でこれまでのあなたと変わりません。しかし、あなたはもはや恐怖を感じることのない振動のレベルにおいて古いものに取って代わりました、それゆえに、あなたは恐怖によって支配される世界が顕在化した場所に参加しているのです。あなたは、あなたが誰で何者なのかを理解している神の重要な問題となるのです。

この章を終えるにあたり、私たちの意図についてポールを通じて、参加者の皆さんにいくつか伝えたいと思います。この章では顕在化について話しましたが、それがタイトルではありません。私たちはこの章を「新しい世界への準備」と呼びます。そして、その言葉を声に出して言うように、私たちはあなたにそれが何を意味するか教えます。新しい世界とは、「私は自分が誰なのか知っています。私は自分が何者なのか知っています。私はどう奉仕すべきか知っています」という宣言を通してあなたが実現する世界です。そして、真実を知らせるためにこれらの言葉を表現すると、あなたとしてやってきた神と調和して誕生するべき世界が宣言されます。その神は顕在化していると、私たちは言わなければなりません。なぜなら、顕現化は重要だからです。あなたに浸透した神の性質によって、あなたが顕在化した自己とあなた自身の視点が一致していないなら、あなたは顕在化した世界が崇高な調和を保っていると宣言することはできません。

本書で読者に伝えたいことは、既知を超えるということは認識するということです。そして、あなたがそれを信じるかどうかにかかわらず、あるいは、私たちが提示する指導を守るかどうかにかかわらず、王国と呼ぶことのできる顕在化した世界の実現は、この内容を出版することなのです。これまで書かれた本では、シリーズごとに異なる方法で作業するようになっています。しかし、それぞれ出版されたものは、読者自身の実現のために、どの程度覚醒する必要があるのかによって、それぞれの認識のレベルで宣言するようになっています。

最後に、言いたいことがありますが、これはポールに向けてです。どうか、私たちの本を一緒に書きましょう。私たちはあなたの存在に感謝していますが、著者はあなたではありません。あなたは愛されており、あなたの能力は他の人のために非常に役に立っていると、私たちは認めています。ですから、感謝の気持ちを込めてこう言います。ありがとう。そして、私たちの仕事をさせてください。講義に参加してくださった皆さん、そして読者の皆さんにも感謝申し上げます。今日はここで終わりにしましょう。終わり。終わり。終わり。

第4章　意思としての神

九日目　選択する自由

さて、私たちがあなたの人生について尋ねたら、あなたはまず過去の出来事を振り返って、思いつくまま答えることでしょう。あなたのこれまでの歴史に頼ることができます。あなたは自分がしたことや、何をどのように選択し、何を見てきたかによって、自分自身について知っています。これは多くの点で正しいのですが、それはまた、あなたが見ることができるもの、あなたが選ぶことができるもの、あなたが知ることができるものについて期待してしまうという構造を作り出します。そして、これまでの歴史の中で選択してきたがために、あなたはそれを確認するために歴史に事実をゆだねてしまうのです。

現時点で、過去と未来のこの地点で、私たちは新しい使命を担っています。それは、あなたとしての神が、すべての選択肢においてあなたを宣言する選択そのものだということです。あなたがその選択と一致するとき、活動する神の意思はあなたを宣言します。今、神の意思はあなたと切り離された存在ではないということを理解しなければなりません。あなたには常に自主性が与えられていますが、自分が誰なのか知っているあなたの側面であるあなたとしての神は、顕在化する自己が意思として表現するために、自分の意思に調和することができます。「意思としての神」と、私たちはこの教えを呼ぶことにします。「意思としての神」です。

さて、神としての意思とは、意思においてあなたが創造主の側面を表現することができて、さらにそれを表現することだと理解すれば、これまでの歴史に照らし合わせて何ができて、何ができないのかと決めるようなことはしなくなります。なぜなら、時間を超えて存在する神聖な自己は、何かを選択するとき歴史によって決めるように命じられているわけではないからです。ここでの必要条件は本当にとても単純です。あなたが神聖な自己として行う選択は、すべての向上のために自分自身の表現によって宣言するものなのです。

今、私たちは意図的に「すべての」と言いました。「サンドイッチが欲しいです」とあなたは言います。「それがどうすべての向上になるのですか？」と疑問に思うかもしれません。高いオクターブにおいて行われるすべての選択には、高いオクターブが求められる予期しない結果が含まれることを理解しなければなりません。あなたが光の中で選択するとき、光による影響は続きます。そして、あなたという本当の自己が神としての意思を実現するために宣言することは、選択するものに内在する神性への永続的な同意において、同じように一致しすべての意図を持つことができるのです。

さて、これまでの歴史に基づいて、何が可能で、何を選ぶことができるか知っていると、自分の選択に反対する理由をかばったり否定したりするために、あなたはこれまでの経験を元に作った歴史のデータに頼るでしょう。「私はこれがしたいし、これは私の選択です」と考えるのです。そして、あなたは歴史のデータによって選択します。無限の選択においては、神としての意思の再生にあなたは含まれますが、あなたはここで最高の選択を認識することができます。そして、あなたのために私たちが行う宣言において、あなたは最高の選択と調和することができるのです。

「私は自分の意思を知っています。私は意思としての神に同意します。私は、現在手に入れることができる最高の選択肢に合わせて具現化された神の意思の表現です」

さて、これは宣言であり、意図的に行われているので、意思として活動するあなたの同意を前進させます。しかし、意思として活動することで、ほとんどの場合、これまで受け入れていた同意の信条に反することになってしまいます。「それは何か別のものではなく、あれかこれかのどちらかしかありません。私は自分が知っている同意を通じてのみ、自分自身を知ることができます。私はそれらを超えて何も推測することはできません」と。神の意思と一致する同意は、実際には以前の選択を超えてあなたを再生します。そしてこの同意によって選んだことは、最終的には本当の自己の宣言となるでしょう。

――それにはどんなものが含まれますか？

ポールが尋ねます。

――私は映画に行きたいのですか？　祈りたいのですか？　あなたがたは実際のところどんな選択

について話しているのですか？

　それでは、私たちは最初にこう言います。あなたが最初に理解しなければならないことは、どんな選択をしても、あなたにすべての責任がある結果が出るということです。それがどんなに小さな選択でも、世界に大きな影響を与える可能性があるのです。小さな選択は、選択が顕現化し、その影響がはっきりするまでは、取るに足らないことのように思われるかもしれません。どんな選択にも予期せぬ結果が伴うことがあると理解すれば、高い意思をもたらす調和は大きな結果につながることがわかるようになります。だからといって、これはじっくりと考えるということではありませんん。「最高の選択とは何か？」と小さな自己は言うかもしれません。そして、小さな自己は自身を宣言するための歴史のデータを持ち、それ以上のものは何もないので、そこに混乱が生じます。したがって、本当の自己への一致は、あなたが新しいレベルの調和と可能性に対応しているので、あなたは必ず崇高な選択を選びます。それこそ、あなたのやり方だからです。

　ポールが何か言いたいようです。彼の質問を聞いてみましょう。

――だとすると、もし小さな自己に願い事があっても、それは叶わないということですね。あなたはもうそれを宣言しないのですから。それは正しいことですか？

　もちろん、あなたは低い振動で選択し、あなたが今後成長するために思いがけない結果に対処することもできます。これは、あなたがこれまで対処してきた方法です。しかし、高い振動を維持しているアッパールームでは、高い選択肢がただ存在するだけでなく、あなたがすぐわかるようになっています。もしあなたがあれやこれの板挟みになっているなら、あなたは「知っている」という状態ではありません。そうなると、あなたはアッパールームで作業することはできません。

――あなたがたはいつもアッパールームで「知る」のですか？

ポールが尋ねます。

その答えは、イエスでもありノーでもあります。あなたは必要としていることを常に知ることができる状態にありますが、それはあなたが望めば答えが出るという意味ではありません。あなたは海の中にいて、潮によって前後に揺れていると想像してください。潮流の中にいることに同意するということは、あなたを前後に揺らす流れや波や軌道にいるということです。これは、いくつかの点でアッパールームにおける一致と似ています。あなたは呼びかけられます。立ち止まるように求められます。あなたはじっと我慢する、あるいは行動します。あなたは焦っていません。あなたは創造的な怒りの中にはいません。

――私はこの状況について何をするべきですか？

ポールがもう一度質問します。

あなたは、自分が知っていることを知り、求められればそれに従って行動する神聖な自己と一致しています。

本当の自己は恐れません。そして、あなたはこれを本当の意味で理解しなければなりません。神聖なる自己として行動する人は、言葉について恐れることはありません。恐れを口にすることも、意図することも、選ぶこともありません。そして、恐れはもはや必要な要素ではないので、あなたに訪れる機会に恐怖というものは存在しないのです。

――そうなると、私たちはもう恐怖を感じることはないのですか？

ポールが尋ねます。

そうでもありません。恐怖を引き上げるために、その恐怖が一体何なのか見極めるために、あなたは恐怖と向き合うことになります。そして、恐怖が偽りだとわかれば、エネルギーは神として、再創造されたり、再び理解されたり、再認識されたりするのです。それはすべての物質とすべての顕在化を知らせる振動です。自分自身を闇だと信じているものは、再認識され、引き上げられ、新しく選ばれるかもしれません。そして、新しい理解において活動するとき、神はそこにいるのです。簡単にいうと、これは単に、闇による静止状態がなくなることを意味します。

――静止状態が、どうして闇によってもたらされたものだと言えるのですか？

再び、ポールが尋ねます。

それはある意味、光を否定することは、静止状態を宣言することになるわけです。「私は変わりません。知りたくありません。新たに見ることなんてありません」という具合です。そして、静止状態による結果は、常に古いものが中心となって行動することを許してしまいます。「私は古いものに目を向けます。知っていることだけで十分です」と考えてしまうのです。

さて、あなたが神に気づくと、「私はここにいます。私はここにいます。私はここにいます」という神聖な自己の宣言において、「私の意思として本当の自己と一致することを選ぶ」ので、一致が始まります。こうした意図は、あなたが意思として知っていることによって一つの反応を引き起こします。場合によっては、最初の反応は抵抗で、これはそのようなことを要求する小さな自己の仕業です。「私は改めて自分自身を知ることはありません。私は変わることなどできません。そして、私の意思はこのような苦痛をもたらしたけれど、これが今の私にはベストなのです。この意思を持って生きていきます」と。私たちは、行動において神の意思による視点と一致するという意図を通して、小さな自己を非難しているのではありません。実際、私たちがしていることは、意思を取り戻すことです。なぜなら、あなたに関するどんなものも神の外にいることはできないからです。したがって、意思の再生とは実のところ、あなたの意思が本当の自己と調和しているという非常に単純な同意なのです。これまで、私たちはそれを意思の組み紐と呼んでいました。つまり、小さな自己の意思と神の意思の組み紐で、それを結んで完成し、一つの意思となっていたのです。そして完成した一つの意思として。神の理想化（あなたが望むなら父と呼んでも構いません。あなたの好きなように呼んでください）と小さな自己が切り離されることはもはやありません。なぜなら、意思の組み紐において、あなたと父、あるいは、あなたと源は確かに意思の行動において一つであり、それは王国の顕現化を助長するものだからです。

さて、神の意思はあなたが思っているようなものではありません。あなたがたの多くは、「ああ、楽しみがなくなってしまう。楽しい日々は終わってしまった。私の人生もここまでだ」と考えるかもしれません。実際には、あなたが同意しているのは、すべての人のためにあなたとして作業する神の可能性です。そして、それは喜びの中にあり、活動の中にあります。あなたは本当の自己とその表現に同意しているのです。あなたを否定するものなど何もありません。あなたは形を得たので、喜びという形がここに存在します。あなたは自分の体を楽しむことができます。美しい空や海で泳ぐことを楽しむことができます。自分の人生やあなたに与えられた豊かな恵みを楽しむことができるのです。しかし、これらはすべて、あなたがこれまで作業してきたよりも、より高いオクターブで経験できることなのです。前に述べたように、すべてはさまざまなオクターブに存在し、あなたが住む世界のあなたの経験は実際には日々変化しています。そして、あなたはあなたの世界をより高い視点から眺めるので、世界はあなたの視点に引き上げられます。それは、あなたの世界が広がり、そして対する意識が高まって、すべてのものにおいて神が復活することを意味します。

さて、私たちのところへやってきたあなたがた一人ひとりは、これまで恐怖によって物事を選択することがありました。また、何人かは若いときに傷つき、大変な思春期や苦痛の成人期を味わったことでしょう。そうした経験によって思いがけない結果や心に傷を負ったのです。そうした出来事からあなたは控えめになり、もう立ち直ることはできないと思い込むようになりました。実際には、そんなことはありません。神は完全なる実現において自信を知るために、調和し、同意し、選択するので、すべての痣《あざ》、すべての傷、すべての痛みというものは再認識されるはずです。

もう一度言います。あなたが神の外側に置いたものは、あなたを暗闇へと誘います。高い一致におけるすべての経験の包括性は、自分が誰なのか知っている人の責任となります。「いろいろなことがありましたが、私は神の存在です」というのは小さな自己の宣言でしょう。「私はこれまでずっとそうだったように、神聖なる存在です」というのは真実の宣言です。あなたは自分の神性を獲得するのではありません。生まれながらに持っている権利なのです。そして、神の再生は時を超えて機能し、この瞬間に自分が誰なのかという認識は、過去においても未来においてもあなたの存在を宣言します。神聖な自己はこれまでずっとそこにいて、高いオクターブにしか存在することができないのです。

こうして教えるにあたり、皆さんが理解し同意できるようサポートするために、私たちは宣言します。そして、「私は神の意思において自分自身を知っています」という神の意思の宣言は、あなたが必要とする一致においてあなたをサポートするためのものです。あなたが選択をしているということは、まだ努力を要するということですが、オクターブを上がっていき、本当の自己と一致していけば、それこそがあなたが誰で何者かという答えとなります。あなたがなることのできる最上の表現なのです。つまり、あなたの意思における一致は、アッパールームで作業したことによって実現したのです。選択した意識が実現したのです。ひとたび選択して、最終的に完全な形で実現すると、あなたはそれを表現したので、もう選択をする必要はありません。あなたは自分ではない何かになろうとはしていないのです。あなたは決して聖人になることはありません。なる必要もないのです。あなたはその表現において、本当の自己として本当の自分になる必要があるだけです。

どうか苦労しないでください。苦労するというのは、本来なら簡単にできることを困難にしてしまうからです。不安や恐怖によって信念の山を築くことはできません。あなたがそう言えば、山を捉え、着実に登っていくことができます。誰かに命令されていると信じ込んだり、これまでの自分はもしかすると間違っていたのではないかと思ったりすると、恐怖でいっぱいになります。あなたは決して間違えたことなどありません。恐怖によって行った選択は、あなたがそれしか知らなかったからで、おそらくその結果から多くのことを学んだことでしょう。そして、その選択がどんなものだったとしても、神の意思と調和して自分が誰で何者なのかを、こうして再び宣言する完璧な瞬間にあなたを導いてくれました。活動する神聖な自己の復活は、排除するのではなく、意思によって達成するのです。あなたは自由意志を授けられました。そして、源の意思と一致するのは自由意志による選択です。私は真にどう奉仕すべきか知っています。私は真に自分が何者なのか知っています。「私は真に自分が誰なのか知っています」とあなたが宣言することは、アッパールームにおいてあなたが誰で何者なのかを確認し、同意に向けて最初の一致を達成する条件です。しかし、実は本書の核心でもありますが、アッパールームでどのように表現するかというと、一致した意思の宣言によって行います。

今日こうして皆さんに話しているとき、私たちは愛を込めてこれらの言葉を発しています。あなたはそれが欲しいときにあなたが欲しいものを欲します。あなたは自分が持つべきだと思うものは手に入るのではないかと期待しています。あなたは持つべきものだと教えられたものを要求します。そして、あなたは何を宣言できるかについて同意しています。そんなとき、この世界のものでは決して満足できない小さな自己の方を選ぶと、その項目はどんどんと増えていきます。スピリットの成長に大切なのは、顕在化した世界は楽しみ学ぶためにここに存在しますが、その本質はまさに一時的なものだと理解することです。あなたが誰で何者か、恐怖によって誰に力を与えてしまったのか、これまで何を信じるように言われてきたのかを伝えるために、この世界のものに頼ってしまうと、真実を犠牲にしてあなたが祈ったものは偶像になってしまいます。もちろん、世界を楽しんでください。しかし、この世界のものを崇拝しないでください。仲間と過ごせることを楽しんでください。彼らの中の神を知ってください。彼らとして神を知ってください。しかし、肉体を持った人間にどんな権限も与えないでください。それは神のために取っておいてください。「私はあなたが誰なのか知っています」という真実の宣言は、内在する神、すべてを等しくする偉大な存在と一致する同意のための宣言です。表現において、そしてすばらしい唯一無二の存在において、あなたはすべて一つの源を共有しています。そして、あなたとしての神は利己的に作業することなどできません。また、することもないので、意思に同意している顕在化する自己は、あなたがたすべてをサポートしてくれるでしょう。

ここでまたポールが割り込みます。

――それはあまり楽しくないようですね。あなたがたは私たちに本当は何を求めているのですか？

私たちはすでに、あなたがたに奉仕するように頼みました。そして、あなたがたはそれに同意したので、こうしてこの教えを受けているのです。いいですか、うれしいとか楽しいとかは自分自身で宣言することができることを理解してください。そして、楽しいと言えるのはすばらしいことですが、それではうれしくない、楽しくないと宣言しているようなものです。アッパールームにはあなたが好むようなたくさんの楽しみが待っているかもしれません。私たちは、ここでとても楽しんでいます。自分の表現や神の意思と一致してどのように作業したいかは、高いオクタープであなたが考える選択の独立性によって決まります。神の意思は、手術によってあなたに移植されるわけではありません。自分自身を理解しているあなたの意思は、新しい表現に同意するために働いています。そして、そのことであなたが感じる喜びはあなたの創造をはるかに超えるものなのです。

ポールは尋ねます。

――なぜですか？　どういうことですか？

あなたの安定性、つまりあなたが知っている世界で安定した生活を送るためには、表現の密度〔つまり多くの表現〕を必要としました。そして、あなた自身が確立したその密度は、多くの点で、ここに、そして、これまでずっと存在しているより崇高な領域のすばらしいものに出会うことを不可能にします。あなたがもし密度の高い場所にこのままいたいなら、どんな選択をしてもその次元の体験しかできません。そして、それは誰にでも、どんなものにでも当てはまります。しかし、高いオクタープにはまだまだたくさん知ること、宣言することがあると私たちはわかりやすく言っているのです。そして、高いオクタープであなたが経験することは、既知を超えて、時間自体が消えてしまう無限の世界へとあなたを運んでいきます。あなたは無限の奇跡の中で、自分自身について知るのです。

それでは、祝福の言葉でこの講義を締めくくります。私たちは、あなたが確認できる最高レベルの同意において、私たちとのこの出会いの中であなたがた一人ひとりを見つめています。そして、私たちはあなたを受け入れ、すべてを受け入れて、それぞれの可能性に合わせて、神の意思に対するそれぞれの一致の度合いによって、皆さんを引き上げます。私たちは真にあなたが誰なのか知っています。私たちは真にあなたが何者なのか知っています。私たちは真にあなたがどう奉仕すべきか知っています。あなたは自由です。あなたは自由です。あなたは自由です。

（一旦休憩）

私たちがあなたは何者なのかを教えるとき、私たちはあなたが何者なのかを再生しています。再生とは、あなたが本当はこれまでずっとどんな人だったのかを顕在化することです。顕在化した自己には選択肢があります。そして、鏡の前に立って見ると、本来の姿である神聖な自己と一致しています。それゆえに、その選択は他の人々のためになるものでなければなりません。「私はどう奉仕すべきかを知っています」という宣言については、すでにあなたは説明を受けています。自分が誰なのか知っていると宣言することは、すべてに内在する神の再生をサポートすることになるのです。

すべてに内在する神が再生されると、神の行動、あるいは、神と呼ぶものをあなたは知ることができるようになります。その神は、これまでずっとすべてのものにおいて自らを実現してきた存在です。知るということは、認識することなのです。すべての人々のために物質的な領域で神を実現することは、このテキストにおける行動です。私たちが提示するすべてのテキストには、読者の反応を呼び覚ます可能性がある行動、アチューンメント、名前が含まれています。そして、本書は、あなたが宣言したことによってあなたに提案された顕在化という実現をサポートします。実現した自己というものはすべてを実現するのです。

さて、認識するということの意味は、仕組み、限りのある構造、骨組み、箱など形あるものを超えて、さまざまに束縛する体制から自由になって実現するまで、何度も何度も知るということです。実質的には、これは体自体が振幅《しんぷく》や振動において変化することを意味します。そして、アッパールームにおける体の再生自体が、他の人々のためになるような形を取るための条件に順応するのです。さて、ここで形と言うとき、私たちは意思を省いているわけではなく、この場合においては必要とされる体の顕在化について教えたいと思います。

ところで、体というものは実はあなたが思っているようなものでさえありません。それはシステムであり、有機体であり、送り出される血液があり、見るための目があり、触ることができる指があります。しかし、実のところ、体とは経験するために高密度な形をした高いオクターブが顕在化したものです。その形となった密度から体を解放するためには、実はその考えを捨てるということです。そして、考えを捨てるというのは単純なことです。その形は絶対的であり、扱いにくく、物質的に定義されるもので、新しくすることはできません。あなたが目にするものはかつてすべて別のものでした。あなたの横にいる男性や通りで見かける女性でさえ、かつては胎芽であり、かつては概念であり、かつては形のないエネルギーでした。あなたの目の前にあるすべてのものは、どんなときでも別の名前を持っていたのです。あなたが知っているフレッドは、彼の両親が名前をつける前、保育器の中にいたときは「男の赤ちゃん」でした。テーブルはかつて樫の木でした。そして、あなたが店で見かけるものは、かつてはそれらを作るための材料でした。

限りある形と取り扱いにくいものを理想化することについて、簡潔に理解する必要があります。形となった形が見たままの世界を進んでいく方がはるかに簡単です。明白な方法で名前をつけ、宣言し、選択する機会を与えてくれます。あなたが神聖な自己として保持するアイデンティティは、形を得て形を実現したら、体が新しい方法で自分自身を知るように働きかけなければなりません。

——それはどういうことですか？

ポールが尋ねます。

——ここまでのあなたがたの教えに、私は混乱しています。

ポール、それが何を意味するのかというと、その形、年齢、あなたが知りうるすべてにおいて、あなたの体についての概念が、体を支えるということなのです。あなたが分かち合い、同意したすべての考えは体系化され、人類によって受け入れられます。そして、新しいものを受け取ることを妨げる限られた方法によって、あなたは歴史が求めるものに同調してしまうのです。形が神による表現だと理解するなら、そして、神に意思というものが捧げられたら、形がどのように表現されるかも同じように変化するかもしれません。なぜなら形という意思は、もはや歴史によってもたらされた体系化に制限されることはないからです。

では、あなたが使用する言語が、それが何であるかをすべて決定する世界に住んでいると想像してみてください。「この人は年老いた男です」。そして、年老いた男性を老いていると宣言することによって、あなたは彼の年齢を判断して、年齢に関するすべての特徴を彼に与えるのです。あなたは彼を知恵のある老人と宣言します。または、老衰していると宣言します。これが理解できますか？　あなたがどのように年齢を判断するかで、一つの考えに顕現化を吹き込み、それに同調してその通りになるのです。人類がこれを行うとき、人類は自らが期待するものに同意するようになるのです。

その結果として、何代にもわたってこうした期待をリサイクルするようなものです。人類は新しい方法で自らを認識するために、自発的な飛躍を遂げることはめったにありません。こうしたことが現在起こっていることを、私たちは皆さんにお伝えしたいのです。

未来の世代にも同じことが起こるのをあなたがたは目撃することでしょう。形、性別、人種の弾力性、つまりあなたが白か黒かと呼ぶような方法で、今多くの人々が定義しようとしているものは、実のところ二元性を超えて自らを再生しようとしています。

完璧に作られた体の構造は、その恩恵を受けることになります。あなたがたは皆、あなたが知っている姿で神になります。しかしながら、その構造がどんなものかというと、体の表面は変化しませんが、高いオクターブにおいて自らについて知らなければならないという体の意思は、より高い顕在化した世界に存在するものを知覚するために、体の経験と感覚的な能力を変えることです。感受性をより高い部屋に存在するものへと広げていくために、ある意味、体自体が変化しなければなりません。

　本当の自己と意思が一致していれば体を支配することができると理解すると、あなたはより低い意思によって体をコントロールする必要性から解放されるでしょう。これが何を意味するかというと、形を支配する神の意思の一致は、神の意思に従う形をサポートするということです。体が取った形、体の健康、そして、体の顕現における表現は、ひとたび神の意思が宣言する本質に引き継がれると、実際に変化していきます。小さな自己としてできることは、科学が決定づけたように健康の概念と調和することです。しかし、この点に関しては、科学でさえ制限があります。あなたという神が自身の形を知り、それを実現すると、必要な変化を呼び起こす意思というものが、まだ顕在化していない潜在的可能性に同意するのです。

　アッパールームにおいては、低い振動では知ることのできなかったものを知り、小さな自己が見ることのできなかったものを見て、密度の高い振動ではできなかった経験をします。そのことを理解するには、顕在化における経験の転換はより高い振動において一致しなければならないことも理解する必要があります。体それ自体が神の表現の手段となり、すでに高くに存在するものを経験するために、体は感覚を通してその力と一致します。あなたが自己を神聖化することはできないように、より高いオクターブに存在するものを自己体験することはできません。しかし、あなたが高いオクターブと一致し、その存在を受け入れるようになると、準備ができたあなたは、どんなことが経験できるのかわかるようになります。

──準備ができているとは、どういう意味ですか？

ポールが尋ねます。

あらゆる点で、何が可能かに同意して作業したシステムは、あなたの経験を体系化しました。私たちが以前にあなたがたに教えた「私は自由です。私は自由です。私は自由です」という宣言は、集団として認識し経験した中で同意されたものからの解放をサポートします。すると、あなたを支配していた制限はなくなり、あなたは、小さな自己によって慣れてしまった限界というものなしに、自ら経験する一致した変化の手段となります。このような一致において、もはやあなたは過去のデータから経験を予測するのではなく、アッパールームに存在するものとそこから感じることができるものによって予測するのです。

アッパールームにおける顕在化する世界の顕現こそ、私たちが皆さんをお連れしたいと願っている場所です。みんな一斉にというわけにはいきません。なぜなら、それは一斉に起こることはなく、上に向かう人、つまり「私はどう奉仕すべきか知っています」という表現によってすべての人々を引き上げるための機会を作ることができる人によって行われるからです。

ひとたびあなたがアッパールームにおいて一致しそこにとどまるようになると、これまでのように物事を決めることを要求する歴史のデータによる制限から自由になり、あなたはより崇高な方法であなたが知ることができるものを徐々に受け入れ始めるかもしれません。

──なぜ徐々に？

ポールが尋ねます。

あなた自身の健康と安全のためです。バランスを取らずに高いオクターブに存在するものを体験し、バランスを保つことに同意すると、実際にはあなたの人生を混乱させ、そのバランスを取り戻すことができなくなるかもしれないからです。私たちは皆さんがバランスの取れた人生を歩むことを望んでいます。綱渡りを学ぶ青年は、まず綱を低くして学びます。彼は空中に高く引き上げられてはいないのです。彼がバランスを学ぶとき、そしてより高い綱に上がるとき、彼が落ちた場合に備えて下にネットが用意されます。最終的に、彼は技術を身につけて崇高な方法で綱を渡ることができるようになります。かつては細い綱であったものが、自信を持って歩くことができるプラットフォームのようになったので、ネットは不要になりました。これが、アッパールームにおいて顕在化した自己が目指すものです。あなたがペースを維持することができるように、顕在化についての同意にたどり着くためには、徐々に行うということなのです。

ポールはまたここで割り込みます。

——しかし、他の世界で多くの経験を積んだ人々がいて、彼らは自分たち自身で変化して戻ってきます。ここでもそのようなことが起こるのですか？

それは違います。上級レベルでの経験は蓄積されていきます。それぞれの学び自体は、あなたが経験を通して理解します。あなたが経験を積むにつれて、あなたは拡大し続け、より高い方法で見るものをどのように知覚するかを統合していきます。それは、あなたが再現したいエキゾチックな体験ではなく、ただシンプルに存在するということが、改めて普通のことになるのです。

――それは本当に可能なのですか？

ポールが尋ねます。

――そんなことが本当にできるのでしょうか？

最初に理解しなければならないのは、それはすでに高いオクターブで行われているということです。私たちはそれを実現するために、皆さんにその教えを届けています。あなたが顕在化した形に振動を統合し、その表現において意思と神の本質とを一致させると、この高いオクターブにおけるあなたの経験の再生とそれを維持するためのサポートが与えられます。私たちはよく高い振動を維持する方法を聞かれます。また、人はよくこんなことを言います。「私は経験をしました。すばらしかったです。そして、その経験は消えてしまいました」と。一部の人は意識の短い一瞬に、より高い部屋の経験をすることができるかもしれません。これはそのような高い部屋に戻ろうとしている魂にとって常に役に立ちます。少なくともあなたはその部屋がそこにあることを知っているので、戻ることができます。しかし、その維持についてはより高い部屋から行われなければなりません。低い場所から高いオクターブに進むことはできませんが、高いところから低い場所を管理することはできます。皆さん、これがどういうことかわかりますか？　つまり、崇高なるものを実現するためにあなたをサポートすることは、あなたが求めている顕在化につながります。

「そこはどんな場所ですか？」と、あなたは尋ねるかもしれません。それはまるであなたの人生そのものです。恐怖もなく、自己判断もなく、他人を判断する必要もなく、戦争の必要もなく、権力のせいにして、あなたが決してなるべきではなかった人になるために同意した共同体の支配もありません。小さな自己ならこうはいきませんでした。すべては許容範囲内だと受け入れてしまったでしょう。あなたはこれまで「私は本当の自分自身について知りたいのです。私は真に自分が誰なのか知っています」と、真実の再生について自問してきました。真実を知ると、これまで教えられてきて、あなたがずっと信じ固く信用してきた嘘を乗り越えることができます。私たちはあなたに代わって言います。あなたがアッパールームで生きる人生は、あなたがもはや自分の本質について目覚めているので、思い描くことができる人生なのです。

キリストはすべての人間としてやってきました。しかし、その花が開くためには、その可能性に気づく必要があります。あなたはとても長い間自分に嘘をついていたので、あなたの存在の本質について誤解していました。自分には価値があると知ることは、私たちの教えにおいて重要な部分です。あなたに価値がないというのなら、それはどうしてですか？　私たちはあなたに問います。あなたが本当に受け継いだものを宣言するのです。そして、それはアッパールームから始まります。

ポールのために休憩を取りましょう。終わり。終わり。終わり。

（一旦休憩）

独立について教えるとき、私たちは歴史の義務からの独立と、恐怖によって多くを決定する小さな自己の支配からの独立について話しています。私たちがあなたの意思に向かって話すとき、自分の人生を選ぶためにあなたに与えられた権威に話しかけています。意思を神に従わせるということは、あなたに与えられた意思と源が一体だということを受け入れることです。「一体」とは、源の意思と一つになることを意味します。すると、あなたは自分の人生のすべてにおいて一体化して行動していると理解することができます。

さて、神からの独立は、ある意味、あなた自身が離れてもよいと思うときにあなたが決めるものです。相互依存と信頼とは、あなたが神との関係で自分自身を理解し始めたときに起こることであり、一体化はすべての創造物の源として、あなたがなることのできるあなたであることに同意したときに起こるのです。源と一体化することは、小さな自己を弱体化させるわけではなく、あなたに内在する源として神からの反応を受け取るということです。そして、意思はあなたが誰なのかという一部であり、また、この同意を成立させるために必要なものです。

独立について教えるとき、あなたが必要としている個人的な魂の進化は、とても重要で、そのために私たちのところにやってきたということを、私たちは理解しなければなりません。そして、魂は源との一体化において進化しますが、その過程における教訓のために、一体化に依存しているわけではありません。魂は、あなたが高い意思と調和しているかどうかにかかわらず、あなたの形が現れている間に、あなたが教訓を学ぶことを要求します。あなたが教訓をどのように学ぶのか、そして、アッパールームにおけるあなたの経験を通してどう成長するかは、あなたが何を学びに来たのか、どのレベルの同意で学ぶのかによって大きく異なります。低い振動においてあなたは教訓を学ぶかもしれません。恐怖を通して学ぶかもしれません。怒りを通して学ぶかもしれません。ある国が別の国を支配するという選択によってもたらされた恐ろしい影響を通して学ぶかもしれません。あなたは困難な方法で学ぶことを選ぶこともできます。しかし、あなたはまた、キリストの教えを根本的に明らかすることによって、あなたが誰で何者なのか、そして、顕在化とは一体どんなことなのかを学ぶこともできるのです。そうなると、トランペットは音を奏で、神の可能性に同意して、大きな変化だと感じることがあなたに起こるようになります。

――神の可能性の中に、破壊はありますか？

ポールが尋ねます。

そうですね。破壊もあり得ますが、必要とされて起こるものではありません。基礎のない家は、最初の風が吹くと倒れることがあります。家の基礎がしっかりしていれば、必要なら家を修理することができます。古い構造の上に新しい家を建てなければならない場合、あなたはすでにその構造を知っているため、都合がよいはずです。古いものを壊して、新しいものを創り出すことが必要な場合もあります。しかし、キリストの自己である神は、愛において自分自身を知っているので、出会うものに危害をもたらすことはありません。個人としても集団としてもあなたは力を通して、怒りを通して、あるいは、愛を通してあなたの教訓を学ぶでしょう。そして、その愛とは、あなたが共に旅をする者として、すべての中に存在する神とそれぞれ交流を求めるあなたの仲間にもたらされたものです。

あなたがたはそれぞれ一体化を求めて私たちのところにやってきます。そして、一体化への願望は、ポールを通じて提示した文章において私たちは答えています。しかし、一体化が理想的ということではありません。理想というものがあれば、それは王国の再生に参加することをあなたが自覚し、敬虔な方法で神の顕在化を実現することに他なりません。前に進み出てその手と心を差し出そうとするあなたがたなら、行動を起こすための振動する領域を呼び起こすことができます。

一体化とは存在の状態だと想像することができるなら、あなたは至福と愛の永遠に浮かぶ自分自身を想像することもできるでしょう。そして、実際に、体の中にいる間、あなたは体と形の要件に注意を払うでしょう。あなたは雨風を避ける場所や食べ物を必要とし、冬には暖かさを必要とします。そして、すべての人間において何が真実であるかを認識するために、あなたには仲間と交流する機会が必要です。キリストはすべての人々の中にやってきましたが、王国を手に入れる権利など持っているはずがないと恐れている人たちは、この認識を受け入れようとしないのです。私たちがこれまで何度も言ってきたように、王国は、その認識は、そして内在する神に気づくことは「私は真にあなたが何者なのか知っています」という宣言を通して実現することができるのです。

繰り返しますが、何者というのは常に明白な宣言であり、「私はあなたが何者なのか知っています」と宣言することは、内在する神を認識し引き出すことです。これは、もう絶対にそうであると認識して、最初に取る行動です。なぜなら、それ以外にはなしようがないからです。そして、そのような立場から、それは決してそうではないとすることはできないので、それは常にそうなのです。また、それは常にそうなので、宣言する必要もないのです。ただ単純にそうなのです。あなたが表現する風景と存在の本質を通して、あなたがその現実を作っていくのです。

私たちがこれに関して意思という言葉を使うとき、「私は真実の大使になりました。そして、真実には嘘はありません」と、あなたが自分の立場を受け入れているということについて話していきます。本当の自己を知ることは、物に与えられた名前、これまで物が何と呼ばれてきたか、そして、未来を予測するために歴史の言語に依存することを超えて行動することです。

真実の大使になるということは、あなたが見るものを明らかにし、それを真実において実現すると決心することです。そして、真に何かを実現することは、その源になければならない神の原理を見つめ、知ることなのです。見るものすべてが今あなたの住むアッパールームに引き上げられるとき、あなたが見る世界は、自分が誰なのか知っている者として王国であなたが行った宣言をきらきらと反射することでしょう。

あなたは王国の恵みを出会うどんな人とも共有しながら、その世界を生きていくのです。あなたであるキリストの行動は、すべての人の中に存在するキリストを知ることなので、あなたは大使となるのです。そして、すべての中に存在するキリストを知ると、その本質においてすべてのものが引き上げられます。

ポールが口を挟みます。

――誰かが引き上げることを望まなかったらどうなるのですか？　引き上げることができない場合は？　それについてどう思いますか？

内在する神の認識は、常に唯一真実であるものを認識することです。他者がかぶっているマスクは、嘘を覆い隠すものであるため、真実と向き合うことはできません。人格構造というものは、その野心においては有効ですが、本当の自己ではありませんでした。そして、本当の自己がマスクをはずすとき、つまり自分が誰なのかわかっている人が本当の自己を見つめるとき、内在する神は見つめている人に対して再生への行動を起こすのです。神は再生する存在です。あなたがしているのはただ真実を知るということで、そのことによって再生が起こるのです。

――しかし、彼らの意思を呼び覚ます必要がありませんか？　彼らは許可を与えるのではありませんか？

再び、ポールが尋ねます。

アセンションは同意を通じて個人のレベルで起こりますが、同意したり決定したりするのは人格の自己ではありません。ほとんどの場合、人格構造は別の自己に譲らなければなりません。人格の自己だけでは、キリストによって提示された成長の機会を生かすことができないので、受け取ることができる自己と調和するのです。自分の存在の本質に身をゆだねるという考えは、私たちがあなたがたに提案する例です。存在の本質に身をゆだねることは、「私は自分が誰なのか知っています」と宣言することなのです。あなたは神が神の仕事をすることを不可能にしています。あなたとして具現化するために、あなたがその真実に任せてしまっているのです。他の人における真実を知るということは、彼らが自分たちの宣言をすることを可能にするということです。人格のレベルにおける選択は彼らのものですが、あなたは個人またはこの地球に住むすべての人々において神を宣言することができます。効果は同じです。あなたは常に真実であることを宣言しています。そして、その宣言では、存在の本質によって、アッパールームであなたが宣言し、実現しているとわかっているものを引き上げるのです。

多くの教えにおいて、あなたは謙虚になって祭壇の前でひれ伏さねばなりませんでした。私たちはあなたがたにこう言うでしょう。謙虚さは必要ですが、それはさまざまな方法で表現されるものです。「私は学ぶことを苦にしません。自分から進んで知ろうと思います。喜んで受け入れます。変わるつもりです」というのは、すべて謙虚な宣言です。「私は変化することを要求します。知ることを要求します。私がこうなるべきと言ったように、私の望みは叶えられるべきです」というのは、小さな自己の宣言に過ぎません。

あなたが本当の自己として活動するとき、あなたは違う方法で宣言します。「私はあなたが誰なのか知っています」という宣言は、その中に神が存在します。それは謙虚な宣言ではなく、勝利の宣言です。なぜなら、神は神を知っており、出会う可能性のあるすべての中にその存在を認識しているからです。あなたが歴史の中で与えられた名前、つまり異端者、焼かれた人々、真実を話して居場所を失った人々は、今このときに解放されています。なぜなら、そのときに異端だったものは、神にではなく、ある団体にとって異端だったからです。ここで理解するべきことは、神の宣言、そして、人類に内在する神性は、再認識されるべき生得権であるということです。あなたは受け継ぐべきものを受け取るためにひれ伏すことはありません。それはあなたの権利ですが、「私はそれを受け継ぐにふさわしい人間であり、すべてのものの源というものを知っているので、とても謙虚にそれを受け入れます」と言わなければなりません。

これがどういうことかわかりますか？　あなたにはすばらしい機会が与えられているのです。しかし、あなたはそれを受け止め、はい、受け入れますと言わなければなりません。そして、あなたがはいと言えば、私たちはアッパールームであなたと一緒に歌うのです。終わり。終わり。終わり。

十日目　アッパールームは真実が宣言される場所

あなたがたはそれぞれ、あなたの理解とあなたが表現する世界を通して生まれた価値に釣り合うように、自分が誰で何者なのかを決めています。あなたがた一人ひとりが、男性であることの意味、女性であることの意味、愛され、愛されることの意味を決めるのです。あなたがたはそれぞれ、あなたの世界の統制されたシステムに従って理解します。それが意味するのは、理解するために与えられた指標によってあなたは自分自身を理解するということです。あなたがた一人ひとりは、あなたが表現する規模を決めています。そして、一方と他方を、あれとこれを比較して判断します。あなたがた一人ひとりは自分自身を知るために、あなたに渡された鏡であなた自身を知ろうと決心するのです。

今、神聖な自己は鏡を持ちません。あるのは表現、知覚、あなたが見るもの、そして、そうやって見て心に刻み込んだものを知るということです。なぜなら、知っている人は「私は自由です」という宣言を認識しているからです。神聖な自己は自分が自由であることを知っているので、レッテルを貼ったり、標章化したり、ある物を何と呼ぶべきかについての命令や指示を出したりしません。

神聖なる自己は自分が見ているものを自分に明らかにすることを許可します。そして、アッパールームで明らかにされたものは、常に真実として知られます。

これが意味することは、何がメリットで何がそうでないのか、何がよくて何が悪いのか、何が楽しいことで何が不快なことなのかを教え込もうとする幻想のベールにあなたはもはやだまされることはないということです。なぜなら、こうしたことはあなたが従ってきた価値として理解されているからです。物事は単に知られ、受け入れられ、そして、このレベルの振動とアチューンメントにおいて、あなたが維持する意識は真実の情報を受け取り、その結果、実際に物事はより高い理解の中で実現される、あるいは知られるのです。

あなたが決める多くのことは、物事はどうあるべきで、どのようにするべきかという考えに基づいています。「これはあれよりも価値があります」、「これはあれよりも崇高な宣言です」と。そして、このような比較は、グリッド、あるいは、測定システムとして機能し、あなたを縛りつけるものとなってしまいます。すべてがグリッド内にあるなら、どのようにしてそれを新たに知ることができるのでしょうか？

高次な方法で、まず見たり知ったりしなければ、何も理解することはできません。これにも例外はないのです。それがどうしてなのか説明しましょう。早速、あなたはどうしたら残虐行為を高い方法で知ることができるのか、どうしたらあなたが悪と呼ぶものを高い方法で知ることができるのかと尋ねるでしょう。しかし、あなたは善と悪、光と闇、そして、おそらく高いか低いかという尺度で物事を見ているので、私たちはそのことを叱責しなくてはならないでしょう。私たちが教える高いか低いかというのは、単に共鳴におけるディスクリプタ、つまり識別するための表現のようなものなのです。善と悪の意味を明確にすると、善は善として語られ、他のものと比較して善と見なされていることをあなたは理解するでしょう。「彼女は学校での成績が優秀です。彼女はBマイナスを取りました」、「彼は学校でよい成績を取れませんでした。彼はDを取りました」、「彼女は優秀な学生です。あの子はAでした」。こうした尺度には学習の体系化があり、学習してきたことは、他者との比較によって評価の基準が決められます。もし基準が存在せず成績がつかない場合、一人の生徒がどの程度学習しているかを確認するためには、他の生徒と比較するのではなく、生徒の学習に対する整合性を見ることになります。

何かの真実について知っている人は真実を宣言し、自分の経験の一部として真実の知恵を受け継ぎます。学んだ情報をオウムのように繰り返す人は、暗唱することを学んだだけなのです。最終的に、経験こそ私たちがあなたに教えるものであり、神聖なる自己としてのあなたの経験は、既知を超えて、そして、何に意味があり、何が善と悪で、何が高くて何が低いのかを決めるために使ってきた基準を飛び越えて、あなたを自由にしてくれます。あなたがた一人ひとりは、それぞれの方法で、あなたとしての神こそが本当の存在だということを決めるのです。あなたという存在はいつか死ぬために皮膚の中に集まったたくさんの細胞だという考え方は、限られた経験においてあなたについて宣言するものです。実際には、あなたが何者かというと、私たちが教える理由のためにに形を伴ってやってきた神の顕現なのです。あなたが誰で何者なのかわかっているということは、顕在化した世界を再認識することができるレベルと一致してあなたという人を宣言します。

さて、皆さんはそれぞれ、何をするにもどのように自己を宣言するかによって、自分の意思が何を意味するかを決定しています。「私は木からリンゴを摘みます」はあなたが選択します。「私はリンゴを食べます」はあなたの選択です。「私はリンゴの芯を捨てます」はあなたが取る選択です。「私は男性と、あるいは、女性と結婚します」、「子どもを妊娠します」、「年を取ります」。これらはあなたが選択するものです。そして、それを伝える意思というものは、小さな自己が理解できる選択肢の中だけにあります。意思それ自体は、真の神性と一体化すると、尺度というものを超えて表現します。そして、宣言し、知り、または決定できることは、過去の歴史によって決められる必要はなく、アッパールームにおいて可能なことなのです。

アッパールームには、あなたを決めたり、定義したり、小さな自己を超えて宣言するための尺度や指標はありません。なぜなら、小さな自己はこのレベルで作業することはないからです。そして、あなたは小さな自己がより低い振動で現実を生きていくために使ってきた説明書などを必要としないので、何千年もの間、あなたがた人類に授けられた論理体系を超えて、宣言できるものを自由に宣言することができます。これが何を意味するのかというと、制限された顕在化への共同の同意は、集団となって強要したり、決着したりしてきた以前の情報によって定義された理由や可能性の基準に縛られない人によって超越することができるということです。

——何か例はありますか？

ポールが言います。

あなたは自分が生きるだろうと感じる年齢まで生き、あなたが年齢をどのように理解するかは、人々と共有するカレンダーや、時間そのものや、時間に対してあなたが宣言し縛られてきた同意によって決まります。私たちはあなたが永遠に形として存在すると言っているのではありませんが、年齢を信じ、長生きすることを期待している人は、ある意味でその経験が十分に保証されています。「しかし、それが私の遺伝子だ。私の父は長生きの遺伝子を持っていたので、私も確実に持っていると思う」と。あなたはその遺伝子を持っているかもしれません。おそらく、あなたはその経験によって学ぶことができるはずです。しかし、その経験を期待して自分自身を定義することは、あなたより前に生まれた別の人が決めたことにあなたの意思を委ねてしまうことになります。「私は自由です」は、他の可能性を信じることができずに、管理システム、恐怖によってなされた同意、そして、これまで教え込まれたことを信じて古いものを求める集団意識からの解放を宣言します。

もう一度、アッパールームに話を戻しましょう。すべては神の同意による再認識と再生のためにアッパールームに存在します。紅茶のカップは、低いオクターブ、あるいは、高いオクターブで認識されます。それはまだ紅茶のカップです。しかし、アッパールーム、または、より高いオクターブのカップの振動は、高さが上がるにつれて響きが違ってきます。そして、同じことが「私は自分が何者なのか知っています」という宣言を通して、体にも当てはまります。また、歴史のデータに頼らずに、自分が誰かわかっている者に見える神の啓示に反応して物事を認識するようになると、あなたの世界での経験にも同じことが当てはまるようになります。そして、そこで必要とされる意思の行動は、非常に単純なものなのです。

「私は出会うすべてのものと、私の神の意思を一致させます。私は神の意思となり、黙ってその意思に従います。そして、私が意思として、意思としての神として表現する本当の自己の振幅と共に、音色や振動と一つとなることによって、神が私として、私と一緒に、私のために決定することを許可します」

あなたという神は一致し、この次元において確実に自らを表現する神の力となり、意思を動かしていくのです。

——〝確実に〟とは、どういう意味ですか？

ポールが尋ねます。

「確実に」というのは、あなたはあなたを知っている状態であり、どんな意思の行動も真にあなたが誰で何者なのかと一致して選ばれます。そして、「私はするべきか、私はするべきではないか？」というような過去の二者択一のジレンマは、実のところ、本当の自己がその使命において新たに世界を宣言するときに解放されるのです。あなたは、顕在化し、行動し、見るもののすべてと同意するキリストの自己の振動となります。「すべて《everything》」という言葉に線を引いてください。あなたとしての神は、そうした観点から、顕在化する世界を宣言し、それを現在へと引き上げるのです。負の振幅や恐怖を受け入れることはありません。神はそうしたものを超えて存在するので、古いものには同意しないのです。神は共同合意を受け入れることはありません。なぜなら、ただ単純に、神というものは共同で定義されてきた領域には存在しないからです。

もし皆さんが、天国というものはこのような場所だと想像するなら、それは皆さんがこの世を去るときに行く場所でしょう。あなたがたが考える死後の世界へ行くのです。それこそ別の世界を知らせる共同合意になってしまいます。事実、顕在化の表現における神の構造であるアッパールームには、定義を妨げるような壁は存在しませんが、古いものはそこでは表現されないので古いものを定義することはできません。これが何を意味するのかを理解してください。あなたはセーター、すてきな古いセーターを持っていると想像してみてください。セーターには思い出が詰まっています。しかし、すてきな古いセーターは、それが何であったかという記憶がないため、アッパールームには存在しませんし、あなたはセーターに記憶や意味を与えることもありません。そのようなことをする必要がないからです。それはまだセーターであり、あなたはそれがセーターだと知っているかもしれませんが、実際にはそれが何であるかというと、体を保護するために着るものなので、それ以上の意味などないのです。この概念を理解していますか？

あなたが大切にするものはすべて、その価値を教えられたので大切にしているのです。あなたが拒絶するものはすべて、利点がないと教えられたので拒絶するのです。そして、このように低い水準の同意によって判断する価値基準は、アッパールームには存在しません。もしあなたが記憶をたどりその価値を決めたいのなら、そうしても構いません。私たちはあなたを止めたりしません。しかし、高いオクターブにおいてあなたが経験できる解放のレベルは、それが好きかどうかにかかわらず、過去のこととして知っている低い振動へと引き戻す歴史のデータに、あなた自身が巻き込まれることを不可能にしてくれると言っているのです。

なぜ、あなたの歴史は低い振動なのか？　まあ、実際にはそうではありません。ただ、あなたの歴史というものはあなたがそう考えているだけのことなのです。それが理解できますか？「母は私を虐待していました」。あなたは再度、データというレンズを通して母親について理解します。育った文化やこれまで信じてきたものを基準に、善悪、よいことと悪いこと、高いと低いとしてきた歴史の情報によって母親を理解するのです。

私たちは、時間の体系化を超えて意思と一致することを選択できる存在としてのあなたがたと話をしています。そして、すべての記憶は別の時間に起こったことであるという考えに過ぎず、時間という考え方自体は、本当のところあなたが重要なことに力を注いだという単なる構成概念なのです。「十五歳のとき、私はとても可愛かった」と、十五歳の記憶が自分はそうでなかった、またはそうあるべきだった、あるいはそうだったかもしれないという思い出に溢れている人は言います。「十五歳のとき、私はこんな風でした」と。そして、そのこんな風とは、記憶のレンズによって永遠に保存された自己の理想化であり、それ以上のものではありません。

あなたが見る世界、あなたの周りで見るすべてのものは、あなたより前にこの世界にやってきた人々によって名前がつけられています。そして、あなたはこの世界をさまよいながら、それらの名前について読み解き、そう呼ばれているものは本当にそのようなものだと考えるのです。実際のところ、アッパールームにおいて理解可能なものは既知を超えて存在し、同意さえすれば、本当の意味での学びが始まります。では、講義を終わりにします。これが本章の最後となります。終わり。終わり。終わり。

第５章　神の再生

十一日目　言葉を超える

すでに知っていることを証明し、これまで起きたことはその必要があったのだと考えることは、小さな自己の水準では妥当なことです。しかし、あなたとしての神は今この瞬間というものの必要性を理解しています。その神は過去を蒸し返して詳しく分析したり、それがどんなもので、これまでどうだったのか、またはどうなりえたのかと合理化したりするようなことはありません。神は一つの出来事を、象徴化することなく、意識のイメージ外として受け入れます。それは単に、神は一つの出来事に大きな意味を与えようとはしていないということです。そうだったのは、何か別のことなのです。

あなたは自分自身の人生を見つめ過去を振り返り、あれは何だったのか、それにはどんな大きな意味があったのか、いまだに苦しみを与えるあれは起こるべきではなかったなどと、あれこれと考えます。そして、そう考えるのにどれだけの時間を費やしてきたかを理解すると、現在そのものが歴史の博物館で、あなたの遺物があちこちに散らばっていて、過去のある時点におけるあなたの意識の観点を何度も何度も解釈しているのだということに気づき始めます。何か意味があるとしたら、それはあなた自身が意味を与えただけだと一度理解してしまえば、あなたの現在を邪魔し過去になって未来を決めつけてくる歴史の要求を超えて、あなたは動き出すようになるでしょう。ここで問題となるのは、あなたが生きる人生はこれまでの歴史に基づいて築かれてきたということなのです。そのため、ポールは、私たちが話すことは不可能だと思っているようです。

――部屋に入って椅子を椅子と呼ばないとか、購入した日からカーテンについてずっと覚えておくにはどうしたらよいのですか？　私は緑色が好きではなく、あちこちでその色を見かけるというのに、どうしたら色というものは何であるかを忘れることができるでしょうか？　記憶や嫌いなものが、現在の私の経験と相互作用しないようにするにはどうしたらよいのですか？

あなたは誤解していますよ、ポール。意識において上昇するにつれて、あなたの知覚は変化します。あなたが何かをどのように知覚するかは、意識の直接作用なのです。あなたが言語を忘れたり、言葉がその意味を失ったりしてしまえば、自分の気持ちや必要性を伝えるために言語に頼るのをやめます。あなたは自分を導くための別の言語を持っています。あなたがたはそれぞれ、自分が生きる道は、歴史によってなのか、それとも今この瞬間によってなのかを決めるのです。そして、この瞬間を選ぶなら、歴史の教義から情報を得る必要はありません。その教義を引き出すのはあなた自身なのだと理解するのです。あなたは歴史との関係を通して、椅子がどんなものなのか知っているので、椅子は椅子なのです。空は空と呼ばれ、共有の構成概念として、空の領域は、共同の領域、そして、共有の概念だと理解します。そして、そのことを説明するためにあなたが使う言語が、最初に空と呼ばれてからずっとそう宣言されてきたように、実際には名前がつく前は別のものだった空を再び宣言するのです。

――〝名前がつく前〟とは、どういう意味ですか？

ごく簡単に言えば、名前のあるものはすべて、かつては名前がなかったということです。これが理解できますか？　名前がないものになるということは言葉を超えるということで、言葉を超越すればあなたが言葉を残していく必要もなくなるのです。

――しかし、私たちは言葉が大好きです。

ポールが言います。

――言葉によって、私たちはコミュニケーションを取るのです。私たちから言葉を奪うことはできません。

私たちはあなたから言葉を奪うのではなく、実際には新しい言葉を与えるのです。しかし、何かを新しくするためには、名前がない状態になる必要があります。それは、創造の源であり、これまでずっとそうであったものに知らせる必要があるのです。自分が誰なのか知っている神聖な自己は、名前がなくても存在でき、本当の自己のままでいられます。そのために私たちがあなたに提案した名前はすべてシンボルであり、意識が概念にとどまるための、そして、言葉では理解できないものを理解するための方法です。しかし、この教えの現段階では、あなたはできるだけのことをしてくれればよいのです。私たちも最善を尽くします。私たちが提案する名前のないものとは、あなたが完全に自分が誰なのかを知っているときのあなたです。そして、これまで思い描いていたアイデンティティの意識が消え、あなたの自己意識が実際に神によって完成した形で吸収されて再認識され、再創造されるときのあなたなのです。これが単純に何を意味するかというと、あなたがあなたであるように、あなたはもはや何者でもなく、歴史の遺物でもなく、物でもなく、あなたは「ザ《the》（そのもの）」になったのです。

――それはどういうことですか？

まさにそのもの、「ザ」です。名前のないものです。

さて、名前のないものになると、あなたは使命に従って自分自身を創造していきます。いろいろな意味で、あなたは表現になります。あなたの神聖なる本質の完全な表現というものです。これまでに、私たちはいくつかの例を使いました。例えば、あなたは神としてのジョンとなります。神としてのアリスになります。しかし、ジョンではなくなっても、アリスに名前がなくても、あなたはまだ神のままなのです。歴史の遺物は、ある意味で、あなたの現実を描写する言語になります。そして、完全な表現に向けてあなたの意識が進化すると、言語が必要となるのは、多くの場合、言葉を創り出した考えをもう一度取り戻す、あるいは、言葉が始まるために必要なのだということを理解するでしょう。

――しかし、言葉のない世界など可能なのですか？

繰り返しますが、これはポールが私たちの教えを間違って解釈しています。あなたがたに理解してもらいたいのは、私たちがアッパールームと呼んでいるものに何が存在するのかということです。そこでは、あなたには名前がなくなり、知ることができるものを新しい方法で知る表現の次元、つまり名前のない次元について理解し始めるのです。これまでそれしか知らずそれ以外のものを期待することができなかった古いものを再創造しなくなれば、つまり過去を再創造しなければ、あなたには名前がないことで生まれる可能性が与えられるでしょう。

では、名前のないものを知るとはどういう意味でしょうか？　それは、顕在化して存在し、同時に存在するために顕在化する必要のない神について理解することです。形を保ちながら、形を超えて自分自身を高めることに同意することです。音になること、名前のない音になること、音に与えられていたラベルや象徴や意味を持たない音の音色や表現に同意することです。あなたの神に対する概念、神と呼ばれるべきものに対するあなたの概念は、何千年も続くイデオロギーによってその知識がもたらされました。そして、神という考え自体が、あなたが祈ろうとするトーテム、構造、木製の偶像になったのです。神には名前がありません。神には名前がなく、絶対的で、何にも邪魔されることはありません。神は顕現でありながら、顕現が欠如しています。あなたが物として名前をつけた顕在化した世界、つまり椅子や空はすべて神であり、あなたによってそんな風に名前がつけられたのです。「私は神を椅子として、神を空として知っています」と。そして、椅子や空の名前を超えたところには、神だけが存在し、神の名前を超えたところには、すべてがあり、何もないのです。音があり、沈黙があり、それらは一つなのです。

神とよばれるすばらしい音は、音調において魂の歌であり、魂の真理と完全に共鳴しています。音のない神の名は、あなたが誰で何者なのかを示すものであり、あなたが取った形が、表現を体系化するために使われてきた言語や名前を超えていったとしても変わらないのです。これが意味するのは、それがいつもそうであったと仮定して、存在の完全無欠というものは同時に大きな叫び、大きな沈黙、美しい歌、そして、心から泣くことすべてだということです。あなたが神として何も知らなければ表現することはできません。それゆえに、すべての表現、すべての偉大な表現、そして、小さな表現は表現する神です。その人であり、そのものであり、愛の音として、知り、存在し、混乱するがゆえに、「愛」という名を使わない神なのです。


――それはどういう意味ですか？

ポールが尋ねます。

繰り返しますが、言語にということです。あなたは神が愛であるという考えを聞いたことがあるでしょう。しかし、「愛」という言葉でさえ歴史によってその意味が損なわれてしまったので、その意味についてあなたは混乱します。愛において、愛の振動において、私たちが知っている「神」という名前の神は、感謝の祈りであり、思いやりがあり、あなたがある方法で祈ったら、あなたが願うことをあなたが願うように叶えてくれる一つの源の概念なのです。これは、神ではありません。これは、愛ではありません。すべての愛は、「愛」という名前がつけられていない源の表現です。

名前のない神や源は時間を超えて存在することを理解するなら、愛という考えさえもまだ創造されていない、考えられていない時代があったことをあなたは想像することができるようになるでしょう。あなたの可能性が無限になるということは、今あなたを制限するかもしれないイデオロギーの体系化を本当の意味で解放するということです。そして、それには愛とは何かというあなたの考えも含まれています。なぜなら、愛でさえ、今あなたが小さな自己として宣言し受け継いだものによって決められてしまうからです。愛が神であり、神に名前がないなら、愛にも名前がありません。愛に名前がないなら、愛という概念でさえ一体化し、あなたとして経験する顕在化した源にも名前などありません。

この説明によって、私たちが皆さんをどこに導こうとしているのか理解するなら、それは愛と憎しみ、光と闇、喜びと悲しみといった二極化のない無限の新しい考え方です。これらはすべてあなたが経験する実際のもので、これに限って言うと、それらを説明するために使う言語は、記述方法として使うようにあなたが教えられてきた言語なのです。あなたは「悲しみ」と言い、あなたが悲しみだと理解している悲しみの経験を自分に呼びかけることができます。そして、言葉自体、つまり感情を象徴するものは感情を体系化し、あなたという存在からある意味離れてそれを宣言します。「私は悲しみを感じます」というのは、悲しみを他のものとして宣言することです。あなたは決して悲しむことはできません。それは決してあなたの存在ではないのです。しかし、あなたは悲しくなることはあるかもしれません。そのようにして、あなたは感情にアイデンティティを与え、自分の権威において確立し、その感情によってあなたの経験を決定するのです。

私たちが提案する名前のないもの、つまり体系化や形の概念を超えたあなたという神は、神が何であるかを知る意図を持って作られなければなりません。神に名前がないとき、そして、あなたが与える本質がもはや言葉を使わなくなると、あなたは無限というものを経験するようになるのです。

——無限とは何でしょうか？

ポールは尋ねます。

無限とは、絶対的なものを経験するということです。絶対的なものは時間とともに存在しないため（時間がたってわかるかもしれませんが、時間を通して実現するものではありません）、あなたは常にという意味がわかるようになります。そして、「常に」というのは、常に存在するもの、創造を知らせるもの、あなたとして顕在化するもの、そして、小さな自己があなたから離れることに同意してあなたが束縛から解放されたときになれるすばらしい存在のことです。

この後、セッションを続けるにあたり、私たちはあなたがたを無限のオクターブにおいて宣言します。ポールのために休憩を取りましょう。ご清聴ありがとうございました。

（一旦休憩）

あなたが小さな自己として物事を決めるとき、小さな自己は過去の自分しか知らないので、古いものを永続させようとします。あなたが本当の自己とあなたの偉大なアイデンティティを宣言し、神聖な目的のためにあなたの意思を一体化、あるいは一致させるとき、あなたの表現、あなたが誰で何者かという神の顕在化は、表現する世界とあなた自身が一致しているのと同じことになっています。それは「私はどう奉仕すべきか知っています」という宣言です。今、この無限の光の中で、無限の源において、時間を超えて、言語を超えて、それが何を意味するのか考えることのできるどんな考えも超えて、絶対的なものはその出会いの中で知ることができるのです。

しかしながら、小さな自己が自身の経験を説明するために使ったデータやフィルターや言語を通して理解することはできません。無限性を経験したいのなら、フィルターや言語から解放される必要があります。なぜなら、無限性の本質とは、同時にすべてを含み、また、何も含まない一方で、あなたを通して無限性について知ることだからです。したがって、無限性と一緒に古い言葉を使うということは、そして、無限とは何かというあなたの推測が何に基づいているのかを決めることは、あなたが自分のことを小さな自己であると宣言し、その結果、あなたの自己が離れてしまうことなのです。

WORK

では、これから私たちはあなたと少し旅をしてみようと思います。まずは想像してみてください。あなたがどこに座っていても、どこにいても、この時間の中にある瞬間、一つの瞬間があります。そして、この瞬間に経験するかもしれないすべてがあなたの手の届くところにあります。いいですか、この時間の中であなたが知ることができるのはこの瞬間だけだと想像してみてください。なぜなら、実際にそれは真実だからです。あなたはこの瞬間にしか、自分のことも、また他のことも知りません。それ以外は歴史であり、ただの期待です。あなたは何かを期待すると、歴史を使って期待の概要を考えます。そして、同じことをこの瞬間にするなら、あなたの行いは過去のあなたの考えであり、あなたが思い描く未来なのです。したがって、この瞬間に、今しかないこの瞬間に、私たちはあなたがたが拡張し、あなたが思うよりももっと大きくなってほしいと思います。振動の源である体自体がどんどん広がり、エネルギーに満ちた領域も拡張していると想像してみてください。あなたという存在が、どれほど拡張することが可能なのかという考えを超えて広がっていることを想像してください。また、自分だと思っていた外形が見えなくなるほど、あなたという存在が大きくなっていることを想像してみてください。あなたは振動の中で、海、あるいは、空になりました。そして、すでに規則というものが破られているこの視点から、この瞬間、形の限界を超えて、時間の概念を超えて自分自身を体験し始めるのだということがわかるようになってきました。

時間に対する考え方を理解することは重要なことです。あなたの時間に対する考え方は、今何時か、一日は何時間あるのか、一分を構成するものは何かというような、集団の同意に基づいています。これらは同意されたもので、時間の概念を超えて行動することは、時間自体を超えて行動するということではなく、あなたが力と見なす構成、形、指示としての時間の概念を超えるということです。あなたは今、空と同じくらい大きく、海と同じくらい大きいのです。そして、この視点から、時間自体の考えから解放されることをあなた自身が許すのです。

このままこの大きな拡張と永遠の瞬間にとどまり、少しの間、新しい表現の次元に進んでいることを想像してみてください。そこでは、時間自体の観念はなく、今あなたが表現するのは無限性だけで、あなたは真実の中に存在しています。アッパールームでは、あなたである神聖な自己は、無限の中にいることを知っています。なぜなら、神聖な自己は時間に縛られることはなく、永遠の本質と調和しているからです。あなたの永遠の本質は永遠の次元に存在し、あなたが振動によってアッパールームに上がるとき、あなたは時間を超越して経験するのです。

時間が存在しなければ、制限するものもありません。「いつ」も、「もし〜だったら？」というのもありません。なぜなら、すべてはこの完璧な今において表現されており、必要なものを、条件を通じてあなたは知ることができるからです。しかし、それは必要なものを要求することではなく、条件を満たすためのものでもありません。喉が渇けば、水について知ります。疲れていれば、眠ることを知るのです。神と一つであれば、神との分離など知りません。無限の中では、この瞬間の無限の中では、あなたは時間を超越して存在する本当の自己と、振動や音色や同意において出会います。しかし、本当の自己はあなたがこの人生を経験するために選んだ形を通して、時間において自分自身を知るかもしれません。

今、私たちは振動と音色によって歌い、音の中で無限の本質へと上がることができるように皆さんを招待します。私たちの音に合わせるとき、あなたが奏でている音は常に鳴っている鐘だと想像してみてください。「常に《always》」という言葉に線を引いてください。その鐘は、十年、千年、十億年を超えて、あなたがすでに線形時間に過ぎないとわかっている理解の方式を構築することを飛び越えて、無限の中に響いています。既知を超えて、歌うことを超えて、音色を超えて、そこにはたった一つのものが存在します。それは、常に存在する絶対的なもの、無限として知られているものを超えて存在する名前のないものです。

WORK

私たちがこの音を奏でるとき、あなたがどこにいようとも、どうか私たちと一緒に心を込めて音を奏でてください。そして、この音と融合し、音色や鐘の鳴り響く音と一つになるつもりで参加してもらえれば十分です。私たちと一緒に歌って心が動かされたら、あなたが歌う音色は、私たちと調和することを実現する完璧な音色だということを信じてください。そして、こうして力を合わせることで、私たちは一緒に時間など存在しない無限を経験します。ポール、三つ数えたら、始めます。

一、二、三。

［ポールを通じて、ガイドたちの音色が聞こえます］

私たちは、形を超えて、時間を超えて、あなたが知っているかもしれない理解を超えて、あなたがたと一緒にいます。私たちは、神と一つになって大切だと思うことである真の意図において、「愛」という言葉を超えて、愛に包まれてあなたがたと一緒にいます。終わり。終わり。終わり。

十二日目　神聖な自己の具現化

あなたがた一人ひとりは、実現する神聖な自己を知ることはどのような経験なのかという期待を持ってここに集まっています。私たちがこれまで教えてきた考えを信頼してくれています。「私は本当の自己として自分自身を知っています」と。しかし、具現化を認識する能力は、顕現の前触れにではなく、顕現において発揮されることをあなたは理解していません。そして、これから説明するのは、神聖な自己の具現化についてなのです。

顕在化の場所であり、具体的な体を持つための領域であるアッパールームの教えでは、あなたはまずこれから起こることに備えて、イデオロギーについて理解するのがよいでしょう。そして、これから起こることとは実現です。あなたは自分が誰で何者なのかを理解し、そして、それについて知るとき、顕在化が起こりました。それはもはや、ぼんやりとした希望の光ではありません。「あの山の上に私の神聖な自己が見えます。私はその自己を追って頂上へ向かいます。私が到着したときに神聖な自己がまだそこにいてくれることを願っています」というものではないのです。顕在化は、他の人になることなどできないと知ることです。そして、表現し実現する自己、つまり使者、あるいはキリストの顕在化とは、具体的な体を持つということで、小さな自己が想像することさえできない独自の課題が与えられています。「私は神聖であり、一日中祈り、神の指示に従い、白い服を着ます」というのは、小さな自己が自分の精神状態と関連づけるイデオロギーです。それがどう見えるのか、それが何だと信じるのか、いつなのか。実のところ、神の実現、つまり顕在化した神とは、あなた自身のことで、あなただけなのです。しかし、あなたは神の意識を通じて、互いに創造しあう新しい明確な表現、新しい言語、あるいは、振動する音色において、顕在化した次元である王国において、それを行います。言い換えれば、実際にはあなたである顕在化した自己は互いに調和する顕在化した世界の参加者となり、顕在化した神は、あなたが自分自身やあなたの世界を知るように、あなたに関するすべてを歌うのです。しかし、それは理想化されたり、美化されたりしたあなたではなく、本当のあなたについて歌うのです。

ポールがここで口を挟みます。

――それでは、世界についてはどうですか？　それは美化された世界ですか？　平和な世界ですか？　高いオクターブと同じ世界ですか？　そこには何が見えるのです？

繰り返しになりますが、あなたが期待しているのは論理、希望的観測、引き継がれてきた考え方の産物なのだということを申し上げておきます。顕在化する神、あるいは、誰で何者なのか知っている本当の自己は、自分が見ているものが何なのか知っています。そして、すべてのものが顕在化しているので、本当の自己は神の構造というものから何も除外することはありません。しかし、低い振動の領域において神が交流すれば、その領域は再生し、知っている状態、高い視点へと引き上げてくれます。そして、私たちが発し、これからも宣言し続ける主張――「私はやってきた」――は、顕在化した世界がキリストの自己に共鳴していると宣言するものです。

さて、ここであなたがたに理解してもらいたいのは、再創造です。より高いオクターブにおける顕在化は再創造です。あなたは椅子を椅子として知り、椅子に落ち着いているかもしれませんが、アッパールームやより高いオクターブにおいてあなたが認識する椅子は、椅子が保持してきたアイデンティティや荷物を持たない、古いものから置き換えられた記憶です。新たに椅子は理解され、新たにあなたは見るものすべてを知り、解釈し直し、必要に応じて、本当の自己の言語でもう一度話すのです。

――それはどういうことですか？

ポールは尋ねます。

そうですね、本当の自己の言語は振動し、小さな自己の言葉遣いで言うなら、実は神の言語は新しい方法で存在するということです。抑揚と言い回しを通して、新しい方法で使用する記述は、今顕在化するあなたとの新しい関係を単純に表現するもの《シグニフィケーター》となります。繰り返しますが、ここで表現しているのは神聖な自己であり、あなたが知っているすべてを活用する能力を持っていて、外の世界に大きな影響を与えながらはっきりと言語や振動の音色を翻訳しています。

――どういう意味ですか？

再びポールが尋ねます。

物事は、それがこれまでどんなものだったのかではなく、本当は何なのかという認識によって語られます。あなたという神の実現、あるいは、行動する言葉は、音色や振動や意識だけではなく、神が浸透するための表現の手段でもあるのです。そして、あなたとしての神は、あなたが歴史を通して使ってきた明確な表現に制限されることなどありません。

——新しい言語というものがあるのですか？

ポールは尋ねます。

もう一度言いますよ、ポール。私たちがこの講義で教えたのは、小さな自己が自分を神聖な自己だと確認しようとして、こうなるべきだと決めつけて宣言するという単純な考えについてです。実際は、神が小さな自己を宣言し、それを再解釈し、小さな自己の表現を通して世界を再生するのです。神としてのあなたではなく、あなたとしての神と、本質とその構造、音色と振動における神の言葉は、それを話す人がアッパールームにおいて活動していることを単に意味します。抑揚と振動と音色のレベルで明確に表現されているものは、顕在化する世界の表現において因果関係があります。事実、実現した自己としてあなたが見ているのは、より高い形における歴史の再解釈というものです。言い換えれば、私たちは歴史を否定しているのではなく、その歴史を超えて、私たちがアッパールームと呼ぶ振動する世界、あるいは、オクターブの表現を新たに宣言する場所にあなたを引き上げているのです。

今、アイデンティティを持って、私たちのところにやってくるあなたがたは、それぞれ改悛を求めています。「正しく行わなければならないことや解放されなければならないことを教えてください。どんな間違いをしたのか教えてください。そうすれば、その間違いを修正することができます」と。こうした問いに私たちが答える新しい方法は次の通りです。改悛を求めたり、自己を放棄したり、低い振動で自己を定義したりする小さな自己は、実際には、私たちがあなたがたに提案した本当の自己によって再生され、再認識され、再び宣言されます。そして、顕在化する神が提案する世界への奉仕を完全に表現している「私はやってきました（I Have Come）」という宣言は、明確な表現、あるいは、過去のものを放棄するものなのです。ところで、私たちが意味する「放棄」とは、小さな自己の恐怖や、小さな自己による自己否定をもはや認めないということです。あなたは本当の自己としての自分を名前で呼ぶことはできません。できると考えるのは本末転倒です。したがって、苦しんでいる自己、または鞭《むち》を手にした小さな自己は、実際には大切にされ、再認識される存在であり、実は、崇高なる奉仕が与えられています。あなたの一部である小さな自己が源から離れてしまうなど、ありえないことだからです。

ポールが再び口を挟みます。

――しかし、こうしたものが簡単に解放されるでしょうか？　それともすべてもう一度統合されるのですか？

どちらも正しいと言えるでしょう。成長して着ることができなくなった服があるとしたら、それをアッパールームに持っていく方法はありません。しかしながら、恐怖、怒り、恥、自己不信、あるいは卑下に陥ったことがあるなら、順応しアッパールームに上がるためには、その事実を再認識する必要があります。事実、そのレベルの振動において自己卑下などありえません。したがって、あなたが統合するものは、ある意味、統合とあなたの表現を邪魔するものを超えて進むという目的のために、あなたが受容や許容と呼ぶものなのです。何かが必要なくなれば、それは置いていきます。あなたを通してその何かに統合と再調整が必要ならば、まだ目的があるなら、音色の表現において私たちが神聖なる自己と呼ぶ高調波《ハーモニクス》がそのことを知らせ、再生するのです。

これはポールにとって新しい考えですね。「音色の高調波」とはどんなものでしょうか？　神聖な自己には音色があり、顕在化した世界で考えることができるすべての表現にも音色があります。あなたが姿や形を伴って存在し、とてもリアルだと感じる経験の構造は、すべて音と振動なのです。そして、あなたである神、皮膚と骨、呼吸と血を持った顕在する神もまた音と振動です。また、あなたが神聖な自己と一致して表現を変えるとき、明確な表現における音色というものは、形あるものならどんなものにも神性を確認することが可能な振動するエコーによって己を知る力を持っています。鐘はあなたとして鳴り響き、音、音色、そして出会うすべてのものにおいて、自分の存在を宣言します。あなたとしてのキリストの自己は顕在化した自己です。それはアイデンティティではなく、あなたが神聖さをまとって世界を歩き回る新しい方法でもありません。これまでずっとそうだった神聖さの実現なのです。そして、その音色、その許容とは、「私はやってきました」という宣言なのです。

では、これを本当の自己、すなわち単子《モナド》として宣言するとき、あなたという存在の神聖な表現はダイヤモンドとなり、なんの意図もなく多くの切子面《ファセット》から光が広がっていきます。なぜなら、ダイヤモンドにできることは、光を屈折して反射することだからです。ダイヤモンドには何の意図もなく、ただ存在するのみです。だからこそ、光が照らし出す世界の価値や、ダイヤモンドの価値や、すべての価値を宣言するのです。

ポールが口を挟みます。

――しかし、かなりひどいものにも光はあたります。私たち人間は、種としてあまり進化していません。自分自身を傷つけ、お互いを傷つけ合います。私たちは戦争します。戦います。私たちは怒りや絶望で泣きます。光は罪深い者に何をしてくれるのですか？

では罪深いとは何なのでしょうか？　神聖なものが何もなければ神は存在しません。それでは、教えにはならないのです。そのような状態を受け入れるならば、簡単に捨ててしまうことができる自己というのは、あなたの成長にとってまったく適しているということになります。神のアイデンティティは与えられるものではありません。それは継承するもので、暗示的で、はっきりと知られることを求めています。そして、これはすべてに輝く光によって達成されるのです。新しい方法、再形成、再認識、再生を必要とする大きな光によって何かが明らかにされた場合、それは複数のオクターブにおいて、あるべき神聖さに同意して行われます。あなたは物事を神聖にすることはできませんが、強く非難することは簡単です。何かを批判すること、つまり何かを光の外に追い出してしまうことは、小さな自己の行動であり、本当の自己がすることではありません。本当の自己が残虐行為を目にしたら、その行為に耐えるために光と神の行動をもたらします。剣は必要ありません。真実を宣言する必要があるのです。「私はやってきました」と。そして、それを宣言できるのは決して小さな自己ではありません。小さな自己の美徳はどんなにがんばっても、本当の権威を知ることはありません。もし知っていたなら、あなたはここにいないでしょう。私たちが言いたいのは、この教えによる贈り物は、何世紀、何千年にもわたって形や領域というもので表現されてきた本当の自己よりもはるかに強力だということです。

——もう少しわかりやすく説明してください。

ポールが言います。

——今、何と言いましたか？

結果として何千年もの間、顕在化における神の実現は、このようには完全に実現されていないのです。「このように」とは、地球をさまよい歩く人々の中で、実現した者はいなかったと言っているのではありません。私たちが教えているのは、歴史上、異端と呼ばれてきたものの、常に真実であった主張を通じた具現化です。内在的な神性は、実のところ、生まれながらに持つ権利であり、真理の世界の中の愛する神においてのみ正しく存在できます。その神性の否定は、いろいろな意味で人類としてあなたが取り組んできたことに対して、自己の裏切りに加担するように、あなたをおとしめ、おさえつけていたのです。

私たちがこうしたことを教えるとき、ポールは心配になります。彼としては、この教えがわかりやすく論理に基づくものであってほしいと思っているのです。今夜、私たちが教えた、本当の自己として宣言した真実の音色である「私はやってきました」という言葉は、山をも動かすことができます。幸いなことに、小さな自己は確信を持って、それを宣言したことはありませんし、今後もそうなることはありません。小さな自己のレベルでは無理なことなのです。私たちの教えの中に魔術は含まれませんし、今後もそうなることはありません。

王国を宣言することは、王国を創ることです。誰かに神を宣言することは、神を実現することです。そして、顕在化への同意、つまり古いものを犠牲にして現実化する自己を知ることは、異端者と聖人の宣言なのです。この二つは往々にして同じものです。わかりますよね？　異端というのは教会や団体に異論を唱える人だと教え込まれてきました。実際には、神聖な自己として異端を宣言することはできません。なぜなら、神聖な自己は、個性化において己のことがわかっている神だからです。あなたが教えられたキリストの教えは、これまでずっと常に古いものを犠牲にした具現化と顕現と復活の教えでした。そして、アッパールームはあなたが住んでいる世界の目覚めのために、私たちが歌いあなたを引き上げる場所なのです。

皆さん、これは小さな教えではありません。あなたの意図と明確な表現におけるあなたの振動の音と力を通して、実現する王国というものです。

私たちの話を聞いているすべての人に言います。「私はやってきました。私はやってきました」。この言葉を話すとき、あなたは新しい世界を創り出す調和と一つになっています。ポール、私たちはあなたから離れます。彼は言葉を唱えながら、意識を移行しています。あなたも、その言葉を言いながら、意識を移行していきます。体自体が、音色と真実の表現において、あなたとしてやってきたのです。

皆さんが参加してくださったことに感謝します。終わり。終わり。終わり。

十三日目　魂についての理解

WORK

あなたの顔に触れてみてください。どうか顔を感じてください。少し時間を取って、あなたが感じるものには振動があることを理解してください。あなたが感じるものの固体性は、実のところ幻想です。すべては動いています。すべては振動しています。そして、あなたが目にするものすべては、私たちがアッパールームと呼ぶ場所の振動だと再び理解することができるはずです。あなたが低い振動から高い振動へと移行することは、ある意味自分の起源を思い出すための魂の旅です。そして、私たちがあなたに説明するように、魂の起源は神のものです。それは、自分自身を理解し、また、神として顕在化するすべてを理解するために、源と和解し自分を知るためにあなたが進む人生の道の中で、表現を通して学ぶことを決めた神の側面なのです。

どんなものも源から離れることはありません。そのことを理解してください。そして、あなたのどんなアイデンティティも、形として自己を知るどんな方法も、神においては移り変わっていきます。したがって、あなたはポールという、フィリップという、アリスという、ジョアンという神なのです。あなたは表現することを選ぶことで、自分自身の記憶を取り戻しにやってきた神です。魂とは、アイデンティティ、魂のエコー、そのエコーの振動の記憶、そして、それがどんなものかという認識を伴う振動の体系化です。神を理解する魂とは系統の顕現であり、神の系統とは己を通じて知っているすべてなのです。知ることができるもの、あるいは想像することができるものでさえ、すべて神のものです。なぜなら、どんなものも神の外側には存在することはないからです。

私たちを通して自分自身を理解する魂の側面は、神として独特な方法で語りかけます。神としての神の顕在化は、そのようなものだと理解されなければなりません。ポールが休憩を必要としているようです。少し休みましょう。

（小休止）

魂とは、源の実現とともに独立性というものを理解し、振動によって表現する神の側面が顕現することです。そして、再び知られることを求めているあなたの側面、あるいは、あなたとして顕在化するキリストの自己は、魂によるものですが、魂とは異なります。あなたが理解しているように、どんなものも神の外側にはありません。そして、魂は神の外側に存在することはできません。キリストの自己、あるいは、あなたとしての実現を求める神の側面は、魂によるものですが、魂「そのもの」ではありません。なぜなら、魂は成長の過程にあるからです。その一方で、実現するキリストの自己は、成長しないわけではありませんが、学ぶためにここにやってくるのではありません。それは実現するためにやってきた、あなたがとった形を通して実現したキリストなのです。そして、魂はスピリットによるもので、スピリットは神であり、こうした教えを受けながら人生の旅を続けます。

ここにやってきて、目撃し、本書や私たちを通して受ける教えを証言する皆さんは、それぞれ、複数のレベルにおいて受け入れられています。神として、神の顕現として、そのような姿として知られること、実現すること、結実することにあなたが同意した形として。つまり、私たちが言いたいのは、姿を現したキリストを理解することは、キリストのオクターブにおいて自分自身を再認識するための力だということです。そして、私たちが教えるキリストのオクターブ、つまりアッパールームは、あなた自身の表現を通してこの次元の王国に自らを築くことを求めているのです。

本当のあなた、つまり、あなたとしてやってきた顕在化した神は、ある意味、自己の実現を果たし、魂が学びのために選ぶことを無効にすることがあります。なぜなら、すべての人々の幸せのために、形をとって現れたキリストの真実として自身を認識する実現された自己としてのあなたは、異なる方法で学ぶからです。「実現《realization》」という言葉に線を引いてください。魂は恐怖やより低い性質を通して学ぶ選択をすることがあります。しかし、学ぶことはすべてここにあり、逃げ出すためではなく学ぶためにあるので、神聖な自己は恐怖を超えて自分自身を見つめ、理解することによって、恐怖を確かめる必要性から自由になろうとします。なぜなら、恐怖は低い振動にしか存在しないからです。

そして、あなたとしてやってきた神聖な自己は、より高い振動数で作業し、共鳴し合う高いオクターブの協議においてすべてを宣言しなければなりません。

何らかの形や方法によって恐怖を正当化することは、その恐怖を宣言することです。私たちが教えたように、恐怖の範囲は、それ自体が恐怖として何度も何度も実現するために、より多くの恐怖を宣言することになってしまいます。恐怖の正当化は、それに利点があると判断するようなものです。あなたは恐怖を体験したことがあるかもしれませんが、それは恐怖を選んだとか、恐れて行動したということではありません。「私はあれをどこで失くしたのだろう？　見つからなかったらどうしよう？」と、恐怖によって行動することは、あれを失くしたら死ぬしかないと、あなたが想像する恐ろしいことが起こると決めつけることなのです。そして、それを確認するために、永久に恐怖の中で行動することを宣言することです。

神がすべてのものに存在すると認識することは、あなたが同意できないことが起こっているのを認めることでも、人格の自己がすばらしいと認めることでもありません。私たちは物事を判断するためにあなたに与えられた力を放棄するように求めているわけではないのです。しかし、どんなものも神の外側には存在しないがゆえに、新しい光景や再生のために新たな認識を引き上げるには、自分が誰で、何者で、どう奉仕すべきか知っている人の存在そのものが、より高いオクターブにおいて何が見え、再認識されるかを宣言することを理解してほしいのです。最後まで話を続けることができたら、この章を「神の再生」と呼ぶことにしますが、これは何を見て、何を知るのかということに大きな影響を与えます。イデオロギーではありません。前提でもありません。「すべては神聖なのだから、それは神聖だ。それでよいではないか」というのは、ある意味では否定です。あなたは誰かが苦しんでいるところを見るとします。「神はそこにいる。だから大丈夫。きっと何とかしてくれる」というのは、苦しみの証人としてあなたに与えられた責任から逃れようとすることです。苦しみを目撃したときの神の行動とは、高いオクターブで知ることができる、また、知られなければならない神の認識を通して、痛みを変容させることなのです。皆さん、苦しみを目撃し、そのために行動するのは神であり、苦しみを和らげるべきだと思い込み、駆けつけて治療しようとする小さな自己ではないことを理解してください。そして、自分が目撃したことへの責任を否定する別の自己ではなく、自分を理解している自己は、自分が誰なのか知っているからこそ、目の前で起こっていることに自ら参加し行動していくのです。これが何を意味するのかを理解してください。どんなものも神の外側には存在せず、あなたとしての神が存在します。もし、そのあなたが苦しみを目撃しているなら、あなたは神の行動を、つまり、あなたが知覚するものを通して認識する神の存在を宣言するのです。認識することは知ることです。何かを高いオクターブで知るとき、それは再生され、再認識され、すべての物質に浸透する源の本質へと引き上げます。

ポールが口を挟みます。

――それでは、私たちは苦しみを治療しようとしているのですか？

それはまったく私たちが言おうとしていることではありません。治療しようと考えるなら、それは修正しようとしているのです。何かを再生することは、それを新たに知るということです。治療するというのは、ただ包帯を巻いて、そのまま返してしまうことです。包帯では治せない傷というものがあります。そして、地獄など存在しないと考えるようにならなければ、地獄から解放されることはありません。地獄とは、光がないこと、または癒し、実現、再認識の可能性がないという信念です。地獄とは、神がすでに存在するものに浸透したり、そのなかで自己を実現したりすることができないと決めつけることです。しかし、そんなことは不可能なのです。

さて、あなたがこれまで活動してきた密度の高い領域では、あなたは恐怖を受け入れ、人々から、そして、あなた自身の存在の源から離れてしまう選択をしてきました。それゆえに、何かを再生し、実現し、再認識し、私たちがアッパールームと呼ぶものに引き上げることができるという考えは、そのようなレベルでは不可能なのです。しかし、あなたがたはすでにやってきたがために、あなたがた全員はそれぞれ、私たちの言葉に反応し、本当の自己として自分自身の共鳴のエコーに包まれます。そして、アッパールームの高いオクターブに見えるものを再生する責任を与えられ、贈られています。

アッパールームは恐怖を超えた神の不変の存在です。あなたの視覚と意図によって、何かをアッパールームに引き上げるとき、あなたはすべてのものの源との一体化から分離してしまったものを引き上げようとしています。それを実現できるのは、自分が誰か知っていて、振動するエコーにとどまり、奉仕することを具体化し同意する人だけです。私たちはすでに「私はどう奉仕すべきか知っています」という教えをあなたがたに話しました。必要に応じてその教えに戻りたいと思います。この瞬間に、ここに参加している人々、これらの言葉を聞いている人々、つまり人生の顕在化においてその響きを知り、形としての神の実現において私たちの教えを受け入れた皆さんは、今新しく生まれ変わるでしょう。その宣言として「私はやってきました」という言葉を、私たちは提案します。

「私はやってきました」という宣言は、創造主の行動の存在の再生を知らせるものです。それは、魂を宿し、あなたが誰で何者かという形として顕在化したキリストの自己を通して、個人の魂を表現することができる言葉なのです。私たちが教えるように、この「私はやってきました」という言葉、つまり、顕在化した世界の振動する響きまたはその反応は、王国を取り戻すことです。それは、形となっている間に知ることができる神の存在を認識することです。あなたの目の前に広がる世界は、再生を求めています。そして、この場合の再生とは、あなたの存在と「私はやってきました」という宣言を通して、新たに見て、理解して、知ることになる神の現実化です。

ところで、ポール、これは新しい教えではなく、これまでの教えを完成させるものです。これまでの教えにより、皆さんは今こうして宣言の瞬間を迎えることになりました。それぞれの教えは異なるので、混同しないようにしてください。この「私はやってきました」という宣言は、これまであなたがたに与えてきたアチューンメントの結果です。アイデンティティの宣言のために用意したアチューンメントの言葉が、「私は自分が誰で、何者で、どう奉仕するべきか知っています」。存在の宣言が「私はここにいます」。自由の宣言が「私は自由です」です。そして、あなたを再生し、あなた全体を知らしめる宣言が「私はやってきました」です。神聖な自己としての存在を告げることの宣言は、人類の目覚めの到来を声高らかに告げるのです。

そのための準備は整いました。私たちがそれを証明します。私たちの言葉を聞いているあなたがた一人ひとりは、それに対するあなた自身の返答を証明しなければなりません。これらの言葉によるこの領域での顕在化、すなわち現実化は、キリストの再臨についての真の教えです。あなたは雲の中である人を待っていました。あなたがまったく知らなかったのは、あなたがたは皆アッパールームの雲の中にいるということです。そして、あなたがたはそこで現実化されたがゆえに、あなたが知覚し、そこにとどまる意識を通じて想像できるいかなるものも聖別します。小さな自己は――その人生において、それが目撃したことにおいて、そして、それが形を取ることに同意したことにおいて――いろいろな意味で魂の進化に必要な実現の段階を踏みながら、具現化することを承諾したと理解され、また、自身もそれを黙認しています。これこそが、私たちが教えを続ける上で話をしていきたい段階です。しかし、具現化するという同意は、実際には必要条件であり、体自体を再生の可能性に合わせていくことです。そして、ひとたびそのプロセスが始まると、漸進的な変化は、一人ひとりが表現する本当の自己のアイデンティティを知り、維持する力をサポートすることとなります。「なぜ私は生まれたのですか?」、「私は何のためにここにいるのですか?」、「私はどのようにに奉仕すべきですか?」と、あなたが質問を投げかけるとき、私たちはいつでも真実を伝えます。あなたは、現実化し、再認識するために、また、目の前に見える世界に向かって、自分の歌を歌う真実の大使となるためにやってきました。自分がこれまでずっとどんな人間だったのか憶《おぼ》えたまま、ここまでやってきたのです。そしてあなたは、意図、歌う能力、知る能力によって、宣言を行い、魂を真の目的に調和させました。「私はやってきました」は、私たちが本書を続けるにあたり重要な教えとなります。終わり。終わり。終わり。

（一日休憩）

では、「私はやってきました」の意味を教えるにあたり、二つのことを話したいと思います。まず、あなたの過去における行動の余剰は、多くの点で、この表現によってより高いオクターブで再生されるということです。そして、それはあなたが理解しているように、カルマを乗り越えるものです。古いものから解放されるには、低い方法で選択したことに対するあなたの責任というものが求められますが、高いオクターブで作業すればその条件も満たすことになるでしょう。このことは、低い振動で起こったかもしれない結果を恐れることなく、あなたが認識することをサポートしてくれます。ひとたび物事を理解し把握すると、新しい方法でそれを宣言する可能性が生まれます。したがって、私たちはもはや古いものを通して行動するのではなく、神の表現として新しいものの中で行動しているのです。

次に、あなたに知ってもらいたいもう一つのことは、「私はやってきました」という表現において、表現するキリストの使命は常に真実であるということです。嘘の必要性によって嘘を調整することなど決してできません。嘘そのものを新しい方法で知るために、もう一度見つめ直し、再認識して、真実において宣言しなければなりません。これが実際に意味することは、あなた自身がこれまでついた、または受け入れてきたどんな嘘も、再生の目的のためにはしっかりと知らなければならないということです。恐怖が主導権を握るなどという考えをきっぱりと捨てることです。そして、もう一度、嘘とは恐怖による創造でしかないと知る必要があるのです。あなたが恐怖や、恐怖による命令や要求から解放されるとき、あなたがこれまで本当だと思ってきた嘘からも解放されます。

これは、嘘の上に人生を築き、他人の言いなりになり、何が重要で何をすべきかを、受け継がれてきた嘘のシステムを通して信じてきた自己の側面にとってはとても居心地が悪いことでしょう。しかし、真実の場所であり存在でもあるアッパールームに一致することを繰り返し選べば、あなたは真実に従って人生を始めることができるようになります。そして、その人生はあなたが必要とするものをもたらしてくれるでしょう。あなたが古いものや恐怖によって創り出されたものに出会ったのは、偶像崇拝や恐怖によって生きることから解放され、もう一度知るための機会として与えられたからに違いありません。

このレベルに存在するということは、存在の振動を表現する者であるとの自覚のもと行動することだと理解すれば、あなたという神――シンプルに、物質的な形で顕在化した神を意味します――は、キリストの表現として変化をもたらすことに貢献できます。あなたがどうやら偉大な行動のために召されたというのは真実のようですが、偉大な行動というのは、顕在化によって知ることができるようになった神の表現として、高いオクターブの存在へと変化を遂げたということです。つまり、顕在化する神であることの意味を考えたとき、顕在化する神になることそのものが答えだと理解することです。自分自身について知り、認識しているなら、あなたは自分に疑問を抱くこともなければ、もうすでになっているものになるために努力することもないのです。あなたによって表現された神の顕在化は、知るものと見るものすべてにおいて振動するように行動するために、自身の振動のエコーを世界へ響かせ、受け入れられた者に、そして、明確に表現する者になるという選択なのです。キリストの自己として作業するための音量《デシベル》は、実際に出会うものに完全に共鳴して引き上げます。それは、あなたが見たり出会ったりするすべてのものを新しい方法で理解する必要があることを意味します。

現段階で、あなたが受けている教えは、言葉だけではなく行動することだと理解する必要があります。キリストの顕現とは、エコーや共鳴において、明確に表現するという行為のことです。何かを明確に表現するとき、それは告示され、存在するようになります。「私はやってきました」という宣言は、その存在を明確にします。このレベルにおける存在の明確化は、あなたが具現化を望み、これまで低いオクターブでの自己定義のために使ってきた障害物を手放した瞬間に始まります。「低いオクターブ」とは、密度の高い形と、あなたが最初に転生したときに選んだ形への同意を意味します。すでに宣言してしまったものを通り越して自分を引き上げるには、自己、つまり神聖な自己が低い自己を引き受けることが求められます。それゆえ、あなたは何者かという概念は——「概念《idea》」という言葉に線を引いてください。なぜなら、自分はどんな存在であるか、そして、どんな存在でありたいかという考えはすべて、単に概念であり、それ以上のものではないからです——キリストの振動において引き受けられ、「私はやってきました」という言葉で再び宣言され、明確に表現されます。

この宣言により、まずは、あなたの体として顕現する振動の領域において同意が結ばれます。その後、これまでずっとそうだったものを知ることに、あるいは、認識することによって、顕在化する自己のすべてを請け負うのです。自分が何者なのかについてはっきりと確認すると、あなたの形とその表現を再び明確に表現し、再認識することができるようになります。さらに、体の振動は、それが立ち現れるエネルギーの領域とともに、アッパールームにおいて何度も何度も再生されるようになります。これがあなたがたのうち何人かにとって意味するのは、あなたが誰なのかという考えは、再認識され、再表現されるということです。そして、「私はやってきました」と振動で知らせることによって、あなたが宣言した表現のレベルにふさわしい行動において、今のあなたが何者なのかを宣言するのです。「表現のレベル」とは、あなたが顕在化において明確に表現するときに、あなたの調和状態の調整を通じて宣言が与える振動や音の音量のことを意味します。

ポールは、このことを理解するための別の言語を求めています。私たちはこの考えをうまく伝えるための言語を提供していると思っています。古い言語を使ったら教えを弱めてしまいます。ポール、あなたのために定義するということは、表現を制限することになってしまいます。自分が振動する存在だと知っていれば、振動の大小の揺れがさまざまな表現を呼び起こすことが理解できるはずです。私たちが教えるアッパールームでは、何かをすでに仮定してしまう小さな自己は、もはやあなたの人生において暴れ回ったりしません。あなたが宣言した一致において、あなたは自己を完全に表現する者として自分自身を認識するようになっています。そして、表現の変化や段階は、あなたが一致している意識レベルに常に同意しています。アッパールームにおいてでさえ、恐怖を宣言し再び恐怖を選択する小さな自己が、自分の中に存在することを感じることがあるものです。

ポールはとても混乱しています。

——私は聞き間違えましたか？　アッパールームで恐怖を宣言することができるのでしょうか？

どんなことでも宣言することができますが、もし恐怖が宣言される場合、それはより低い振動で行われた選択であり、恐怖によって決めたことに注意を向けるために、高いオクターブを去るという選択です。それは、自分が誰かという考えを放棄する、あるいは、何が重要かということにとらわれている自己の側面が選んだ選択です。そして、これはあなたが進化する過程においてこれからも続いていくプロセスなのです。皆さん、どうか理解してください。私たちはあなたをあなた以外のものにしようとしているのではありません。私たちは本当のあなたを再生しているのです。そして、「私はやってきました」という定義によって、あなたは顕在化によって起こる結果を、信じ、知り、受け入れることに同意したのです。

ところで、「結果」というのは、単純に振動によって起こるものという意味です。もし二十ワットの電球なら、薄暗さをあなたは受け入れます。ワット数の低い照明で、部屋全体が見えるとは思わないはずです。反対に、百ワットの電球を使えば、はるかに明るく見えます。光の表現というものは、より包括的なものです。「私はやってきました」という宣言に一致することで起こる結果は、あなたが使うことのできる最も明るい電圧です。しかし、体自体がその電圧に耐えることができることが前提です。さもなければ、あなたは自分に嘘をつくことになってしまいます。

——それはどういう意味ですか？

ポールが尋ねます。

とても簡単に言えば、私たちがアチューンメントを通して皆さんに提供する言葉を話すということは、あなたが保持できるレベルにおいて実際に調和するということです。低い振動の中で保持できないものは、あなたを抑えつけているもの、つまり、そうした制限の中で作業する自分という概念を解放することができるまで手に入れることはできません。したがって、あなたが具現化するときに自分自身の神の経験を通して実現できると理解するなら、この道において、乗り越えるという目的のために障害が現れるということを理解するでしょう。歴史の創造は再び知ることができるので、あなたは歴史の創造にとらわれることは決してありません。そして、あなたの振動の帰結、つまり、あなたの振動が物質的な領域にもたらすものは、キリストの表現レベルで、世界を持ち上げる機会として理解されなければなりません。

　さて、私たちの前にいるあなたがたの中には、これまでの自分の意識のままでいて「私は変わることなどできません。私は新しい自分になろうとしました」と言います。そのような皆さんのためにこう言いましょう。変わろうとするのはやめて、神があなたを再生するのを受け入れるようにしてください、と。もし、あなた自身の手や心の動きというものが十分に強かったなら、あなたはすでにそれを達成しているのです。神の神聖な表現として身をゆだねることを理解するためには、無垢な状態で宣言しなくてはなりません。これについて説明しましょう。「無垢な状態で」とは、自分が誰で何者なのかについて同意する自己の側面は、小さな自己が主張するような神性に関する問題を持つことがないということです。そのような自己は罪とは無縁です。私たちが意味する「罪」とは、真実と反対にある古いものへの同意ということです。非常に簡単に言えば、キリストの自己は無垢です。これがわかりますか？　無垢な状態で表現され、無垢である者の権限として、何を考え、何を信じるかを教えられていない者は、恐怖による影響を受けずに、新しい表現として世界を見るのです。これがわかりますか？　小さな子どもは、誰を信頼し、誰を信頼してはいけないのか、何が善で何が悪かについて知りません。こうしたことを教えられて学び、やがて成長するに従って、何代にもわたって受け継がれてきた恐怖を確認するのです。キリストは無垢さを再生しながら、あなたとして、またあなたを通して生まれます。そして、「私はやってきました」という宣言は、世界を取り戻すためのキリストの自己の到来です。どのようにしてあなたがた一人ひとりがこのように顕現するかは、あなたの表現によってわかります。私たちがどんな言葉を使っても、あなたが完全にそのための準備をすることはできません。

源と自己の再統合は言語を超えています。私たちが古いものを避けたり、乗り越えたりするために現在使っている音のイントネーションは、言葉を超えて前に進むためのものだと考えてよいでしょう。神としての明確な表現は、これまであなたに贈られたすべてのアチューンメントで言語を活用する一方で（実際には、それがどのように調和しているかということですが）、それらの言葉が話されるときにあなたが発揮する振動的な注意力を通して行われます。言葉自体の意味は、音色によって伝えられた意味の次に重要だということなのです。

したがって、ポール、やっとあなたの疑問に答えますが、それは本書に書かれています。私たちが教えるときに使用する言語を信頼することによって、あなたがたは自分自身をサポートしなければなりません。そして、これまでのようにそれを修正しようとしないでください。あなたの小さな自己は、自分の思い通りになる物事を好みますが、これは小さな自己のための教えではないのです。この後も続きますが、顕在化したキリストの教えとは、存在の再生に関する教えなのです。終わり。終わり。終わり。

十四日目　あなたという神を受け入れる

自分には本当の自分でいる価値があると思うたびに、あなたは自己のあらゆる側面に、知っていることを宣言するように促しています。宣言するものは既知を超えて存在するのだと考えるたびに、あなたはすでに存在し、物質的な領域では表現されたことがない可能性と一致していきます。あなたとして顕在化した神を受け入れるたびに、あなたはそれを宣言するのです。同意がなされ、神の投影、つまりあなたの存在についての表現は、崇高な光、崇高な音色、崇高な在り方との出会いを宣言します。本当のあなた、これまでずっとそうであった自分を受け入れると、あなたはそれを自分の人生によって立証します。すると、あなたが生きる人生の発現は、既知を超えて、これまで持っていた考えを超えて、また、過去に受け入れ、ずっと長い間そうだったために正当化しようとしている同意を超えて存在する、新しい同意へと進まなければなりません。本当のあなたを受け入れるたびに、あなたはすべての人のために宣言し、表現し、知られることを受け入れるのです。

ところで、今日は新しい日であり、新しい教えが始まります。あなたがこれまでに行った宣言は、私たちが最後に提案した「私はやってきました」という宣言によって完成し、領域や形において、知らされ、応答されます。また、古いものはそれ自身を理解する新しい方法に移行しています。それはただの考えです。ただの考えです。ただの考えです。何を言いたいかというと、あなたが知っていることはすべて単なる概念だということです。男性としてあなたが取った形とは、形の概念であり、顕在化に移行した形の明確な表現です。あなたが見るものはすべて、その意図によって、そして、顕在的な世界では何が必要なのかという意識によって、顕在化において形となり、明確に表現され、構築される概念なのです。今日、カーテンを引いて光を取り込むように、あなたは古いものを取り除く機会を手にしています。そして、これまであったものを光が照らすと、それがなんであったかという概念が理解されるかもしれません。そして、それらの古いものは、理解されると解放され、新しいものが知られ、生み出されるかもしれません。

何を言いたいかというと、顕在化する世界は、あなたが理解しているように、何世紀にもわたって、何千年にもわたって宣言されてきた人類の考えの現れなのです。そして、あなたがたそれぞれが、本物だと思える世界の構造との関係性を決定するのです。すべては動き振動しているゆえに、すべては新しい方法で知ることができます。あなたの存在が洗練され、密度の低さを可能にする振動レベルに上がるとき、形の可鍛性《かたんせい》について理解するでしょう。振動、つまり自分の意図を宣言するときに起こる明白な振動を経験すると、あなたはより高い領域に反応して顕在化するようになります。あなたが表現するように、言葉の振動は、知っていることや存在していることを崇高に宣言することであり、その共鳴にはあなたが調和して参加するオクターブがあります。この瞬間、これらの言葉を聞いた人は誰でも顕在化の作業に参加しています。そして、神の顕在化、つまり、崇高な一致と本当の表現、あるいは、顕現において、これまでずっとそうであった本当のあなたが現れるのです。

多くの人がしてしまいがちですが、あなたという神を否定することとは、すべてに顕在する神を否定することです。「彼女は神かもしれません。彼女はいい人です。私が神であるわけがありません。私はいい人なんかではありません」と言うのは、あなたを存在の源から引き離し、よいか悪いかという判断によって、あなたがどの程度の神性を宣言するのか決めつけてしまう考えです。繰り返しますが、それはただの考えです。顕在化する自己、つまり、あなたが知る肉体的な存在は、いろいろな意味において、心に仕え、その義務を果たし、役目を終えるために、ここに一つの形となったのです。事実、あなたが見ることのできるすべてのものがそうであるように、形が何であるかといえば表現なのです。あなたが取ったはっきりとした形は、その姿でこの領域を上がっていくにつれて、より崇高な方法で再認識され、再理解されるかもしれません。これが意味することは、あなたという振動の賢者、つまりあなたという完全な存在は、取った形を超えて再び新しい命となって宿るかもしれないということです。そして、これはあなたが思うような意思によってではなく、神が形として保持する内在的な完全性との一致によって実現されるのです。

完全性について考えるとき、あなたは理想化についても考えることになるでしょう。「完全に違いないと思うものに似せるために、私はそれなりの方法で物事を見つめ、行動するべきです」と考えるのです。しかし、実際には、完全性とは絶対的なものに同意するということです。なぜなら、絶対的なものは完全性で「あり」、真実以外の何ものでもないからです。小さな自己のアイデンティティである、あなたが身につけた仮面は、ある意味では、あなたの存在の輝かしい真実が宣言され、保持され、知られることを妨げます。形と領域において自分が何者かということを完全に表現していると確信すれば、あなたの満たされた存在の振動は、まるで調和するように、目にする世界を宣言します。すると、あなたという存在は、新しい領域、つまり私たちがアッパールームと呼ぶ場所における自分自身を知るので、これまでいた場所から移動するのです。

あなたが調和し、顕在化する場所であるアッパールームは、シンプルに、あなたが歌う高いオクターブにおける神への同意です。それは、振動を保つためにサポートしてくれる同意、あるいは、振動との同調です。そして、ポールを含め、あなたがたが取った形は、新しいオクターブでその姿を完全に維持するための振動をサポートするために、この段階で再認識されなければなりません。体自体は、有機体として理解されているように、あなたがたが自分はどんな人間なのかを認識するためには、何らかの方法で表現されている形状を宣言しなければならないという機能を持っています。しかし、体自体もまた一つの概念であり、アッパールームで完全に顕在化するという同意を通じて新しくなるのです。

今日、私たちが言いたいことは、こうした言葉、つまり振動と音色の明確な表現に基づいて、顕在化が意味するものに新たな同意を与え、体に、正確には体という概念にですが、崇高な一致において新しくなる許可を与えるということです。「私は自分が何者なのか知っています」という宣言は、高い振動状態のあなたに同意することであり、すべてのものにおける形は神のものだと認識することです。しかし、新しい形になることに同意するには代償がいります。その代償とは単純なものです。つまり、真実に反して保たれてきたアイデンティティを、新しい方法で取り戻すことです。

そして、これを行う唯一の方法は、一致と同意なのです。そうして初めて、高いオクターブでしか顕在化できない存在に、あなたはなることができます。

あなたがた一人ひとりに私たちが話している言葉は、新しい同意、新しいあり方、形となることができる新しい表現を提供します。この出会いにおいて何が求められているかを理解すると、その形を知っているがゆえに、あなたは神聖な自己として完全に生まれ変わるために、形から自由になる行動を自分に課すという選択を与えられることになります。あなたの形がこのようなプロセスに異を唱えるとするなら、ある意味、それは形のシステムに順応し符号化した理由によります。形そのものは一定の法則に従わなければならず、それを超えて存在することはできません。私たちが皆さんに提案した「私は自由です。私は自由です。私は自由です」という宣言は、あなたが従ってきた支配、あるいは、支配のシステムへの忠誠を維持するために使ってきた符号化された課題を超えて自己を宣言します。そして、現段階で、体自体に自身の再生、変成転換における自身との出会いを経験させなければならないのです。

これが意味するのは、あなたは顕在化された体として、自分という因果的な体の中に入ってくる振動や音色の音節《シラブル》に近づいていることでもありますし、また、スピリットのレベルで知っている神聖な自己は、形、血液、細胞の中に、あるいはアッパールームと私たちが認識する振動の中に存在するものが何か知っているということでもあります。この明確な表現、つまり私たちがあなたを宣言するこの名前において、ある意味、あなたは高いオクターブに存在する顕在化する自己として、再認識し、再び明確にすることに自分の力を注ぎます。もう一度言いますが、私たちはアイデンティティ、価値における宣言、あり方への同意について一生懸命取り組んできました。そして、顕在化する自己はあるべき形になるための新しい自己のために準備してきたのです。
では、私たちは次の言葉を皆さんに話しましょう。小さな自己には理解できないと思いますが、もはやこの教えは小さな自己のためのものではありません。私たちは形に直接語りかけ、形を宣言します。そして、形自体に人格はなく、そして、もしあなたが知りたいなら言っておきますが、恐怖によって支配される議題もありません。「私は恐ろしいです」という言葉を使うのは、ポールやアリスやジューンとしてあなたが自覚する自己なのです。あなたの足は決して恐れることはなく、あなたの目も恐れることはありません。あなたは体の中に恐怖を感じるかもしれませんが、体自体が恐怖の中にいるのではありません。恐怖とは、恐ろしい表現によって触媒作用された反応なのです。したがって、私たちが使う言葉は形に真っ直ぐと語りかけ、それらに対する同意は、言葉を発する口だけでなく、あなたが知る体のすべての細胞、すべての側面によって実際に発するのです。

「今日この日、私たちはそれぞれがとった形が新しいものと受け止め、キリストの自己の本当のアイデンティティとして復活することを宣言します。そして、単子《モナド》、無限、神の本当の自己が私たち一人ひとりにやってきて、完全に具現化する許可が与えられました。私たちが語りかけている人々がその形を受け入れるように、また、その人たちが自分はどんな人間なのか信じていることを受け入れるように、私たちが血と骨と骨髄に話しかけるように、また、髪と唇と舌に話しかけるように、さらに、指やつま先や椎骨《ついこつ》や腸に話しかけるように、あなたがどんな人なのか再認識しているとい

うことを意識してあなたのために歌います。そして、私たちの音色に入ってくるように、あなたがた一人ひとりを形として招待するとき、これまでずっと存在していたその顕現を新しい名前で受け入れます」

［ガイドたちの音色が、ポールを通じて聞こえます］

「私はやってきました。私はやってきました。私はやってきました」

ありのままのあなたでいてください。ありのままのあなたでいてください。ありのままのあなたでいてください。

体そのものが体に対して尋ねます。「私は新しくなったのですか？」と。そして、私たちは皆さんにその通りだと答えます。一つひとつの細胞に響き渡る真実の音の中で、あなたとして認識してきた有機体は、あなたが同意したように、アッパールームと一致する表現として再生する許可をもらいましたが、今、顕在化して世界を宣言することができるようになりました。神であるものは、すべてにおいて神を知っています。神を否定するものは、すべての神を否定します。自分自身を神に捧げるものは、同じようにすべての人に捧げるものです。そして、自分が誰であるかを知っている人、真実を歌う人は、世界のために歌うのです。

あなたはやってきました。あなたはやってきました。あなたはやってきました。

（一日休憩）

困難は恐怖に同意することによって起こります。そのことを理解すれば、困難から抜け出す方法があります。恐怖によって何かを決めることによって、問題が起こるのです。あなたは恐怖をどこかに置いてきたと信じているかもしれませんが、どうしてなのか理解することなく、一日中恐怖の中にいることを選んでいるのです。ありのままの自分で安全なのだと決めた瞬間から、あなたは恐怖から解放されます。自分は誰で何者なのか、そして、あなたである本当の自己が恐怖を乗り越えていると同意した瞬間に、恐怖はあなたに届くことはできません。

ところで、恐怖には触手があり、アッパールームからあなたを下の方に呼び戻そうとします。それは、あなたがその力に権限を与えてしまったからで、たとえアッパールームにいても、あなたが望むなら恐怖を受け入れてしまうかもしれません。わざわざ恐怖を体験するために、下の世界へと旅に出てしまうのです。それであなたが学ぶことは、おそらく、恐怖はうそつきで、よいことなど何もなく、あなたを怖がりだと決めつけようとしているということでしょう。

あなたが暮らす地球は今、これまでとはまったく異なる方法で自らについて理解しようとしています。ある意味、地球は「私にはもう触れさせません。悪用させません。そして、恐怖によって私に名前をつける存在を許しません」と言っているのです。恐怖によって名前をつけるのは、何かが恐怖に満ちているとか恐ろしいと決めつけることを意味します。今、地球は自らが自由だということと、自分が何者なのかを知っています。地球は有機体であり、生命に満ちており、その有機体そのものが、古いものを捨て、もう一度活力を取り戻そうとしています。いいですか？　現在の高い振幅において生き残るためには、すべてが生まれ変わる必要があります。あなたが自分自身は有機体で完全な存在だと、別の有機体やもう一つの完全な存在との関係において理解するとき、あなたは敬意と愛によって同意するようになるでしょう。あなたが地球を汚染し、地球がどうあるべきかをあなたの都合で決めた瞬間から、「私は地球から自分が望むものを手に入れます。地球を自分のものにします。私は地球を支配します。私が必要とするものを手に入れるために、地球を十字架にはりつけます」となってしまいます。すると、自分が誰なのか知っている自己と有機体から、あなたは形の上で自らを切り離すことになってしまうのです。

さて、体という神殿――体を成す構造物は、いくつかの異なる方法で理解できます。あなたは有機体を肉と骨として、あるいは、学習と経験のための手段として理解しているかもしれません。また、あなたが現実として知る共有概念で表現しようとしている体は、魂の転生と理解できるかもしれません。いずれも誤りではありませんが、あなたが体を宣言できることの最も重要な点は、それを取り巻く問題との一体化にあります。これは、振動を下げることによってではなく、内在する神の認識を通して、物質的な領域に存在する高い振動を意識することによって実現します。

すべての木のすべての葉が振動しています。すべての太陽の光、すべての土の山、すべての池、あるいは、水たまり、すべての海あるいは湖は振動の中で生きています。そして、葉っぱや、土や、湖としての神を、あなたがその神と同じレベルで一致して眺めると、あなたは神との霊的な交わりへと、物質的な顕現で表現されるのと同じように移行することができます。自分が誰で何者なのか知っている人は、自分が何を見ているのかわかっています。そして、神がすべての中に神を見て、古いものを手放すことができるようになると、世界は新しくなるのです。

では、あなたと出会うことによって世界にはよいことが起こるでしょうか？　あなたとしての神が、葉っぱや池や海と出会うことは有益なのでしょうか？　事実、その通りです。あなたが神を目撃するとき、そして、あなたによって神が再生され本質へと引き上げられるとき、水、葉っぱ、土としてあなたが知っている顕在化の構造が、あなたのいる場所で出会えるように、振動の中で実際に上昇し始めます。「私はどう奉仕すべきか知っています」と「私はやってきました」という宣言において、あなたが保つ振動の符号化は、この引き上げのために必要な方法で、神と物質的な形で顕在化する世界との出会いを促進します。

この教えについて、私たちはいくつかお話ししなければならないことがあります。この出会いまで到達した皆さんはそれぞれ、形自体について高いオクターブで再認識することに同意しました。私たちはあなたがとった形、つまり肉体として具現化した言葉から始めます。しかし、あなたが世界と出会うということは、神と出会うということです。ワインに変わる水や割れる海など、あなたが奇跡について話すとき、実際には錬金術について話しています。そして、昔から伝わる錬金術の実例は、実のところは、明確に表現する神の力との遭遇において、顕在化する世界を調整することにほかならないのです。

さて、私たちは、あなたがたが山を動かしたり、海を割ったりすることができるようになると約束しているわけではありません。あなたの存在における本質と新しい考え方において物事を知ることに同意することによって、山や海を神のオクターブへと引き上げることを約束しているのだと理解しているなら、あなたは新しい世界を創ることがどんなことなのか理解するでしょう。「見よ、私は万物を新しくする」と、人類とその人類が表現する出会いにおいて、神性なる自己は宣言するのです。

太陽に向かって立つとき、あなたは肌に太陽の光や熱を感じます。あなたは何もしなくてもいいのです。太陽はあなたの肌を茶色にし、髪の色を抜き、しっかり準備しておかないと日焼けして水ぶくれができてしまうかもしれません。太陽は地球を癒したり、雨粒を乾かしたり、あるいは、その強さと力で地球を焦がしたりするかもしれません。あなたが太陽となり、世界を目撃する光になると、波動におけるあなたの存在が放つ光線や振動の領域は、再生のためのキリストの振動によって、何を見て、何と出会うのかを宣言します。そう、見よ、私は万物を新しくする、ということです。

神聖な自己の範囲を理解するために、これまで述べたことの明確化のために、もう一度言います。神聖な自己の範囲とは、遭遇するすべて、見るすべて、さらに、目撃し、想像することすべてです。それらを意識の中に保つことができれば、知ることができます。そして、自分が誰なのか知っている者がキリストの存在の振動を与えるとき、神聖な自己が知ることが、再び心に思い描かれます。別の言い方を望むなら、それは、どんなときも輝いている光なのです。

WORK

では、次の質問を自分に問いかけてみてください。

「私は、世界の利益のために、自身の表現において、本当の自分でいる覚悟はあるでしょうか？　私は、自分を制限してきた信条や構造を超えて、新しい方法で自分自身を知る覚悟はあるでしょうか？　私として活動する復活したキリストを邪魔するような考えを、私は一切捨てる覚悟はあるでしょうか？」

難しい注文のように聞こえますね。ポールは今、教えを投げて逃げ出し、私たちの言葉を聞くよりも何かもっとましなことを見つけようかと考えているようです。しかし、すべては単なる概念なのだと理解すれば、思っているほど難しくはないとお伝えしなければなりません。あなたが誰なのかは概念です。あなたがすることは概念です。あなたが知っている人の概念です。変わる必要があるすべては、シンプルに概念であり、あなたの実現の障害となる考えは、今の出会いにおいてあなたに与えられるものそのものなのです。あなたとして、そして、あなたを通して輝く光を妨げるものを見直し、生まれ変わらせ、掘り返すのです。そうすれば、すべての人のためになるように知ってもらい、見てもらい、解放してもらうことができます。

今この時点で、ポールに伝えなければなりません。私たちはこれから読者の皆さんをあまり居心地がよくない場所へ連れていきます。どうか、そうさせてください。あなたが体について感じる恥、性的な存在として抱く恥、神を否定するために体に対して抱く恥は、今このときに、より高い方法で再生しなければなりません。あなたとして、また、あなたを通してなされる神の行動を妨げる可能性のある、形についての制限に関するどんな信念も間違った教えだと理解する必要があります。体は神殿という考えはそれでよいとしますが、神殿の中にあるもの――その構造だけでなく、神殿の壁の中で自らを知るものすべて――でさえ、聖なるものだと認識する必要があります。それには、体が知っている痛みと出会うことも含めなければなりません。

今日この日、私たちは皆さんに新しい教えを提供したいと思います。それは、形の復活と、それが主張する障害から形を自由にすることについてです。あなたが自己を表現している、決して自己を傷つけることのない地球とは違い、あなたは恐怖や恥や本当の自己を否定することによって信じられないほど自分を傷つけてきました。しかし、本当に自分が誰なのか知っている人は自分を恥じることなどありえないのです。あなたが今受けている教えは、目の前に存在するものを解放するために必要な条件についてですが、あなたの体そのものが花として開き始めようとしています。その過程で、体の開花を妨げるものすべてに注意を向けられるようになり、その作業に同調できるようになると、解放もうまくいくようになります。

私たちはあなたに代わって次の言葉を言いましょう。

「今日この日、私は新しいことへの約束、新しいことへの同意において、これらの言葉と巡り合う一人ひとりと出会うことを選びます。キリストの自己は、世界の再創造に参加して、あなたのよう

に動き、あなたを通して進んでいくことを己に求めながら、あなたという存在を清らかな状態で再認識し、純粋さに戻ることを約束するのです。そして、あなたが暗闇の中で抱いていた、神のものでも、愛のものでも、神への同意でもないものはすべて、癒されるために創造主に捧げることで解放されることでしょう」

想像しましょう。あなたの目の前に、あなたのために準備された祭壇があります。それは花に囲まれ、実現のために必要なことをサポートする私たちが手入れしている完璧な祭壇です。あなたはそれを見ています。できれば、あなた自身がその祭壇の上に横たわり、すべての人々がもっと大きな恩恵を受けることができるよう奉仕するために、また、あなたが必要とする浄化や解放のために、あなた自身とあなたが取ったその姿を捧げているのを想像してみてください。それを受け入れたら、体自体が再生され、再認識されるので、あなたとして、そしてあなたを通して、約束がなされ、満たされることを許可してください。

許可。許可。許可。

（一旦休憩）

あなたは今、すでに神の使者であり、あなたに求められる解放は、あなたが休んでいるときも、それに同意するときも、許可が与えられます。そして、その選択を崇高なものにし、自分自身で確かめるためにあなたが取るべき行動があるならば、それは自ずとわかってきます。最後に、次の言葉を言いましょう。

「今日この日、私たちは、これらの言葉を読む人はそれぞれ、キリストの自己として自分を取り戻すことにより、自分たちがよく知っている体の構造は完全なものだということを選択します」

作業を止めてください。ここでこの章を終わりにします。終わり。終わり。終わり。

第6章　王国を宣言する

十五日目　王国、それは真理と調和する神の領土

　さて、私たちがあなたは何者なのかについて教えるとき、顕在化したもの、つまり本当の自己は、あなた自身を通じて知ってきたものとはかなり違うことを宣言しているのを理解しなければなりません。体（あなたが望むなら有機体と呼びましょう）というものは、それ自体が表現するオクターブを満たすように準備されています。そして、あなたが持つ感覚は、あらゆる点で、あなたが知る現実に同調するようになっています。

　アッパールームの振動の中で自身を引き上げると、感覚システムを介した情報へのアクセス量も振動によって増加します。つまり、ある意味、あなたが表現する音色またはオクターブで、完全な振動の受け手となるために作動されるということです。顕在化する神とは、あなたがたに提案したした「私はどう奉仕すべきか知っています」という宣言によって、アッパールームでの奉仕が可能であると宣言することです。実際、もし奉仕というものが、既知を超えた情報へのアクセスを促す振動と音色の振幅にあなたのアチューンメントを求めるなら、あなたはそれを手に入れることができるのです。何が言いたいのかというと、あなたは知ることができる能力によって、アッパールームで

形を得るのです。「知・る・こ・と」ができる能力です。

さて、透知能力《クレアコグニザンス》、あるいは知る能力は贈り物です。この力は、他の人を助ける、世界を変化させるといった目的のために、神聖な自己から指示を受けるべく行動する用意があるということでもあります。今、意図的に「変化させる」という言葉を使いました。なぜなら、影響や同意によって、あなたがいる世界は変化しているからです。あなたが宣言し、持ち続ける音色は、多くの点で、顕在化する世界にすでに存在する、あるいは働きかけている、神の原則を復活させる音色なのです。王国を宣言するという考えは、非常に簡単に言えば、内在する原則、機能する原則、因果関係を示す特徴、そして、すべてに宿る神を顕在化するとあなたが宣言することを意味します。そして、その考えを再生や復活の際に呼び出すことで、あなたと顕在化した次元の関係が決まってくるのです。

あなたが知るとき、あなたは自分の知識の中で活動しています。また、お伝えしておかねばなりませんが、あなたの知識は、それと一致あるいは同意する行動に結実します。職場までどうやって歩いていけばよいのか知っているなら、いつの間にか職場にいる自分に気づくでしょう。道順について疑問を持つこともありません。回り道をすることもできます。ベンチに座って太陽を楽しむことを選ぶかもしれません。しかし、あなたは職場までの道を知っているのです。実にわかりきったことです。そして、今お伝えしている「知ること」が、オクターブやアッパールームでの話になると、それは、あなたが完全に奉仕するために必要な「知ること」となります。この話をするには理由があります。私たちが教える同意レベルでの知る能力は贈り物であり、あなたに与えられた贈り物には、責任が伴うからです。

あなたが知るとき、疑問に思うことはなく、自己欺瞞《ぎまん》に陥ることも、また、他人を欺くこともできません。それは不可能です。そして、私たちがすでに与えた真理の教え、つまり「私は真に自分が誰なのか知っています。私は真に自分が何者なのか知っています。私は真にどう奉仕するべきか知っています」という、あなたが作業を始める領域としての真理は、自己欺瞞なしに活動を高尚なものにするために必要なサポートです。「私は自分が誰なのか知っています」と宣言すると、知ることの認識が、あなたが到達した振動の価値やレベルと釣り合う形、顕在化した自己やその表現を宣言します。それは、あなたに何が必要か知るために、あなたが同意し行う奉仕なのです。

ポールが口を挟みます。

――多くの人が今の話について〝よくわかりません。あなたは私が知っていると言いますが、私はそうは思いません〟と言っているような気がします。

あなたが知っているとき、考える必要はありません。認識というものがあります。私たちが話している「知っている」ことは、古い現実の確認のために使っていた同意システムを回避することができるのです。二足す二は四のように、方程式には必ず一つの解答があることを理解していれば、頭に何かが浮かぶとき、その思考のレベルで常に共鳴していると理解できます。言い換えれば、絵を描く人は、絵を描くときの意識を認識して、絵のアイデンティティを宣言します。絵画とは、画家が同調するレベルにおいて、意識を外側に描き出すことです。絵は画家なしでも存在します。美術館に飾られるかもしれません。しかし、それでもなお、画家が成長し、こんな絵を描こうと考えたときの同調レベルでの振動を宣言しているのです。

あなたがアッパールームへと上がってくるとき、何をどのように宣言するかは、高いオクターブと一致しているかによって変わります。あなたが何をどこで宣言するかは、あなたが知っている振動と一致している必要があります。現実を確認するために実践してきた生き方、つまり古い方程式は、実のところ高いオクターブにおいて転置され、再認識されるのです。もう一度、例を紹介しましょう。協奏曲は低音でも高音でも演奏することができます。高音では、協奏曲の存在が、共鳴や音色に調和することができるように、出会うものを引き上げます。そして、あなたが達成した高い振動への順応は、認識するという目的のために、あるいは、今そこに存在すると知っている神を認識するために、顕在化する世界との調和を促すのです。あなたは神を求めるのではありません。岩の下にいるか、それとも読むかもしれない本の中にいるか、いちいち探すのでもありません。あなたはそれを知っています。夕日の中に、海の中に、あなたが持つ体に、そして、目の前に見えるものの中に、知っているのです。そして、あなたが目にするものに「私は真に自分が誰なのか知っています。私は真に自分が何者なのか知っています。私は真にどう奉仕すべきか知っています」と宣言することは、常にそこに存在する神を再生することなのです。

もはや、あなたは言葉を話す必要はありません。なぜなら、ある時点で、あなたは言葉そのものになったからです。自分が誰なのか知っている人は、崇高な放送を聴くために、ラジオのダイヤルの回し方を覚えていなくてもよいのです。アッパールームでは、あなたは崇高な放送の中にいることができて、そこで出会うものを、その本質である神との出会いへと引き上げます。この世界での神の顕在化は、それを見つけようとしている人、どこに置いたか覚えている人、あるいは、探求のためにはどこへ行けばよいのかの指示を得るために正しい本を見つけようとしている人ではなく、顕在化している人によって知られるのです。存在する、つまりすべてにおいて神を認識し、本当の意味で神の具現になるという考えは、本書が顕在化したということです。そして、私たちが用意する取扱説明書《マニュアル》は、事実、言葉を超えて存在します。なぜなら、私たちが本当の意味で何をしているのかというと、アッパールームと呼ぶオクターブであなたが表現することを覚えているのです。自分が誰なのか知っている人は、他の人たちが誰なのか、自分が何者なのか、さらに、すべてのものに何が存在するのかも知っています。すると、「存在する」という奉仕は、単に「知っている」という職業になります。また、知ることで、あなたは正しく行動するようになります。

「正しさ」とは、真実と一致しているという意味です。あなたが行動する必要がある場合、それはあなたの知るところとなり、あなたの存在の伝達、つまりあなたが歌う音色は、行うことすべてに現れます。今、あなたが出会うものはすべて、音色や振動で機能しています。ポールが話を中断するときに使うのは、その言葉です。私たちが彼を通じて話すことで、ポールは新しい語彙を学んでいます。すべては音色の中に存在するので、すべては音色によって満たされるのです。本当の自己の領域をあなた自身に合わせることができたので、これまでずっとそうであったもの、そして、おそらく忘れてしまったもの、否定されたもの、反対されたものに変わろうとする必要はありません。岩を神にすることはできません。岩はすでに神なのです。しかし、小さな自己としてのあなたの岩の記憶には、その神性が抜け落ちているのです。あなたである本当の自己は岩を認識します。岩は神聖なので、その音色はあなたが歌う音色において出会うために少しずつ高くなっていくのです。あなたは今声に出して歌っているわけではありませんが、もちろん、歌っても構いません。キリストの具現とは音色による行動です。私たちの言う音色による行動とは、「私はやってきました」という語句において明確に示される言葉の表現なのです。

この領土、すなわち、常に真理と調和するものとして知られるキリストの活動範囲に存在するという行為は、あなたという存在のためだけでなく、あなたが感じ取るすべてのために王国を宣言する行動となります。神の領土、神の活動範囲は、すべて顕在化しており、頭に思い浮かべることも想像することもできます。神はすべてのものと一つであり、離れてしまうことはないので、神の活動範囲とはすべてのものなのです。

――しかし、私たちはまだ切り離されたままです。

ポールが言います。

――私たちは皆多くの点で異なります。人も文化もそれぞれ違います。

もしこれらの相互作用のうわべだけを眼差そうとするならば、その違いを決めたり、評価したりする方法を見ることになるでしょう。違うということは何も悪いことではありませんが、それは分離と同じではありません。人類の人間性は、表現の上では、実際には一つの音色であり、差異や度合いで表されることがあります。キリストの音色、あるいは具現化した音色は、もし目印を知りたいなら、その一オクターブあるいは二オクターブ上にあります。高いオクターブに存在するものは、低いところで表現されたものを引き上げる目的のために表現するのです。

では、ポールが言う違いについて考えてみましょう。「この人は男性か女性か、子どもか大人か」というのは、実際のところ目印です。しかし、目印のわかりやすさは、ほとんどの場合、知覚されたものの情報や伝達内容によります。「あれは子どものように見えます。あれは子どもに違いありません」。「あれは女性のように見えます」。見えるものに基づいて、私はあの人の姿かたちから仮定しています」と。私たちはあなたの目が間違っているとはいいませんが、あなたを新しい視力へと引き上げているのです。あなたが見ている子どもや性別を否定することなく、人類の本質、つまり音色の中のキリストの自己へと上昇するにつれて、彼らが人類の偉大なダンスに参加するのをあなたは見ているのです。

ポールが尋ねます。

――では、それはどんなふうに見えるのですか？　人類が上昇するとは？

あなたは実際にその始まりを目にしているのです。あなたが感じる混乱の多くは、ほとんどの場合、恐怖に加担する古い構造が弱体化しているからです。これまで教えたように、恐怖の行動はさらなる恐怖を宣言することです。存在する真実の波の中で、隠れていたものは、明確な可視化のため、すべて明らかにされ、再認識され、その後、高いオクターブに引き上げられます。自分自身や仲間から何かを隠しているとき、あなたは神を明らかにすることはできません。真実を知っている目でしか、王国を感じることはできないのです。そして、あなたがこの地球を前にして目にするものは、人類が過去の創造を通してそれ自身と出会うことによって続いていく、大きな変化の始まりです。恐怖によって宣言し、選択し、隠してきたものは、再認識と再宣言によって、祭壇に運んで引き上げなければならないのです。

この祭壇とは意識です。その意味がわかりますか？　そして、意識を通して表現する神自身が錬金術師《アルケミスト》なのです。何かを新しい方法で知覚すると、それは知覚者との相互作用を通して変換されます。皆さんはこれが理解できますか？　神として知ることに同意し活動する心は、何も見逃すことなどありません。神の心によって何かを見るとき、すべては再創造され、再認識されます。なぜなら、神はどんなものも除外することができないからです。すべては、神のものであるか、あるいはまったく神のものではないかのどちらかなのです。

ここでの課題は、皆さんが経験している変化において、顕在化する世界はその混沌に同調していますが、その創造にも参加しているということです。そして、もしこれが意味することをあなたが理解するなら、それは本当にとても単純なことなのです。あなたが振動的に同意できないものを目撃するとき、そこに創造などありえません。そして、あなたが抱く意識は、あなたが今こうして立っているこの瞬間ではなく、これまでの歴史によって物事を決めてしまうようになっているので、あなたは今日見るものに過去のメッセージを読み取り、再び心に刻もうとしてしまいます。

――しかし、それは間違いなのですか？

ポールが尋ねます。

――過去に一つの行為について名前がつけられ、今日、同じ行為を目にする場合、それはすでに存在するものなのではないですか？

その行為は、これまで知られているようにではなく、行為そのものとして存在します。なぜなら、今この瞬間に知覚され、意識的に反応を受けるすべてのものは、そうであったもの、あるいは、かつて知られていたものとしてではなく、あなたがこうして存在する瞬間に、本当の行為として引き上げられるからです。別の言い方をすると、あなたもその一員である孤児院では、すべての子どもは名前や親に関係なく存在し、一つの源の記憶によって突然変化します。そして、すべての子どもは一つになります。真実のオクターブによって、源と一つになるのです。「あの子はスミスという感じですね。ジョン・スミスと呼びましょう」とか、「あの子はドウだ。ジェーン・ドウという名前にしましょう」と、子どもたちに古い名前をつけると、その子たちに歴史の意図が刻み込まれます。子どもたちは、その瞬間に本当の姿で見てもらえなければ、本当の自己を取り戻すことはできません。

ちょっと想像してみてください。あなたは、通りにいる女性の服装や行動に基づいて、その人はすばらしい女性ではないと決めつけます。自分の意識を通してその女性を定義するのですが、ここであなたが頼りにするのは、悪い女性はどんな人で、よい女性ならどのように見えるべきかという記憶なのです。悪い女性だと決めつけることによって、あなたは彼女の振動を低くしています。彼女が何者かは、見た目ではなく彼女が持つ価値で決まります。そう悟ることで、あなたは彼女をアッパールームで宣言します。なぜなら、アッパールームにおいてのみ、彼女はこれまで使ってきた、あるいは、人々に知られてきた名前というものなしで存在できるからです。もう一度あの言葉を繰り返します。「見よ、私は万物を新しくする」。つまり、今日あなたが自分の世界を目撃するとき、今こうして立っている瞬間に、真実を知ることができるのだと決めれば、あなたは真実を宣言することになるのです。もしあなたが今見るものに古いものを押しつけるのに夢中で、既知の物語に一致するように詳細を調整しようとするなら、本来取るべき最も崇高な行動を知っているはずなのに、古い振動によって身動きが取れなくなってしまうでしょう。

あなたが誰かのことを知っているとき、あなたはその人の行動を許しているわけではなく、その行動によって起きたことに対して責任を負っているわけでもありません。しかし、その人の行動や、その人が自分自身をどう思っているかを超えて、あなたはその人のことを知っているのです。なぜなら、真実に反対して行動するのは、自らの神性を否定する自己だからです。そして、自分が何者なのか忘れてしまった人たちは、自分の無知を維持するために最大限に抵抗します。なぜなら、光にさらされてしまうと自分が何者なのかわかってしまうし、源から切り離され、こうだと思い込んでいる自分を手放さなければならないからです。真実において自分を知るとき、あなたが見せる光景によって、これらの人たちは復活します。あるいは、アッパールームに引き上げられるのです。

――では、新しく見られると、その人はどうなりますか？

ポールが口を挟みます。

繰り返しますが、意識の振動は、それが何であれ、誰であれ、その対象が何なのかを伝えます。

そして、高いオクターブでは、最初に振動の領域で上昇が起こります。しかし、「私はあなたが何者なのか知っています」という宣言では、顕在化する自己は、それを話す人、またはそれを知っている人の振動と相関して認識されます。あるいは、単純な相互作用が同じような振動を引き起こす相関のレベルにあるともいえます。その例はこんな感じです。あなたは自分が誰なのか知っているので、疑問などはなく、ただ知っているのです。あなたは修正することもなく、付け加えることもありません。あなたはこうあるべきだとか、誰がどんな行動を取るべきか決めることもありません。あなたは彼らが誰なのか知っているのです。そして、彼らは自分が誰で何者なのかについて同意する「彼らの」レベルにおいて、最大限に顕在化するのです。

――それは即時に行われるものですか？　私たちは人々から自由意志を奪うことはできません。彼らが上昇を望まない場合はどうなりますか？

ポールが尋ねます。

それはより高い振動との相互作用で即時に起こります。低い振動がより高い振動を知ると、より低いものはその能力に見合って引き上げられます。「私は自分が何者なのか知っている」ことが、「私はあなたが何者なのか知っている」と一致するために、私たちがこの形に焦点を当てている理由は、それによって偏向のシステムを回避することができるからです。そうなると、自由意志を無視しているわけではありません。単にすでに真実であることを認識しているだけなのです。ですから、皆さんはこのことを理解する必要があります。あなたは何かを捏造《ねつぞう》したり、誰かを変えたりするわけではありません。あなたが住むアッパールームに存在するものを宣言しているだけなのです。あなたがその視点からこうしたことを知っているゆえに、また、こうしたことがアッパールームにいるあなたに知られているために、常に真実であるという認識が物事を引き上げて再生するのです。小さな自己の課題は、それぞれに違いはあっても、実際には低いオクターブに現れます。そして、目撃することによってアッパールームに引き上げられると、そうした課題も再認識されるのです。それらはあなたから独立しています。神による意思は、あなたの中にあるように、それらの中にも存在しています。あなたが何かをさせているわけではありません。あなたは小さな自己の課題が何であるかを認識していて、そうすることができるだけです。

――では、それらはどのように変化したのでしょうか？

ポールが尋ねます。

――それはよくなるのですか？　違う行動を取るようになりますか？　あなたがたは本当のところ何について話しているのですか？

実際には振動について話しています。しかし、あなたは人格構造を通してこの次元での相互作用について理解しているので、「小さな自己の課題は、そのために宣言されたものに同意して変化するのですか？」と尋ねているわけです。それは違います。それらは本来あるべきものになるだけです。皆さんはこれが理解できますか？　私たちはあなたを他の誰かにしようとしているわけではありません。それはまったくこの教えとは別物です。私たちは、本当のあなたについて宣言しているのです。あなたが自分自身を知ることのできる具現化のレベルから宣言するとき、自分が何者か知る人によって理解される暗黙の神を認識して、私たちと同じように作業するのです。

教えを授けるとき、私たちは自らの権限において、あなたがたをある種の報いへと導きます。あなたは振動の中で上昇しながら、自分はこんな人間に違いないと信じてきたものからいろいろな意味で解放されて、あるいは、少なくとも新しい方法を再理解して実践していきます。そのような理解の下で、あなたがたをこれから旅に招待します。いつも注意するのですが、この旅は選ばれたものであり、あなたはそれに同意しなければなりません。ここには魔法の杖はありませんが、思いを同じにする一致というものがあり、同意して、知ることによって一致していくのです。あなたは小さな自己の支配から自由になったのです。

もう一度言いましょう。知ることによって、あなたは小さな自己の支配から自由になります。そんなものは存在しないと言って、小さな自己をどこかに追いやろうとしているわけではありません。しかし、小さな自己はもはや船長ではなく、玉座の王ではないのです。小さな自己の存在は、顕在化するあなたとしての神が新しい世界を実現するとき、いろいろな意味で、神の愛に、真実のオクターブに包含されることになるでしょう。

これが新しい章の始まりとなります。皆さんに提案したタイトルは「王国を宣言する」ですから、そう呼ぶことにしましょう。終わり。終わり。終わり。

十六日目　王国であなたを待つ世界

さて、あなたが何者なのかについて教えるとき、私たちはあなたの経験だけでなく、あなたが活動している顕在化する世界において情報を統合するさまざまな方法も用意しています。本当の自分でいることがどんなことなのか、実のところあなたがたのほとんどが知りません。なぜなら、皆さんは自分がこうだと思うことや教えられてきたことに同意して行動し、気づかないうちに、生まれながらにして知っていることを無視してしまっているからです。あなたは誰で何者かという真実、本当のあなたという存在は、完全に自分のことを知っています。自分の存在、本当の存在の顕在化とは、あなたそのものであるキリストを創造することなのです。

「キリスト」とは、顕在化する世界で形を持って現実化する神の側面を意味しています。この側面は、その存在そのものによって、キリスト、あるいは、顕在化するすべての中に暗黙のうちに存在する創造主の振動的本質に同意して、あらゆるものに呼びかけるのです。神「の」ものであるあなた「と」いう人は、すべて「の」ものなのです。あなたという存在、本当の存在は、あなたが見ることができるものすべてにおいて、顕在化し、顕現しています。しかし、見てから知る、という人たちは、〔自分以外の〕あらゆる他者が誰で何者かという振動上の同意に時を費やしてしまっているのです。

あなたが受けてきた条件づけは、ある意味、これより優先されてきましたが、私たちはさまざまな方法で対処しています。経験する変化を理解するために必要な知的情報をあなたに与えますが、変化そのものは錬金術です。その変化は、あなたが奏でるコードとして、目の前に広がる明確化された世界におけるあなたの表現や音色である音符として、その存在を知らせ、それ自身を再認識しながら表現する神の顕現なのです。

――明確化された世界？　それはどういう意味ですか？

ポールが質問します。

とても単純に、あなたが見るすべては残響《エコー》、つまり明確な表現《アーティキュレーション》となった思考にあることを意味します。そして、見るものを理解すると、古いプログラミングによってフィルターがかかっていなければ、振動の同意によって本当でしかありえないあなたが宣言されるのです。明確な表現とは話し言葉です。言葉があなたとして成立する場合、あなたは動詞としてはっきりと発音され、活動する創造のエネルギー、あなたという動詞、あなたという存在の行動が、あなたの目の前に広がる世界に語り始めるのです。あなたは本質的にというだけでなく、行動においても言葉となるのです。それはあなたが出会う領域と形におけるあなたの印象ということになりますが、その言葉の残響は、あなたが現在活動しているキリストの心の領域において王国を宣言するのです。

――キリストの心。それは新しい教えですね。

ポールがつぶやきます。

実のところ、新しい教えではありません。私たちが指導を行うアッパールームが、キリストの心なのです。そして、キリストの心がどんなものなのかどうしても知りたいのなら、それが最も簡単な定義でしょう。ご要望であれば、意識というものが心だと理解してもらっても構いません。そして、キリストと理解することができる神の心は、その伝達においてあなたが同調する経験の次元ということになります。この同調において、見られ、その次元まで引き上げられたすべてのものが、強い共鳴の中で、あるいはアッパールームで、キリストの心で、神の存在の中で、自分自身を宣言するのです。その場所にどんな名前をつけても構いません。あなた自身の経験がここでの教えとなります。これまでの教えの中で、あなた自身の経験から「はい、そうだと知っていました」と言うことができなかったことは何もなかったはずです。私たちが錬金術であなたを動かし、新しい歌を歌うとき、この教えを続けていくためには、物質的な顕在化を実現していかなければなりません。顕在化する世界がこの相互作用によって実際に現実化しつつあることをポールはまだ信じていないので、この教えに少し抵抗するかもしれません。一つの言葉を口にすると、それに対する反応が起こります。何かを公表すれば、それに対して反響があるものです。唇によって話される明確な表現となった言葉は、それに遭遇するものに影響を与えます。あなたが振動して、明確な表現となった言葉となるなら、顕在化する自己の振動する残響は、真実として現実化することに同意して、新しい顕在化を呼びかけるでしょう。ごく簡単に言うと、あなたが自分自身を現実化すれば、あなたの世界が現実化します。王国の顕現は、その結果なのです。

さて、王国とはすべてがふわふわと浮かぶようにすてきで、すべてが美しく見える高尚な場所だと考えるなら、あなたは小さな自己が考える王国という概念を通して思い描いているだけです。確かに、王国は非常に顕在化された世界ですが、すべてが複数のオクターブに存在するため、あなたは王国にあるあらゆるものが再認識されるように宣言を行うことができるのです。

――それはどのように行うのですか？

ポールが尋ねます。

――実践的なことを教えてください。定義にはうんざりしています。

ポール、あなたにとって実践的な応用とは、あなたがそうして立っている体をアッパールームで現実化することです。あなたが存在する体は複数のオクターブに存在します。アッパールームで、あるいはあなたが望むなら王国で、ということでもよいのですが、その場所からキリストの心で自分の体を宣言し、完璧な状態でその体について明確に表現すると、アッパールームにおいてすでにあなたとして表現されている完全体に一致することができます。そして、その顕現、形となった姿はやがて表現というものになるのです。

そのときの姿について自分はこんなふうだろう、あんなふうだろうと考えている人がいるなら、間違いです。率直に言って、あらゆる点で、あなたがどのように見えるかは、幻想であり、折り合いをつけて出来上がったものなのです。小さな自己が自分はどんな人なのかと考えて折り合いをつけることは、あなたが同意する形に顕在化するということです。あなたがスピリットとして活動するアッパールームでは、顕在化する自己に本当の自己の形を当てはめます。「私は自分の体を通した言葉です」というのは、この教えの入り口でした。しかし、形を利用し、体として現れる完全に表現された言葉というものは、形として知ることができる神の顕現として、とても、とても単純に理解されなければならないのです。

そんなことはありえないという人たちは、あなたという存在、つまり皮膚と骨は、エーテルとは別に存在しなければならないとすでに決めつけています。形と肉体は低い振動で動作していますが、同時に、言葉の錬金術を通して新しい表現に引き上げることができます。私たちが話している明確な表現は、実際に王国に存在するのです。自分が誰で何者かという神の顕在化こそがこの教えですが、それだけではなく、あなたが転生することを選択しているときの教えでもあります。その選択をするレベルに自分はいると思うとき、あなたは顕在化する表現のための機会を作り出すのです。これを理解することは必要不可欠なので、「選択《choice》」という言葉に線を引いてください。

――しかし、それはどのように見えるのですか？

ポールが言います。

私たちは神に体を運んでゆくのです。「私は自分が何者なのか知っています」と明確に表現して体を宣言するのです。そうすることで、あなたが自分自身にもたらす変化は実現であり、真実において宣言されたことで実現できないものなど何一つありません。ここで一つの小さな実現について話してみましょう。

「これは私の指の爪です。ついに指の爪が一体どんなものなのかを知りました。私の指の爪は、これまで教えられてきたものとして実現しました」

新しい方法で何かを再認識したり理解したりするやり方を簡潔に述べるとこうです。しかし、私たちが講義をしているアッパールームにおいて、すべての器官、すべての繊維、すべてのシミまで、体丸ごとを神聖なものとして実現するのは、完全なる存在のアセンション、もしくは実現を保証することなのです。

ところで、あまりに多くの人がアセンションはすばらしい結果であると考えるようですが、「アセンションを経験すれば、私はこうなったり、ああなったりします」と選択する方法は、往々にしてあなたの存在の真実に反していると言えます。それでは、あなたとしての神は、古きものの犠牲の上に実現します。「私はやってきました。私はやってきました。私はやってきました」という宣言は、顕在化する自己であり、実現する自己であり、王国との出会いによって王国を呼び起こすのです。アセンションするとすてきな場所に行き、美しい蝶の翅《はね》を作って、責任から逃れる機会を持てるというような考えはばかげています。本当のアセンションとは、より高いオクターブで顕在化する世界を認識することであって、体を切り離すということではありません。

イエスの教えは、あらゆる点で、実現の模範でした。しかし、それは何千年にもわたって根本的に間違った方法で解釈され、教えられてきました。今こそ、実現はたった一人のために訪れたチャンスだという考えをしっかりと心に刻むときなのです。その一人でなかったら、チャンスがやってくることはなかったでしょう。そして、ここにいるあなたがた一人ひとりは、その同意の性質上、形、領域、そしてあなたが表現している風景で、神が実現する可能性を証明するのです。存在の完全さ、つまりすべてのものを網羅する神は、常に真実であり、ほとんど知られていません。しかし、何かが実現する前に、それはもう知られているのです。あなたが知ると実現が起こり、実現が起こった瞬間に、見られる前から実現の錬金術は始まります。簡単に言えば、これは即座に起きるということです。山に向かってまた長い道のりが待っていると考えているポールのために、もう一度言いましょう。「即座」とは、とても単純に言えば、実現までには一生かかるかもしれませんが、他のどんなときでもなく、あなたがそこに立つその瞬間にそれは起こるものなのです。そして、ひとたび実現すれば、あなたは常に実現することになります。

これと同様に、ひとたびすばらしいアイデアを思いついたら、そのアイデアをずっと持ち続けることができると誤解してしまうことがあります。元妻と結婚したことはすばらしいアイデアだったと、あなたは思うでしょう。今この時点で、よいアイデアだったと思うのです。しかし、それはまったく違います。実現した人は形を持つので、他の人たちも同じように実現してほしいと意識を高めるはずです。また、実現を可能にするアッパールームでは、振動数や顕在化する自己を保っていなければなりません。しかし、誰もそうしたくない理由は、自分の豊かさ、利己心、自尊心、プライドや、以前はどんな自分になるべきと考えていたのかを、あなたが教えたくないからです。

神はどんなものも除外することはありません。恐怖の中で作業することも、恐怖を原則として行動することもできません。しかし、そうだとは気づかずとも、恐怖自体は神のものに違いないのです。どうか次のことを理解してください。雨が降っている場所があり、その周りを太陽の光が包み込んでいます。雲の上、つまり暴風雨の上には、ずっと空と光があります。雲そのものは空の中に存在しますが、雲は自分が雨の中では密度が高くなることを知っています。

神としてのあなたは、そんな自分に我が身を委ねるようになると、実際に神としての自分自身を宣言し、また、神のものではないと思ってきたものについても宣言するでしょう。

――それはどうやって行うのですか？

ポールが尋ねます。

――どうやってこれまで自分だと思い込んできた考えを手放すのですか？

とても簡単に言ってしまえば、それは単なる考えなのだと悟ることです。これが理解できますか？「私はパーティーの主役です」は一つの考えです。「私は魅力的ではありません」は一つの考えです。「私は神の外にいます」は一つの考えです。「自分には価値がありません」は一つの考えです。「私は愛されることはありません」は一つの考えです。「私は変わることができません」も一つの考えです。「世界は終わります」もまた一つの考えです。ですが、実際には世界が終わることなどありません。自分の完全さに身をゆだねることができれば、アッパールームで、キリストの心によって、世界は新たに始まります。確かに、もっと低いオクターブで学ぶべきレッスンがあるかもしれません。もしそうなら、あなたはきっとそれらを発見するでしょう。運が良ければ、安心して学べるようにアッパールームに持ってくる方法を見つけることができるかもしれません。古いものへの挑戦を望むなら、そこに戻ればよいだけの話です。しかし、だからといって文句は言わないでください。

私たちは振動を維持するための技術を提供しています。皆さんはこれを求めていました。本当の自己が存在するアッパールームにあなたが上がっていくとき、この顕在化した次元における経験において、あなたは自分自身の体を通して振動を維持していくことができるようになっていきます。

人の中に神が顕現する、とは、わかりやすく説明すると、一つになった人のことです。この意味が理解できますか？　身動きが取れなくなったあなたの過去の不可解な出来事は、すべてこの教えに関することでもあります。それは決して切り離された問題ではないと同時に、一つの考え方に過ぎません。あなたはこれまで愛されたことがありません。それもただの考え方です。恐怖による宣言と正当化の試みは、古い自己を明確に表現することです。古い決まり事や、そこから離れようとする必要性や、他人の存在を犠牲にしてでも自分が正しいと主張することを助長するために表現するのです。

私たちは今、すべての皆さんのために錬金術の準備をしています。そして、もし皆さんがそのための準備ができているのなら、皆さんの形自体を新しい存在の表現へと移行するために、新しい明確な音、つまり新しいキリストが人類の中に誕生します。生まれるとは、やってくるという意味です。ここに、本書で私たちが皆さんにお贈りする宣言があります。「私はやってきました。私はやってきました」です。

人類としての神は、人類を神格化するものではありません。人類は、独自性や勇気や苦しみの代償としてではなく、あるいは、ここで学ぶことができる他の何かを犠牲にすることなく、それらすべてをひっくるめてすべてとともにその真の本質に身をゆだねることによって神格化します。あなたがたは全員ここまでやってきたのです。そして、たとえ苦しんでいるとしても、神格化が起こるとき、その神聖さを通して学び、そして知ることができるのです。

ポールが休憩を取ることができるように、ここで一度講義を終了します。この後、可能であれば今日また講義を再開する予定です。終わり。終わり。終わり。

（一旦休憩）

あなたがたは皆、自分が生きる人生は自分の選択によって起きる結果だと考えています。それはいつのときも真実です。高い調和において決めたすべての選択は、あなたに恩恵や、同じような価値のある新しい選択をもたらします。あなたが本当の自己として、つまり自分が誰で何者か知っている神として作業するたびに、あなたは新たに実現する新しい機会を宣言するのです。これは物語が展開していくということです。あなたは実現しています。より深い実現、新しい展開、新しい認識、そして、神聖な自己としてのあなたの経験を深めていくことなど、そのすべての実現からあなたを止めるものは何もありません。これは一駅しか走らない電車ではないのです。王国で下車してビーチチェアに横になり、あなたが欲しいものを誰かに持ってきてもらうのでもありません。

あなたはすばらしい冒険に出かけようとしています。このまま教えを続けることができるなら、本書の後半は、王国を宣言してそこに到着した人たちがどんな経験をするのかという内容になります。冒険は、計画して起こるのではなく、王国に到着するとすぐに展開していきます。実現を計画することはできません。実現そのものが、既知を超えたところにあなたを連れていくのです。実現そのものが、あなたを決めつけてきた古い枠組みの外へと、あなたを宣言するのです。

皆さんはそれぞれ、これらの教えに注意を向けることによって、この旅の準備ができていると判断しています。またそれぞれ、どの程度受け止めることができるかによって、どれくらい宣言するかの判断を決めています。すべての人がこの人生における転生を完全に実現しようと考えているわけではないでしょう。中には、とりあえず新しい方法を始めるために、それがどんなものか明らかにしてみようと考える人もいると思います。どんな選択をするにしても、私たちはすべての人を歓迎するつもりです。

自分自身や形のアイデンティティについて考えるのは難しいと思う人もいるでしょう。ここで一つ忠告しておきます。形に関するあらゆる考えは、実は、その形の中での経験に基づいてあなたを宣言します。経験に基づいて何が固体で何が液体かと思うことが、常に何が固体で何が液体かを決めるのです。思考自体が既知を超えた顕現への鍵と考えられる、より高いオクターブに移動できるようになると、どんな期待も飛び越えて、あるいは、あなたを導く顕在化する世界の指示を超えて動けるようになります。古いものに同意することは、古いやり方だと認識されます。新しいものに同調すると、それに調和してあなたが宣言されるのです。ただし、それを受け取るためには、機会を作って選択する必要があります。

読者や講義の参加者のためにこの教えを続けていきたいので、これから選択に触れていこうと思います。そして、皆さんが望むのなら、今この道を選ぶことをお勧めします。これは、魂の運命における必要条件を明らかにする道です。「魂《soul》」という言葉に線を引いてください。「魂」の運命です。おそらく、小さな自己でもキリストの自己でもなく、魂が宣言し、恩恵を受けることができるものについてです。すべての人の生涯は、新しい進化の中で魂を宣言します。そして、実現の宣言によって、魂は神聖な自己としての顕在化を始めるのです。そのためにはそれぞれ段階があり、一つひとつの入り口において、同意しなくてはなりません。ステージがあり、すべての出入り口で同意がなされていいます。さあ、扉は開いています。

そうです、ポール、これが本書に書かれています。午前中の講義はここで終了します。今週末にはまたいろいろとお話しすることがあります。終わり。終わり。終わり。

（一旦休憩）

皆さんはそれぞれ、これから行う宣言は自分自身が許可していることだと納得しています。それは生涯において、また、一つの瞬間において真実です。一つひとつの瞬間は新しい宣言のための機会を提示し、「私は自由です。私は自由です。私は自由です」という言葉で自分が誰で何者なのかを認識することによって、その宣言の振動と調和する領域であなたが呼び出されるのです。

ところで、「私は本当のところ自由ではありません。あなたがそう言うだけです」と自由を否定すると、それも振動の調和の中に取り込まれてしまいます。自分が誰なのかを知ることは、あらゆる宣言における結果を運命づけるもので、自由ではないという考え方、つまり小さな自己による支配は、別の方法で知る必要があります。なぜなら、それは神聖な自己が宣言するものであり、その本質上、神聖な自己はどんなときも自由だからです。

自由を主張し、自分は誰で何者なのかを宣言すると、さまざまな状況で感じてきた抑圧に変化が生じます。言い換えれば、あなた自身がそういうものだと思っていた抑圧感から自由になるということです。

――抑圧的というのはどんなことですか？

ポールが尋ねます。

自分は自由だと知るための能力を邪魔するため、あなたが闘ってきたあらゆるものは抑圧的ということになります。

さて、あなたである神は、顕在化した体の中にいます。そのため、肉体による表現の抑制が体に起こることがあります。しかし、体として、そして体を通して表現される本当の自己はそれでも自由なのです。ところで、自由が何を意味するかは、小さな自己の視点から考えるようなものではないでしょう。私たちが留意しなければならないのは、自由とは神として実現した表現という意味での完全な自由です。頭痛や腰の痛みやガンによって苦しむことがなくなれば、あなたは自由になるかもしれません。しかし、自由とは、そのようなものによって決まるわけではありません。それが自由だとしたら、あなたは自分自身を否定し、そうしたものの方が、神の表現という真の状態にいるあなた自身よりも力強いのだと決めつけてしまうことになります。

あなたとしての神は、腰痛を抱えているでしょうか？　あなたがその姿で存在する間、おそらくそのようなことを経験するかもしれません。しかし、腰痛などが、あなたの取った形における神性を否定したり、痛みから解放されるために本当の自己の実現に依存したりすることはありません。事実、あなたは死に際、つまり、その体に存在する最後のときになって初めて、自分は誰で何者なのかについて最も深く知ることができるかもしれないのです。低いオクターブにおいて振動しているときにその体に存在するのは、ある意味本質を抑え込んで存在しているということです。これが意味するのは、あなたは常にアッパールームで実現しているということです。しかし、アッパールームにおける調和については知らなければならないし、認識しなければなりません。低い調和の中に存在するものも、引き上げて再び知ることができます。

――再び知ることができるというのは、癒されているということですか？

ポールが再び尋ねます。

ある意味ではそうかもしれません。しかし、癒しを必要とするのはあなたとあなたの病気との関係であって、病気そのものではありません。目が見えない状態で生まれてくることは何も悪いことではありません。よくないと決めるのはあなただけです。目の不自由な人は、別の方法によって視覚情報、あるいは、あなたが視覚的だと思うような情報にアクセスするすべを持っています。見えるのは視覚的な目だけだという考えは間違っています。小さく生まれても、大きく生まれても、何も問題はありません。それはそれぞれ違う方法で知られ、表現され、明確になるのです。意思を持って生まれ、形のメカニズムを超えて自分が誰で何者なのかという考えを持つことは、あなたが取った形との関係において、もっと柔軟に向き合っていく機会が与えられることなのです。

「私は自由です」という宣言は、あなたがガンという病気から解放されることではありませんが、ガンとは何なのかという考えからは自由になります。そして、多くの場合、ガンそのものではなく、ガンとはどんなものかと考えることがあなたを消耗させるのです。あなたが抱える障害に対する思い、つまり完全な状態を台無しにしてしまうものだと考えて自分をそのような存在だと認識してきたことを、しっかりと理解しなければなりません。完全な状態でいるというのは、常に完璧な神を実現することなのです。この意味が理解できますか？　傷口が治ったときではありません。盲腸を切ったときではありません。しかし、盲腸、弱視、あるいは、傷口が「一緒に」あってもよいのです。もしそれが表現する神のものでないとしたら、あなたはマネキンになるのを待っているだけです。あなたが完璧だと思う姿をしたマネキンです。もしかすると、いつの日かあなたはそんな経験を選択し、そのような自分を実現するかもしれません。しかし、それは私たちの教えではありません。このレベルでの実現とは、あなたという因果的な自己、完成された自己、あるいはあなたがそう呼びたいのであれば神の青写真との整合と表現です。この完全さに一致することができる別のさまざまな自己も、そうすることを選ぶかもしれません。しかしながら、これまで決してあなたではなかった別の存在になるという目標の機会を得るためにこの教えを受けているなら、完全に大事なことを見失っています。あなたは神になるわけではないのです。あなたはすでに神なのです。体はすでに神なのです。神を実現できていないのは、低い振動の中で、神の表現を失うことを助長する物事に縛られているからです。そんなことはできないとあなたに言い聞かせているからなのです。

どうやらポールは、私たちが話したことについてまだ動揺しているようです。

――えっ、もし誰かが実際にガンに侵されているとしたら、ガンの考えに消耗しているわけではないですよね？　ガンに消耗されるのではないですか？

おそらく、体はガンに消耗されるでしょう。しかし、問題に対する考えというものがあなたを同意させるのです。そして、考えうる限りすべての悪いニュースと振動的に同調し、恐怖をもたらします。顕現するすべては、初めのうちはただの考えに過ぎないと気づくことができたら、神の顕現が邪魔されることのないアッパールームでその考えそのものを再び知ることができるのです。

——しかし、体は癒されるのでしょうか？

おそらく癒されます。しかし、魂は別の方法で教訓を用意しているかもしれません。あるいは、これまでずっと知っていた形から離れて、別の経験をするために、体が解放されるときなのかもしれません。

ポール、これはとても難しい問題です。それが、本書の中盤までこの教えを導入することを待った理由です。完全なるあなたの存在は再び知り、再び明確に表現することができることに同意しなければ、あなたはずっと過去を引きずったまま生きていくことになります。それではアッパールームに来ることはできません。あなたは高い視点から再び眺めて、変化や再認識やアイデンティティを明らかにするためにもう一度自分を取り戻すのです。だからといって、バケツいっぱいの痛みをアッパールームに持ってきて、その上に座って要塞を守るなんてことにならないようにしてください。時間の無駄です。皆さんのほとんどは、それが可能ならやりかねません。あなたは痛みを楽しんでいます。「私はアッパールームに行くことになりました。でも、そこには耐えられないあの女がいます。ついでにあの痛みも持っていきましょう」と、こうです。そうやってあなたは自らを惨めな気持ちにするのです。

アッパールームに存在することを選択する権限を放棄しているうちは、あなたはアッパールームと調和することはできません。しっかりと聞きましたか？　そんなことは無理だと否定するなら、あなたはアッパールームに入って顕在化することはできないのです。私たちは選択について話しています。それぞれが持っている権限への認識に対する話をしているのです。そして、私たちは実現の原則について話しています。自分が誰なのか知っている人は、同じ振動の一致の中で世界を現実化するのです。

病気にかかっているとき、あなたには取り組むべき課題があります。そして、学ぶ機会や癒す機会があります。しかし、あなたの健康、あなたの存在全体を一つの解決策だけに頼ってしまうと、真の健康を取り戻す機会を失うことになります。そして、真の健康とは、神の意識が顕現することだと言わなければなりません。食事療法、体調管理など、他の方法も選択できるかもしれません。しかし、最終的には、真の健康とは、あなたとして活動する神の表現なのです。そして、そこに病気が伴う場合、病気を受け入れ、アッパールームで新たに実現すればよいのです。あなたは癒されるかもしれません。あるいは、病気との新しい関係を築くかもしれません。しかし、あなたは病気の犠牲になることはありません。なぜなら、本当の自己はどんなものの犠牲にもならないからです。

ポールが再び口を挟みます。

――しかし、私の神聖な自己が通りを歩いていて、車に轢《ひ》かれたらどうでしょう？　一体どうなるのですか？

あなたとしての神は車に轢かれることはありません。体が轢かれるのです。そして、体は押しつぶされてしまうかもしれませんが、魂はそうではありません。魂が体を通して表現し、体自体が高い振動と一致し、自分が何者なのか知っているなら、あなたである表現する神は、体があってもなくてもここに存在するのです。さらに、恐怖によって体にしがみついていたり、恐怖から自分の体を必要以上に保護したりすれば、おそらくあなたは何としてでも避けたいと思っているまさにその状況に陥ってしまうでしょう。

皆さんはそれぞれ、思い通りに物事がうまくいかないと信じて、私たちのところにやってきました。大まかなことを言えば、それでよかったのです。あなたは安全にささやかな人生を送るでしょう。安全なささやかな人生は、既知を超えて新しい環境で知ることができる遠大な人生に比べたら、それほどすばらしいものではありません。

では、ここまでにしましょう。本書の前半を終えるにあたり、この前半は、パート1と呼び、「アッパールーム」というタイトルであることをお知らせします。本書の後半を数日中に再開する予定です。それは私たちにとってすばらしい機会となるでしょう。ぜひ、そうしたいです。今後も皆さんの旅に同行することが楽しみであり、また、感謝しています。終わり。終わり。終わり。

P A R T 2

パート 2
実現

R E A L I Z A T I O N

第7章 解放

十七日目 「知る」ということの真の意味

歴史の流れによって、何が起こるべきなのか決めつけてしまうと、往々にして問題が起こります。より崇高な方法で手に入れられるものを犠牲にしてまで、自分がどんな人間なのかを知覚するために、知識の源として小さな自己に頼ってしまうと大変なことになるのです。あなたという神は、自分は誰で、何者で、どのように奉仕するのかという意識によって、ある種の安心感を取り戻します。そのとき、問題は小さな自己に起こりますが、自分が誰なのか知っている本当の自己が、うまく誠実に対応するはずです。

あなたは私たちの前で、自分が誰なのかを宣言し、小さな自己とはどんなものか定義し、そんな自己を放棄することを宣言すると、それはあなたがより高いオクターブ、つまりアッパールームにおいて自分の人生を生きているという証になります。あなたは表現するキリストの自己です。歴史のデータによる小さな自己の表現ではなく、世界を前にして知っていることを自ら表現するために、あなたとして奉仕する神なのです。

私たちはこう言うことにします。「自ら知っている」と。あなたという神は、知るための活動を行います。大文字から始まる「知る《Know》」という言葉です。尋ねるのではありません。見つけようとするわけでもありません。疑問を抱くこともありません。許すだけなのです。そして、その存在を許すことによって、知識が現れます。真の知識というものは、情報入手という行為をはるかに凌ぐものです。本当に知るということは、木であることに疑いの余地がないと、木自らが表現する質の高さであり、空を飛ぶ鳥は飛んでいることに疑問を持ちません。真の知識は表現している状態です。

そして、アッパールームにおいてこの考え方について学ぶことが、今日の午前中の課題となります。

あなたがた一人ひとりは、肉体を持って生まれる前に、寿命と成長のために必要な魂の志を決めていました。そして、より崇高な道において、人生とは崇高な方法によってその志を遂げるために学ぶ機会だと捉えるべきなのです。しかし、この世に無駄な人生というものはなく、知識はすべての経験から得るものだということを理解すると、あなたという存在の神性は、あなたが知恵だと認識するものを蓄積するようになっていきます。知恵と知識は同じものではありません。賢者なら知っていますが、知恵は経験を通して増えていくものです。そして、知恵というものは存在の贈り物であり、神聖なる自己としての存在は知ることの贈り物です。さらに、必要とされる奉仕についての神の表現である「私はどう奉仕すべきか知っています」という宣言は、本来の自己として調和しているときに、あなたが取り交わす同意なのです。

さて、知ることは探しても見つけることはできません。海と同じように、ただそこにあるだけです。そして、ひとたび海を知ったら、それが海ではないと疑うことなどありません。「それは水たまりではなく、海です。それは川ではなく、海です」となります。あなたの存在において、自分が何者なのかに同意してこの知識を認識すると、今まさにここに存在する知識の海において、あなたは宣言されるのです。

物事を知り、それに対する答えを見つけたとき、自分はアセンションを経験したと思う人もいるでしょう。知ることとは、神に永遠に同意するという状態です。それが鍵なのです。「知ることは、神に永遠に同意するという状態です」。神はあなたの住む海、絶えず存在する海であり、あなたは神を知っているので、あなたは知っているという状態になるのです。

――しかし、私たちは神を知りません。

ポールが言います。

――私たちは頭を下げ、祈り、わかっているふりをして、答えようとしますが、それでもお互いに傷つけ合い、いまだに戦争を続け、嘆きながら泣いているのです。私たちは神を知りません。知っているなんて、言わないでください。

でも、「あなた」は知っています。これはあなたの人生の悲劇です。あなたは魂の中心に存在する神を知っています。本当に神を知っているのです。体のすべての線維にも、あなたが見るすべてのものにも神は宿っています。神とはそのすべてなので、あなたはすでにその神性の海に存在しているのです。したがって、神を知らないと「言っている」だけです。あなたとしての本当の自己は、神のものです。本当の自己は自らの表現を理解しており、その表現は海「です」。海なの「です」。神聖なる自己の表現とは、己が見るすべてのものを想定する振動の波です。表現、拡張、および一致は、あなたが知っていることを宣言します。

目の前に一輪の花があると想像してみてください。好きな花を選んでください。花びらを見て、葉を見て、花そのものをよく見つめ、色を選んでください。とにかく、しっかりと見てみてください。さらに、見ている花はあなたの心の中にあり、それゆえに、それは意識の表現だということを確信してください。これがどういうことだかわかりますか？　バラ、モクレン、どんな花でも構いません。あなたがそう呼ぶ花を見て宣言するその色は、あなたの心の中にあります。それでは、それが何を意味するのかを説明します。

青や赤について教えられてきたので、あなたは青や赤がどんな色か知っています。そして、あなたは立体的な形や特徴によって、バラとペチュニアの違いがわかっていますが、あなたの心の目が見ているバラの姿は、単なる想像の産物、つまりバラや花や花びらについての概念であり、バラが放つ香りもまた、香りとはどんなものかという概念なのです。

ところで、私たちはあなたの心の目が見ている花を否定しているわけではありません。今こそ、その花はあなたと一体なのだということに気づいてほしいのです。もっと具体的に知りたいと言うのなら、それは融合するということです。花とはどんなものかという概念が、あなたは何者なのかという考えを宣言するのです。そのように融合し、あなたという人と、あなたが見ているものが一つになるとき、あなたが経験する一体化の振動、あるいは共鳴は、あなたの知るところとなります。

神と一体だと知ることは、既知や決定や人生の選択を超えて、自己を宣言することです。神の海に受け入れられることに同意し、一体となる自己を理解することが、知るという教えなのです。その一例は、目を閉じて激しい雷雨の中に立っているときでしょう。あなたは雨を感じ、落雷の音を聞き、ずぶぬれの経験や揺れる大地について知ります。あなたは存在することによって自分自身を知ります。それは知的な経験ではありません。表現している状態です。

アッパールームのレベルで具現化することに同意し、あなたという形を持つ神だと認めるなら、分離という考え自体が、離れることに同意していることだと理解しなければなりません。これが理解できますか？　すべては考え、概念であり、それが存在すると話すことで、形として明確に表現されます。また、源からの分離という考えを持つだけで、離れてしまったと宣言することになるのです。なぜなら、あなたにはそれほどの力があるからです。あなたという人、つまり、あなたが取った形は神の表現なので、同じように一致するレベルを選択するのです。五歳の子どもは、五歳の子どもなりの知恵で話します。そして、世界に語りかける五歳の子どもの話は、その理解力によって制限されます。しかし、あなたがアッパールームと調和することに同意したように、話す言葉、選択、そして使命の顕現は、神の振動が現れ、決定し、王国が存在することを宣言しているのだということを理解する必要があります。

高い調和において、自分が誰で、何者で、どう奉仕すべきかについて宣言したように、このレベルの表現で探し求めている叡智を、あなたははっきりと認識するべきです。繰り返しますが、それは「知っている」ということです。持つものでも、理解するものでも、古い文献の中にあるものでもありません。「知っていなければならない」のです。そして、具現化の過程において、知ることに同意するというのは、海になることです。あなたが生き、喜びを感じ、そして奉仕するとき、オクターブや共鳴や振動においてあなたとなった波の表現は、完全な経験において、多次元のオクターブで永遠に演奏される一つの音と理解することができます。そして、そのたった一つの音を、私たちは神と呼ぶのです。そのオクターブの高低による神の違いも、宇宙そのものも、想像することのできるすべての表現を含み、そして、想像を超えて存在するたった一つの音なのです。

あなたは理解することでこのことをコントロールしようとするかもしれませんが、それは不可能です。研究や古文献の調査によって問題を修正したり、分離された苦しい状況を改善しようとしたりしても、知ることに対する答えは、最初の音、そうです、最初に演奏された音符、最初の音色、最初の響きと一つになった同意の中にあるのです。

この講義は、因果関係のレベルにおいて一つになるためのあらゆる側面による永遠についての仮定です。そして、因果関係、つまり永遠と一致した存在と表現の行為は、自分が誰で何者なのか知っている人の住処であり、視点であり、表現なのです。

さて、あなたの目の前に海があることを想像してみてください。それは深く、想像しうる最も青い海で、あなたは浜辺に立っています。そして、あなたはそこに立って、知っていること、選択してきたこと、これまでの生きざま、そして、その人生を生きてきた自分自身に同意します。そのように同意すると、これまで知ってきた自分の体を解放します。また、着ている服、名乗ってきた名前、肌の色、そして、性別についても解放することができます。これらは、あなたがこれまで従ってきた考えでもあります。あなたという振動する存在は今真実の中に具現化し、一歩ずつ前に向かって歩き、鮮やかな青い海の中に入っていきます。溺れることはありませんが、あなたはそこで完全に召されます。皆さんに教えますが、知っている海において召されるということは、すべてのものの源を受け入れる完全なあなたの存在に近づくための同意のレベルに生まれ変わるということです。とても簡単に言えば、あなたが海に入ってその波に包まれると、自分は分離しているという幻想から自由になることを意味します。次の言葉を繰り返してください。

「私は知識の海と一つです。私は知ることに同意しています。これまで考えたことや、自分はこうだと信じてきたことや、そして、おそらく真実を無視して選択してきたことを受け入れ、許し、私が知っていることに調和します。しかし、海に浮かび、知識の海に召されることによって、本当に知るということがどんなものなのか経験することを私自身に許可します」

あなたが今この振動と調和するとき、心の中のすべての期待を空っぽにして、知ることと存在することに集中してください。必要ならば、言葉を超えて。必要ならば、シンボルを超えて。知ることは言葉もシンボルも必要としません。いろいろな意味で、音による明確な表現は、言葉やシンボルによって低下してきました。そして、私たちが調和し表現する音色の純粋な本質は、すべての源です。

調和し知ることを自分に許可してください。

私たちに身を委ねてください。どこにいても、どこに座っていても、どこに横になっていても、あるがままのあなたについて知りましょう。そして、私たちはあなたを知り、私たちが知る方法であなたを受け入れ、この完璧な海であなたが知ることを受け入れるサポートをします。

ここで講義を終わりにしましょう。これまでの話は本書にあります。終わり。終わり。終わり。

十八日目　恐怖から解放されるとは？

私たちはやってきました。私たちはやってきました。私たちはやってきました。そして、私たちは教え、それぞれが誰で何者なのかについて認識し、皆さんが再びアッパールームで選択する機会を与えます。そこは神の顕現が完全な形で存在する振動の場所です。そして、「私はアッパールームにいます」という認識は、いろいろな意味で、既知を超えて、あなたの歴史において行ってきた主張や小さな自己として正当化しようとする試みを超えて、あなたを宣言するでしょう。あなたが支配する世界では、あなたは何でも宣言することができます。そして、あなたという神の実現、アッパールームの振動と調和し顕在化するあなたの形は、本当の自己を認識して風景となることを宣言します。それこそ、私たちが王国と呼ぶ、生まれながらの自己というものです。

あなたがたはそれぞれ、このミッションにおいてどこまで進めていくのかを決めます。それぞれが魂のレベルで、一生をかけて実現していくのか、それとも、実現することによって、訪れる機会を受け止めていくのかを決めていきます。しかし、顕現するキリストの宣言である「私はやってきました」という言葉は、アッパールームで宣言したときだけ真実となります。キリストはあなたがた一人ひとりとしてやってきました。そして、アッパールームはキリストがお住まいになる場所です。キリストを媒体するあなたの形は、そして、このレベルにおいて生まれ変わると宣言した魂の使命は、世界に向けて「私はやってきました」とあなたの存在を知らせることなのです。

さて、顕現の意味について、その考えを新たに宣言しなければなりません。なぜなら、アセンションや生まれ変わる意味について、既存の古い考えは混乱や誤った情報をもたらしてきたからです。ボロボロの古い本や壁のポスターに書かれている歴史の中で生まれた一つの学問といってもよいでしょう。しかし実際には、真実の解明というものは自分が誰で何者なのかわかっている人が魂のレベルにおいて行い、その場で読み上げ知らせるものなのです。

小さな自己に報いが来るとしたら、それはいつも歴史に対する修正です。つまり、すでに起きてしまったことを、カルマにおいてもう一度知ろうとすることなのです。この振動のオクターブでアセンションするとき、本当のところあなたは、その報いの法則を避けることができているのです。なぜなら、本当に自分を宣言する人は、報いを受けるような低い振動の場所にいることはないからです。あなたに石が投げられたと想像してみてください。体に石が当たるかもしれませんが、魂の自己は同意のレベルまで上昇する肉体に宿っているので、どんな攻撃を受けることもありません。そのような魂の自己は、投げられた石について知ることができない場所に住んでいます。「できない《cannot》」という言葉に線を引いてください。そう、できないのです。なぜなら、そんなものは存在しないからです。

物事があなたに起こり、あなたを押しつぶし、コントロールすることができなくなるというのは、明らかに小さな自己が、以前に、または現世において、または過去の転生において同意した混乱を通して、それを受け入れてしまったからです。そして、いまだにその人生において、あなたがた全員がよく知られている共通した風景の中で同じことが繰り返されています。復活したキリストとして――「復活した《risen》」という言葉に線を引いてください。それはアッパールームに住むアセンションした自己です。あれこれ判断したり恐れたりする小さな自己ではありません――、あなたは、自分が何者なのかを現在進行形で知るために、完全で具体的なサポートを受けることに同意したことによって、制限されています。言い換えれば、たとえアッパールームや、高い風景やオクターブに住んでいたとしても、実現する存在としての具現化の完全な状態というものは、段階的に、そして徐々に訪れるということなのです。

恐怖という考え方や恐怖に宣言することは、最終的に、恐れを抱く自己を知る方法として理解されなければなりません。そして、恐れることはそれに同意することであり、同意するということは恐怖を立証していると理解しなければならないのです。何かを立証するということは、それが機能する形において、そうなるようにすることであり、さらに、そうなるようにするということは実現する、あるいは知るということです。アッパールームに存在するあなたという神聖な自己が、恐怖を超えて自分を知るというのは、恐怖が入ってくることのできないレベルにおいて一致することなのです。すでに述べたように、恐怖の体験をしたいのなら、以前の自分に戻って選ぶだけのことですが、もはやあなたにはそのような学び方は必要ありません。あなたは恐怖を選ぶかもしれません。あるいは、恐怖を超えて前に進むかもしれません。なぜなら、あなたにはまだ、具現化したときどんな存在としてアセンションするのかという選択肢があるからです。そして、「私は神の意思として自分を知っています」という、神の意思と一致して選択するための必要条件は、常に完全に自らを実現しようとする魂の進歩と調和しています。

もう一度言いますが、私たちが歌う同意のオクターブにはいつでもアクセスできますが、いろいろな意味において、アッパールームはその場所を宣言し住んでいる人たちだけの特権です。なぜなら、彼らは恐怖を知り、恐怖によって知ろうとする自己から解放されることを選択したからです。恐怖に同意しないということは、恐怖を否定することではありません。そのレベルにおいて具現化するために恐怖を超えて進むためには、多くの場所に立ち寄りながら続ける旅のように恐怖を一つひとつ克服していく必要があります。

神そのものを実現することは、どんなときもあなたが取る表現によって決まってきます。表現とは形、つまりあなたが取った体ということですが、自分についてわかることはすべて表現であり、体系化し、名前をつけ、そして同意した意識の明確な表現ということです。古いものを正当化し、古い方法ですべてを宣言することは、形として刻まれた情報やデータとともに、あなたが立っているその瞬間を汚すことです。形を放棄することは、世界を解放することではなく、この世界のものを解放することであり、物事にはどんな意味があり、自分にとってどんなものだったのかという愛着から解放されるということです。

ある人が世界を放棄しても、その人が世界に住むことをやめるということではありません。しかし、その人が住む世界は、物や事柄を呼ぶための名前がまったく意味をなさない、まるっきり違う場所となるでしょう。なぜなら、神聖な自己というものは、ものなどに与えられた価値に執着することがないからです。「パートナーがくれたこのすてきなダイヤモンドを見てください。こんなに高価なものを買ってくれるなんて、私のことを本当に愛しているのね」と。ダイヤモンドの価値をお金に換算した愛情によって確認することなど、ダイヤモンドを地球が作り出した美しいものとしか理解していない神聖な自己にとっては何の意味もありません。愛情を表すというのは湧き上がる感情をぶつけるということなのかもしれませんが、愛によって贈る地球のかけらであれば、金銭的価値などなくてもよいのです。あるいは、まったくなくてもよいのです。

あなたが生きている人生に目を向けてください。今すぐに見つめ直してください。あなたが何を大切にし、なぜそれを大切にするのか、何にこだわっているのか、何がとても重要だと思っているのか考えてみてください。「銀行口座もなく、父親に愛されていなかったら、私には何の価値もありません」、「あの運命的な特別な出会いのときにつけていた時計がなければ、私は生きていけません。時計をなくしてしまいました。あのときのことを思い出す方法がありません」、価値があると思うものは、あなたによって価値がついているのです。あなたにとって価値あるものは、それ以外には何の価値もないのです。嵐のときに傘を持っていることは、雨を凌ぐことができるすてきな家と同じくらいの価値があります。今、恐怖をなくすことができる経験を要求するつもりなら、あなたは真実の否定、つまり真実を犠牲にしてまで重要だと思うことを、提示しなければなりません。

あなたが一番大事にしているものが、あなたの人生には存在しなかったと、ちょっと想像してみてください。皆さんの多くが私たちの話を聞くのをやめて、本書を閉じたり、パソコンを切ったりするかもしれません。そして、「大切なものを欲しがってはいけないなんていう言葉に耳を傾けてはいけない」と思うかもしれません。何かを欲しがってはいけないと言っているわけではありません。私たちはあなたがなぜそれを欲しいのか、その基準をどうやって決めているのか考えてみてほしいと提案しているのです。無限のアッパールームでは、あなたはすべてを持ち、同時に何も持っていません。そして、そこに住む自己は、豪華な時計やダイヤモンドの指輪や家を持っているか否かにかかわらず、完璧な存在です。あなたがた一人ひとりは、その本質において、神聖な存在であり、その実現、その顕現、そしてアッパールームにとどまることによって、そこにあるものを楽しむだけではなく、これから世界と共有することができる機会が与えられます。

ほとんどの人は、豊富ということはたくさん手に入れることだと考えるものです。「私の豊かな生活や、これまで集めてきたものを全部見てください」と。そこで、満ち足りているけれど、何かが増えていくわけではないアッパールームを楽しんでください。アッパールームでは、富を蓄えることはできませんが、自分が豊かだと感じることはできます。富と豊かさにはある違いがあります。死すべき肉体を持って生まれたすべての生き物は、その形をとどめることはできず、皆さんがいる部屋の中のものは四百年後には跡形もなく消えてしまっているでしょう。すべては新しく生まれ変わり、粉になったあなたの体はどこかへ行き、別の形となります。そして、あなたという振動する存在は、どこか別の次元において、別の表現を使って、別の姿で顕在化し、そのことを知らせるのです。形の構造の神を否定することは、または形の構造の中で神を否定することは、ある意味奇妙な異端を支持することとです。神はダイヤモンドや高級な時計の中にいます。同様にブロックやセメントなど、すべての中にいるので、美しい家にも宿っているのです。しかし、神はあばら家にも、洞くつの中にもいます。そして、神はあばら家や洞くつを住処にしている存在で、同時に、とうとう、ついに、最後に王国の中に自分の姿を見つける存在でもあるのです。

顕在化する神を認識することは神を形として知ることですが、形を崇拝する瞬間からあなたは異端となり、真実を否定することになります。なぜなら、崇拝することができるのは愛だけだからです。そして、愛はただ愛の一部になることをあなたに求めるだけなのです。愛を供給する源は無限です。

――しかし、神とは愛なのですか？

ポールが尋ねます。

――私たちは神を崇拝していますよね？

ポール、あなたは崇拝について誤解しています。どんなものにも頭を下げることは、あなたを低い存在にします。反対に、自分の中に神を認識することは、すべての源に対する深い謙虚さと敬意を示すことになります。そして、それに対して敬意を込めて頭を下げることは、あなたが表現すべき世界に参加するという品位ある行動への同意となります。神は岩の中にいます。岩に祈らないでください。岩の源に祈ってください。それはあなたの呼吸と同じ源です。そして、あなたの頭の上の星と同じ源です。すべては同じ存在であり、そこから何かを排除することは、岩や星やあなたのすべての吐息を包み込む王国を否定することになります。この方程式から何かを除外することは、岩、星、そしてあなたがするすべての呼吸を含む王国を否定することになります。あなたが支配する王国では、いつでも条件や必要なことを宣言し、そうなることを期待することはできます。しかし、それは小さな自己が、「何とかしてください。家賃を払ってください。恋人を見つけてください。雇ってくれるところを教えてください。私には無理です」などと、祭壇の前でひれ伏すのとは事情が違います。あなたがたは全員、役割を持っています。自分が誰で何者なのかを認識して立ち上がり、完全な自分自身を捧げ、アッパールームを宣言する瞬間に、あなたという存在の明確な表現、つまり「私はやってきました」と自分の名前を声に出すことで、すべての人のためになる世界を宣言することができるようになるのです。アッパールームにいる間、この表現の次元において必要なものは、手に入るものだとあなたは心から思っていますか？　事実、アッパールームに存在するとき、あなたは神のすぐそばにいます。そして、それはすべての源です。したがって、実現のために宣言するすべては、あなたにとって完璧な形で知ることができるのです。

——私にはわかりません。

ポールが言います。

——今の話は魔法のように聞こえます。どうか、私たちが誤解するような言い方をしないでください。

魔法ではありません。ポール、それはあなたが理解できるよりも崇高な錬金術というものです。この次元で調和し作業するとき、振動の密度が高すぎると、多くの皆さんがこの教えによる顕現を経験することができなくなってしまいます。しかし、すでにあなたの人生で共鳴しないものはないと理解し、あなた自身が顕在化し、まわりにある個人の、そして共有の意識が顕在化していることを確認することができるなら、あなたはただ自分がすでにどれほどパワフルな存在なのかわかっていないだけということになります。アッパールームの大きな違いは、あなたはもはや古い現実にとらわれていないということです。その現実に苦しんでいないのです。いつまでも引きずっていません。あなたは新しい方法で自分自身を宣言しました。その結果として顕在化を目指すとき、それはもはやぼんやりしたものではなく、学びながら実現するという完璧な目標となるのです。

何かを調整するというのは根本的な作業です。なぜなら、あなたはこれまで物質的な範囲で必要なものを探してきました。何かを知るためにはそれが必要だと、無理やり思い込んできたものを優先してきたのです。あなたは自分が誰で何者なのかは源によるものだということを忘れています。魂の進歩とは、あなたに認識すること、知ること、そして、魂が求める顕現の姿になる方法を模索することを求めているのです。例えば、すでにこの密度でそれを行っていると思っているなら、あなたは原因と結果という考え方を間違えて理解しています。なぜなら、何かを意識して宣言するとき、それがはるか先のことのように思えても実は元々そこにあって、まさに花を咲かせようとする顕現の種であるのに、本当に意図することと結びつけて考えることができないからです。

では、後ろの方で「あなたがたは即席の顕現について話しているのですか？」と叫んでいるポールのために説明しましょう。

もちろん、そんな話をしているのですよ、ポール。しかし、あなたが考えているようなものではありません。実現は即座に起こります。どんなことにおいても、真実を実現するというのは、真実をその瞬間に再認識することです。しかし、私たちが言う即座とは永遠の今であり、時間を超えた無限の瞬間です。あなたがこれについて経験し知恵をつけていけば、あなたが実現する世界についてどのように知るのかは、あなた次第ということになります。なぜなら、あなたが自分を知る場所はアッパールームの高いオクターブだと決め、そこから王国を宣言するからです。

あなたが学んだイエス・キリストの教えはこれと同じでした。しかし、あなたは自分に原因があるとして、自分自身を制限しているのです。キリストは自分が誰で何者なのか知っており、それを行動で示しました。王国を認識して宣言した他の人々も登場しましたが、その多くは拒絶されました。それには正当な理由がありました。あなたは兄弟を殺すことを選びます。恐怖によって決めることを選びます。隣人が飢えることを選びます。一方的に判断することを選びます。そして、これらの行動にはそれぞれに影響やカルマというものがあります。人類のカルマはそれを超えて昇天しなければなりません。さもなければ、あなたがたはもっと多くのカルマを背負って破滅してしまいます。あなたは実現によって、どのようにカルマを超越しますか？　キリストの自己を実現するためには、新しい世界を顕在化し、真実の世界をあなたの目の前に引き上げることです。

ポールが口を挟みます。

――しかし、あなたがたは以前にアッパールームにも、まだカルマはあると言っていませんでしたか？

あなたがカルマによって学ぶ必要があるなら、そうです、カルマは存在します。あなたには自分の過去の行動に責任があります。しかし、自由に歴史の主張を超えることは、歴史の報いから解放される機会も与えてくれます。だからこそ、今夜はこの教えから始めたのです。生涯にわたる進歩を後悔したり、カルマによる報いだと複雑に考えたりするようなやり方を考え直す必要があります。つまり、すべての行動には反応が伴いますが、アッパールームで宣言された行動には、あなたが拒否しない限り、歴史の束縛から解放されるという反応が起こります。あなたの神性を否定することは、この可能性を否定することです。私たちが若いポールを通して教え始めたとき、言葉へのアチューンメントから教えるようになったのはそれが理由です。それは次のような言葉でした。「私は自分の体を通した言葉です。言葉、私は言葉です。私は自分の振動を通した言葉です。言葉、私は言葉です。私は言葉として自分を知っている言葉です」。言葉として明確に表現するためには、最初にアイデンティティと顕現を宣言することによって実現します。そして、それを知らせると魂が昇華します。あなたという神はここにいるだけではなく、すでにあなたの表現をアッパールームに引き上げているのです。

WORK

三つ数えたら、私たちは再び、完全に知ることを経験するアッパールームに、皆さんを引き上げるつもりです。あなたのために存在する知識の広大な海である、その場所から選択するのです。

一、二、三。

引き上げられる自分を感じてください。歌を聴いてください。振動の領域の歌を聴き、この言葉をはっきりと語って、あなたを通してキリストの出現を知らせましょう。

「私はやってきました。私はやってきました。私はやってきました」。

皆さんに祝福があることを祈ります。

十九日目　古いシステムからの卒業

あなたがたはそれぞれ、転生する前に、実現に向けてどこまで成長するかを決めます。その選択は、あなたが現段階で持ち合わせている可能性を超えることはないのですが、それでも、期待する以上の新しい人生が与えられるかもしれません。皆さんのほとんどが完全に満たされた状態で実現したいと考えているはずです。「アッパールームの山の頂《いただき》にいたいです。愛の歌を歌い、完全に自分を忘れさせてほしいです」と。この変化において、小さな自己は忘れられたわけではありません。まだ存在していますが、小さな自己はあなたが誰で何者かの自己という存在ではなく、また、あなたの人生の権威でも、王国の女王でもありません。小さな自己は自分の名前がわかっていて、自分の役割についても理解していますが、それでも神によって任されたそれなりの責任を持って存在しているのです。あなたとして表現する神は、これまでの自分はもういないと決めます。それは、あなたとして生きてきた人はもはやあなたが考える、あるいは考えていた人ではないということです。アイデンティティの構造を解体することは、いろいろな意味において、一度壊してから作り直し、そして、アッパールームの高いオクターブにおいて再び取り戻した考えを組み合わせてもう一度構築するということなのです。

では、ちょっと想像してみてください。あなたはこれまで使ってきた一足の靴を処分しますが、まだ靴は必要です。靴の概念としては間違っていません。古い靴は小さくなったので、新しいものを手に入れる必要があります。地面から足を守るために履くものという靴の発想は悪くありません。しかし、古くなって捨てた靴を、靴と見なすと、あなたは靴とはどうあるべきかについて、おそらくまた出歩けるように手に入れた新しい靴ではなく、古い靴の概念に頼ることになります。あなたとしての神は一つの現実と出会うことになりますが、神の顕現がすべてだとあなたが気づくまで、そして、アッパールームでは、再認識し再創造することができないものなど一つもない、明らかに一つもないと気づくまで、小さな自己によって想像された概念が常にあなたの周りを囲もうとします。「気づく《realize》」という言葉に線を引いてください。

一つのシステムが破綻するときに災難が起こり、システムへの依存、つまりあなたが一日を乗り切るために使ってきた方法は、もはやあなたの期待に応えることができなくなります。一つのシステムが壊れたら、新しいシステムが生まれる可能性がありますが、いずれの場合も、そこから新しく生まれるものを求めるより、あなたは古いものを修復することに執着します。この次元における自身の問題を解決する方法を探し求めます。世界中のあちこちで対立する人々の不協和音を解決する方法を探し求めます。あなたが信じ持ち続けているシステムを守ろうとしています。なぜなら、それらがなかったら、あなたは恐怖を感じてしまうからです。「銀行の口座にお金がなかったらどうしよう？　電気が通ってなかったらどうしよう？　自分が思っていた通りの自分だったらどうしよう？　また、これまで好きだった自分は、私が思っていた自分とは違っていたらどうしよう？　本当にどうすればよいのか？」と。

あなたの世界で崩壊していると感じる外側のシステムは、ある意味、改善することも、修正することもできず、また、そうするべきではありません。新しいものは、より高い同意によって生み出されるべきなのです。その結果として、世界中の政治や対立するグループから生まれる混乱は、崩壊するシステムの混乱が顕在化したものです。なぜなら、そんなシステムは最初から恐怖によって作られ、その後、恐怖によって伝達されたからです。このような低い次元では、他者をコントロールすることが必要とされます。高いオクターブではそれは許されません。

自分が誰で何者かを理解する方法は、小さな自己の考えではなく、永遠の真実によるものでなければならないのです。今、アッパールームにやってきて、知覚するすべてを新しい方法で見つめなければならない、あなたとしての神は、古いものをきっぱりと捨てて、この次元で新しく生まれ変わる必要があります。小さな自己がその小さな表現を用いて、自分はこんな人間だと言いふらすことは、個人ではなく集団のレベルにおいて、あなたが主張していることがこの次元において顕在化したということです。アッパールーム、あるいは、高いオクターブにいるあなたこそが、新しい世界を宣言または実現することができる人なのです。古い有機体や古いシステムを使って、調和、あるいは、あなたが調和と考えるものによって、予測可能な状態に戻ることができると信じるならば、あなたは間違っています。神としてのあなたは古いものには頼りません。これがどういうことかわかりますか？　神としてのあなたは、必要だと思い込んだ方法によって再創造することはありません。

新しい世界を顕在化するために、個人として、そして集団としてのあなたの貢献は、新しい方法で行うものだと理解してください。「新しい《new》」という言葉に線を引いてください。あなたは古いレシピを使ってケーキを焼く方法を知っています。そのレシピには何の問題もありません。しかし、システムの崩壊は古いレシピで解決されることはなく、新しい方法で行わなければならないと理解すると、再創造や再認識するのではなく、どうにか修正しようとする自分に気づくはずです。目の前の世界は、神そのものが知る表現の自由にある真実のオクターブと調和して、新しく創造されなければなりません。そして、あなたがたすべてを支配してきた古い型に当てはめて物事を判断し、コントロールし、決めるべきだと、恐怖によって宣言されてきたものから自由になるのです。

これは新しい出会いの日であり、新たに「私はやってきました」という宣言に任せるべきです。「私はやってきました」と宣言できる世界を目撃する、あなたとしての神は、神の顕現とは顕在化する世界で完全に実現を達成した人によって、再び理解され再生されることだと認識します。

ポールがまた口を挟みます。どうやらいくつか質問があるようです。

――この講義の冒頭で、私たち全員が完全に実現するわけではないと言っていましたね。

あなたのレベルにおいて実現すると言ったのです。実現できるレベルとは、自分が選ぶ振動と一致し、既知をはるかに超えて、新しい方法で宣言することができるということです。実現は小さな自己を放棄することだと考えている人たちに向けて、私たちは話をしています。実現の過程で、それは自分ではない、自分がなれるわけがないと決めつける人は、融合のサポートを受けることは決してありません。本物の表現になるためには、すべての人が最終的に融合しなければならないのです。神は、あなたが誰なのかという考えを無効にし、道路の標識を読むことができずに泣いているあなたを置き去りにするためにやってきたのではありません。そんなことをして何になるでしょう？　これまでに学んだスキルや教訓はあるかもしれませんが、アイデンティティを確立するためにそれらに頼るわけではなく、理想のアイデンティティと一致することもないのです。

小さな自己はわかる範囲で、自分の住所、仕事、子どもたちの名前を知っています。そのことに感謝してください。自分の子どもだと思って、隣人の子を小さな自己から遠ざけるのは大変です。小さな自己にも、あなたに与えることができるものがあるのです。しかし、あなたとしての神は、そんなことはすでに知っており、「私はやってきました」という言葉を通して、新しいレベルの実現においてあなたを宣言しています。

「私はやってきました」と話すとき、あなたは真実を話しています。あなたとしてのキリスト、あなたとしての神は、具現化と表現においてやってきた人なのです。存在が表現されている状態は受け身ではありません。因果的な行為である神の行動とは、出会うすべてを振動的な一致において取り戻すことです。そして、古いものを正当化したいという小さな自己の欲求は、神聖な自己によって改めて解釈されるので、もはや機能しなくなります。自身を修正しなくてよいのです。これが理解できますか？　私たちの教えは自分自身を修正するというものではありません。あなたの周囲で崩壊している古いものやシステムに頼ることは、いろいろな意味において、再創造の過程で排除されるという恐怖に陥った人の、個人的な人生の旅を映し出しているだけです。

修正は機能しないので、小さな自己はどのように自分を修正するか決めることはありません。これからは、あなたである本当の自己が導く人となり、必要に応じて修正の方法を宣言し、そのために必要なことを明らかにします。あなたがこれまで航海してきた船の舵は、風向きや運命を理解している神聖な自己が握っていると理解することができれば、あなたができる最善のことは、神聖な自己があなたの人生を導くことをときどきは許し、あなたの考える顕在化を神聖な自己に押しつけるのをやめてみることです。「私はただ安定した結婚生活と子どもたちの幸せを願っているだけです。それなのにあなたは既知を超えて私の船の舵を取っているなんて。私はそんなことをお願いしていません。私はささやかな人生がうまくいけばいいのです。アッパールームに来たのはそのためです」。そんなこと言わないでください。

あなたが生きてきたささやかな人生はもう一度解釈され、明確に表現されます。そして、小さな自己にとって必要なのは、自分が考える条件ではなく、あなたとしての本当の自己が船の進む方向を決めることです。自分でコントロールすることを放棄するのではなく、「私はやってきました」という宣言によって実現した自己の側面が、あなたのために舵を取ってくれることを喜んで受け入れるのです。これまで行ってきたアチューンメントは、この宣言のために準備してきたものです。そして、外側の世界に向けたこの宣言によって、あなたが信じてきたものとは方程式的に異なる伝達方法で顕在化するはずです。

——方程式的に異なるとはどういう意味ですか？

ポールが尋ねます。

原因と結果という考え方は、「こうすると、こうなる」というある種の方程式です。個人が完全な形で伝える神の振動、さらに、その顕現とその出会いによる影響は、今まであなたが知らなかった新しい方程式です。しかし、あなたがたがそれぞれ、これを知り実現するまでは、それは憶測のままでしょう。本書を続けるにあたり、私たちの意図は、高いオクターブにおいて世界を新しい光へと導く因果関係の影響を見届けるために、この振動の調和と出会うことのできる機会を与えることなのです。

皆さんはこのまま進むことに同意しているので、早速、その教えについて取りかかりましょう。ここまで参加してくださりありがとうございました。

（一旦休憩）

どうか、知る必要があることを知ろうとしているあなた自身を信じてください。本当に知る必要があるのです。これまでの歴史に基づいて結果を決めつけないでください。なぜなら、そんなことをすれば以前に選択したり、学んだりしたことに影響を受けてしまうからです。実現することは、その瞬間に存在することです。それはあなたが今立っているまさにこの瞬間です。なぜ実現しない人がいるのか、あるいは、なぜすべての人が実現しようとしないのかとあなたは尋ねるかもしれませんが、実現のためには行わなければならない同意における過程があるのです。

魂は、必要とされる学び、つまりそのために用意されたレッスンの指示に従って実現することができる自分の能力というものを理解しています。この生涯で、あなたは実現のためのレッスンとそれに伴う学びのすべてを選んだかもしれませんし、あるいは、何か他のことをする方を選んだかもしれません。どうか、このレッスンが、他のレッスンよりも優れているとか、もっと尊いものだと決めつけたりしないでください。繰り返しますが、それは小さな自己がどうあるべきか命令しているだけです。

さて、キリストの自己は自分が対応できる程度の方程式によって実現します。もしあなたが既知を超えて自己を実現したいのなら、そのための道は開かれています。宣言したことを超えて自分自身を知りたいのなら、あなたの現実を決めつけるために使った事実に同意してはいけません。

ポールが納得していないようです。

――そうですよ、理由を説明するために事実があるのです。それは事実ではないですか？

あなたが見ていると思っているのは、実際には、別の方法で再認識、または再解釈することができる一つの現実の証拠というものです。より高い部屋、アッパールームは真実に満ちています。そして、真実とは、小さな自己の主張とはかなり異なる方法で理解するものなのです。新しい方程式と言ったとき、私たちは何か新しいことについて話していました。繰り返しますが、あなたが理解しているように、原因と結果とは常に前に学んだことに対する結果です。「私は蛇口をひねります。すると、水が出てきます」。期待しているのは水であり、それはあなたが同意するものです。既知を超えて行動しようとするとき、あなたは要求や遺伝のシステムを超えて行動し、現実が何であるかを決めるのです。

では、以前、高層マンションの二十階に住んでいたと想像してみてください。あなたは二十階からの眺めがどんなものか理解しています。あなたはそこに住むための決まり事を理解していますが、理解できる高さは二十階までなので、それ以上の高さを想像することができません。しかし、実際に、その上にも階があったらどうでしょうか？　異なる効果を生む異なる表現方法があったとしたらどうですか？「異なる効果」とは、小さな自己が現在のことを決めるのに、歴史を通して断定するものとは異なることを意味します。すべては複数のオクターブに存在し、一つのオクターブから別のオクターブに移行するには、演奏しているキーより一つ上のオクターブに音符を転置する必要があります。そうすると、音楽の効果は大きく異なり、あなたが経験する音は、「慣れ親しんだ曲だけど、このキー、別のオクターブで聞いたことはないな」と感じ、翻訳するとはどんなことかを理解する方法を見つけるのです。

あなたが実現した世界や共有する世界では、物事が何であるか、何を意味するかについてあなたは同意しています。そして、期待値やノルマの目的のために、その同意に基づいて期待を募らせます。ノルマとは人々が望むものです。今日あなたがノルマだと信じているものは過渡期にあり、それは混乱した状況だったり、あなたが見ている混沌だったりします。かつて期待されていたことはもはや期待されず、何を考えるべきで、どのように反応するかを完全に理解している人は誰もいません。

小さな自己は、常に自分自身を知る方法として古いものを求めています。なぜなら、古いものは教えられた以上のものを見極める枠組みや力を必要としないからです。今、神聖な自己に頼ることは非常に重要なことです。なぜなら、そうしなければ、あなたにもたらされるかもしれないものを無駄にして、古いものを繰り返すだけだからです。いいですか、小さな自己というのは権限を持つと、自分が知っている家なら、むしろそれが自分の上に崩れ落ちるのを見てみたいと思うのです。小さな自己は自分が知っているものと似ていない場所に住むことなど想像できません。我が家と呼ぶことができるかもしれない場所に住むための大きく異なる方法を経験するより、直すところがなくなるまでボロボロの屋根を修理するのです。

アッパールームというのは、一つの現実をこれまでずっと共存してきたより高いものに変換したものです。あなたがたはこれを理解しなければなりません。アッパールームは何か新しいものを創造したものではありません。小さな自己の経験にとってだけ新しいのです。小さな自己はそこにとどまることができず、想像することもできません。小さな自己がアッパールームを想像するとしたら、何人かの天使や、おそらく一つか二つの墓石を頭の中に思い浮かべるでしょう。

──それは死んだときに、行く場所に違いありません。

ポールが言います。

いいえ、それは死んだときに行く場所ではありません。あなたが神と一体化していることを知っている場所であり、それ以上のものではありません。死んでも生きていても、考え方は同じなのです。小さな自己の支配を超えて自分自身を知ることができる、同意とエネルギーに満ちた調和の場所が存在します。どんな新しい選択をしたとしても、新しい方程式はアッパールームなのです。アッパールームでは、あなたがどう子どもの世話をするのか、どう仕事をするのか、あるいは、どうやって神への信仰を示すのかなどは大きく異なる場合があります。これは、その他すべてのことを実現するために使う憶測が、高いオクターブではかなり違うからです。「私は自分の子どもについて知っています。その子の名前を知っています。私はその子が何を好きか知っています。そして、成功するためには、その子は学校でもっとがんばらなくてはなりません」。そう決めつけると、つまり、学校での取り組み方によって子どもの将来が決まるというのは、あなたが低いオクターブで生まれる考え方を成功とみなしているということです。これが理解できますか？　子どもが既定のシステムの中で成功することを、彼自身に命じるような行動をあなたは課しているのです。あなたはそれをシステムのせいにします。それを現実にしてしまうのです。

もしそのシステムが破綻し始めたら、あなたはどうしますか？　「私はあれほどのお金を学校に使いました。けれど、仕事がありません」。「私はこれまで何年も結婚生活がうまくいくように努力してきました。それなのに、愛などありませんでした」。「私は政府を信じていました。そして、政府は何もしてくれませんでした」。「私たちは平和になると信じていました。そして、平和のために行進しました。そして、今私は人間の強欲さと戦争を目の当たりにしています」。「では、私は何をすればよいのでしょうか？　どう行動すればよいのですか？　これまでのことを考えると、私のイデオロギーにまったく合わない。理想とするものが存在しない世界でどうやって生きていけばよいのでしょうか?」。

もう一度言いますが、本当の自己は今、この瞬間においてのみ実現します。アッパールームは永遠に存在しますが、この瞬間にしかあなたはそれを知ることができません。明日や来週に知ることはないのです。しかし、それを経験する瞬間に、あなたにはすぐにわかるでしょう。ここで実現するのです。なぜなら、あなたとしての神聖な自己こそが実現する人であり、アセンションして上の方に存在する振動する自己となって、それを実現することができるからです。本当の自己が住むアッパールームは、実現することができるレベルです。下のオクターブに存在するものは、その場所で表現する人が別の方法によって再生し、再創造し、再認識することができます。なぜなら、それが法則だからです。相互の共鳴の法則です。同時にカメとカンガルーになることはできません。それは不可能です。

あなたが神として実現することとは、新しい歌の中で体のアイデンティティと振動の表現を取り戻すことです。あなたは以前のあなたではありません。小さな自己のアイデンティティは、「私はやってきました」という新しい視点で引き受けられ再生しました。そして、その表現や顕現、そして、出会うものに対する効果は、新しい世界を顕在化していきます。

すべての人を癒し、エデンの園に連れ戻してくれるというメシアに関するイデオロギーは、若干間違って解釈されています。キリストの意識の住まいであるアッパールームは、死すべき運命の人間が形を取っている間に達成することができる表現のレベルというものであり、あなたとしてやってきました。そのあなたは形を取っている間、転生が起こる可能性のある達成のレベル、あるいは振動の同意なのです。「形《form》」という言葉に線を引いてください。あなたがたの多くが形という考えを台無しにしています。言い換えれば、形がなれるもの、形が唯一なれるものは表現だということに気づかずに神格化しているということです。形を介したアイデンティティは、あなたが受け継いだ言葉を使った名前づけ、あるいは、自己同定のプロセスなのです。「私はある部屋に住んでいます。名前はポールといいます。私はこれまで教えられてきた方法であれやこれを知ります」。彼は自分の経験を言語化し、知ることができる思考やアイデンティティの顕現を振動で表現、あるいは明確にしています。

あなたとしての本当の自己は、小さな自己の明確な表現を超えて存在します。その結果、本当の自己がどのように物事を成立させていくかは、あなたが知っている方程式とは異なります。

――異なる方程式とはどんなものですか？

ポールが尋ねます。

それをこれから皆さんにお伝えしようと思います。あなたがた一人ひとりとしての神聖な自己、本当の自己は、明確に表現するための新しい言葉を持っています。それは音色であり、領域です。ソファがソファではないということではありません。表現の性質によって、あなたによって引き上げられたソファは高いオクターブにおいて再認識されたという意味です。声に出した母音は音です。その母音が持つ唯一の意味は、あなたによって音が与えられたということです。あなたとして通っている名前は、単にあなたが同意した一つの考えということです。それはあなたが誰なのかを説明するものではありません。

言葉を超えて、そして、言語が提供するかもしれない基準点を超えて、あなたがた一人ひとりを再生するために、私たちはそれぞれが機会を得ることができるように引き上げようとしています。それは、これまであなたが教えられてきたことや考えてきたことの限界を超えるための新しい機会というものです。神の行動とは言葉です。これが理解できますか？　最初にあったのは言葉でした。神の外側には何も存在できないので、言葉とは、どんなものを、またはどんなものを通してでも知ることができる神によって知らされた周波数の音色です。小さな自己による神に対する裏切り行為とは、自分は神のものではないという愚かな信念です。

皆さんに教えたいのは、形として顕在化する本当の自己は再び明確に表現するということです。肉、骨、骨髄、血、そして、唾液として自己を認識する一方で、人間の姿をした領域において、あなたは形として、振動によって、音や音色を明確に発音することによって表現するのです。そうです、あなたは源から離れることはできないと理解しています。しかし、一体化を実現するには、あなたが作る音、エネルギーに満ちた振動の音色を新しいオクターブに移さなければならないことは理解していません。その新しいオクターブにおいて、「私はやってきました」と宣言し、世界を新しい振動へと引き上げることを知らせるのです。

それは小さな行為ではありません。これまで教えられてきたほとんどすべてのこととは正反対の行為ですが、もしそうでなければ、私たちはそれを教えることができませんでした。私たちは真実において話し、真実において自分たちを知っています。同じように、構造や古い表現を超えて、私たちは真実においてあなたがたを知っています。「私は三人の子どもを持つ母親です」、「私は夫が好きではありません」、「私には父親がいました。私たちの元から去りました」、小さな自己はそうやって自分の物語を語りますが、あなたはそのような人ではありません。なぜなら、より高い部屋ではそのようなものにはなれないからです。

――さて、それはどういう意味ですか？

ポールが尋ねます。

――その人の父親は決して彼女の元からいなくなったわけではないのですか？　その人には子どもはいなかった、と言うのですか？

そういうことではありません。その女性の存在についての物語の中で、神の表現が制限された自己同定のレベルから、彼女は本当の運命となる別の次元に移ったということです。神聖なる自己である彼女の本当の運命は、母親であること、父親に捨てられたこと、かくかくしかじかの場所に住むこと、かくかくしかじかの立場となること、そして、すべてのものを通して自分自身が神だと知ることによって実現するのです。

この章のタイトルである解放において、あなたが今とるべき行動は、制限された小さな自己を超えて宣言することを目指しながら、自己を定義するために思いついた考えの中から真実を再創造することです。簡単に言えば、これまでずっとそうであった本当のあなたを実現するために、小さな自己によって決められた自分が何者なのかという考えから解放されるということです。これが新しい鍵、新しいオクターブ、新しい表現を伝えていくための教えです。あなたが求めていた答えなのです。

自分らしいやり方で、あなたという人が存在することは、その表現において非常に大きなことです。そして、自分は神などではないという単純な思い込みが、この大きいものを受け入れる気持ちを邪魔してきたのです。私たちがどれほどこの教えを説いても、あなたがそれを実際に行って認識するまで、そのような考え方をやめることも、神とはどんなものなのか再認識することも、ただの考えに過ぎないのです。認識においてそれを知るまで、それはただの考えに過ぎません。あなたが宣言するかもしれない可能性がある考えだということです。それを授けるために、私たちはあなたがたを引き上げなければなりません。そして、この音色のレベルにおいてあなたがたを引き上げるためには、私たちの表現の手段であるポールを呼び出すために、私たちは力の限りを尽くします。この教えは新しいもので、表現するという考え方にポールは戸惑いを感じるかもしれませんが、できるだけ明確に伝えることができるように最善を尽くします。しかし、皆さんを引き上げるためにはポールに頼ることになります。なぜなら、皆さんと一緒にいるということは、私たちがポールを引き上げることになるからです。

それでは、そこに座っているポールに作業する領域になってもらうために、私たちが入ってくることを許可してもらいたいと思います。この瞬間、私たちはただ意図的にあなたがた全員をアッパールームに連れていきますので、私たちに出会うかもしれませんね。

ポールの体とポールの表現を通して皆さんを引き上げるとき、あなたがどこにいようと、自己を超えて、歴史の命令を超えて、自分自身に課した課題を超えて、知り実現することを、あなたがたはそれぞれ私たちと同意を交わしています。

——それはどのように行うのですか？

ポールが尋ねます。

一致によって行います。この教え全体が一致なのです。これまでもずっとそうでした。他のすべては情報であり、情報と一致とはかなり異なります。ポール、そう思いませんか？　次の言葉を言いながら、私たちはあなたがたと一致します。そして、その後、すべての人が一つに調和するように呼びかけます。

「今日この日、既知を超えて、この運命を不可能にするような同意をいつなんどき私が交わし、選択しようとも、それを超えて、私は実現することを宣言します。既知を超えて本当の自分を認識することを自分自身に許すとき、私は知り、受け入れ、解放します。事実、私の運命を規定するどんな限られた考えからも、私という存在の真実から遠ざけようとするこれまでに交わした同意からも、私は自由になるのです。これを受け入れると、自分の中の私という存在のすべてが、再認識し、再創造し、振動の中で再び歌うことを自分に許可します。そして、私の領域に響き渡る歌は高貴で、その歌に出会う人々にとってそれがどれほどすばらしいことなのかを知っています」

ポール、私たちはあなたを通してこれらの言葉を言います。あなたとしていうのではありません。なぜなら、歌うのは私たちだからです。そして、私たちがあなたの体と魂を通して歌うとき、皆さんが知ることができるように歌います。皆さんが自分たちの源と一体化して認識し再生することができるように歌うのです。ポール、三つ数えたら、私たちはあなたが座っている領域を引き上げ、あなたの周りに波動を引き出します。すると、私たちの言葉を聞いた人なら誰でも、その領域に存在することができます。皆さん、どこにいたとしても、この領域で出会うことを許可してください。

一、二、三。

（小休止）

許可してください。許可してください。許可してください。
受け取ってください。受け取ってください。受け取ってください。
受け入れてください。受け入れてください。受け入れてください。

（小休止）

たった今何が起こったかというと、あなたは受け入れたので、一致できる同意の段階へと完全に引き上げるための振動の調和や一致が可能になりました。同意における段階とは以下のようになっています。「それは可能です。それを知るでしょう。私は知り、受け入れるだけの力があることを宣言します。私はすべての人のために、形や領域において、高い部屋で創造することを受け入れます」。

この錬金術は、同意するレベルにおいて顕在を受け入れた個人にだけ体系化されます。次のことを理解しなければなりません。あなたは自分が保つことができるレベルの振動においてのみ受け取ることができるということです。さらに多くを保つことができるようになれば、あなたはもっと同意し、さらに知り、もっと多くの同意を行い、すべてを認識したと理解するまでになるかもしれません。進化のそれぞれの段階で、人類は新しいモデル、または具現化に同意することがどんなことなのかという考えから自由になる機会が与えられます。それが今なのです。だからこそ、皆さんに参加してもらいました。どこに座っていても、どこにいても、私たちに受け入れられてください。そして、神の中のあなたを肯定してください。終わり。終わり。終わり。

（一日休憩）

あなたがたはそれぞれ、転生する前に、生涯においてどれだけ同意するか決定しています。これは人格ではなく、魂のレベルで行われます。上昇することを決め、栄光を知り、思った通りに王国を宣言する魂です。あなたとしての本当の自己が、王国を宣言するのです。あなたという神が相互の振動的同意において、王国を神の力強い表現の鍵となる音、あるいは音色に顕在化するのです。

ところで、知っているかどうかにかかわらず、あなたが取った形は、アセンションを試みたり、より高いオクターブで形を変えたり、再び知ることに挑戦しようとします。これはあなたの表現が、それを妨げようとする小さな自己の同意なしに、形として実現する機会を持っているということです。しかし、形を所有している小さな自己は、自分が知っている環境を通して引き上げる必要があります。そこが難しいところなのです。あなたがたがそれぞれ、表現するためにアッパールームと一致することができるなら、そのためには許可が必要であり、あなたの中のすべての自己の側面からその許可を取る必要があるということを受け入れなければなりません。事実、神を実現することを拒否しているあなたの中の別の自己を、アッパールームに引きずっていくことはできません。

――神性を拒否する私たちの中の自己について何か例はありますか？

ポールが尋ねます。

どんな文化でも構いませんが、自分の文化について考えたときに、神の存在を感じない自己の側面というものが必ずあるはずです。体は神聖なものだと主張しながら、体についてひどく恥じている面があります。あなたは恥ずかしくなって自分の体を覆います。そして、描かれているように、エデンの園から追放された人々は体を丸めて、露出している体を覆い隠すのです。あなたという神は、その存在のすべての細胞において完璧なのです。それにはあなたが恥ずかしいと思う側面も含まれています。ただ、あなた自身が認識したのか、他人によってあなたが認識したのかはどちらでもよいことです。あなたは否定したものを、エデンの園から取り除き、神の外側に置いてしまったのです。自分の体を卑しむということは、その中の神を否定することです。

——卑しめるとはどういう意味ですか？

ポールが尋ねます。

あなたがどのように大切にするか、または大切にしないのかということです。これの難しいところは、繰り返しになりますが、自己のどの側面があなたの体を管理しているのかということです。小さな自己の担当は、自分がどのように見えるか、どのように振る舞うべきかで、小さな自己が住む世界の表現に基づいて決められています。あなたは教えられたように食べ物を批判します。あなたは自分がなるべきなのはこれだ、あれだと考えます。そして、何度も何度もあなたを表現の考え方やシステムに縛りつける同じサイクルを繰り返すのです。

今、既知を超えた新しい可能性へと皆さんを招待します。あなたが取った体である形の実現は、体を再認識し、その領域において新しい方法で知るとあなたが同意した形で行わなければなりません。何が言いたいかというと、体が保持する領域はその表現であるということです。エーテルに複製されない体の部分などありません。体を再形成することは、エーテルに存在する完璧さを実現することで、あなたが何者なのか顕在化することができます。その等価性は、簡単に言うと、その中にあります。そうなると、ないとも言えるのです。しかし、体を管理しているのが課題や使命を持った小さな自己であるなら、あなたはできるだけのことはやってみるでしょう。しかし、それでは変わることはありません。自分が誰なのか知っているあなたとしての神は、形やその表現も宣言するのです。そして、あなたがた全員がそう思っているように、本当の意味で体に害を及ぼすものを拒絶するというのは、知的な行為ではありません。それは、神に従い、神があなたを宣言する機会を用意するという単純な行為です。こうしたことを決めることができるレベル、または分岐点に自分がいることが正しいと思うなら、あなたが取った形は新しいものに移り、神の中にとどまることができると判断するかもしれません。そして、あなたの性的な自己を含む体の機能について、より高い一致において再認識するかもしれません。

——それは一体どういうことですか？

ポールは尋ねます。

とても簡単に言えば、セックスとして、行為として、衝動として、生殖としての神、あるいは生殖なしの神ということです。性的な自己において、自分自身を表現する体の能力は贈り物であり、その贈り物を否定することは体を卑しめることです。その贈り物が体を支配するべきで、あなたが存在する理由だとするのも、体を卑しめることになります。なぜなら、本当の自己が必要としている条件にそって活動していないということになるからです。

——本当の自己は性的な部分を必要としているのですか？

もちろんです。すべての花やすべての木と同じように必要とします。おそらく、人間の体ということで生じる違いは、内在する神から離れていたり、その神を否定して生きていたりする他者のアイデンティティと客観化というものでしょう。

あなたのパートナーの神性を否定することは、性的行為の神性を否定することです。あなたのパートナーを愛することは、体を愛することであり、体が取った表現を愛することです。すべての愛が性的に表現されているわけではありませんが、性的な愛は、浜辺を散歩したり、娘が寝る前に歌ったりするのと同じように、神を知る方法なのです。あなたは夕日に、あるいは最愛の人の唇に神を知るのかもしれません。それは、あなたとしてやってきた神の存在とその神との相互作用を知り、そして、実現することでもあります。

ポールが口を挟みます。

――なぜ主題から脱線して、性的な話に時間を割くのですか？

そのことについて尋ねられたので、答えることにしたのです。しかし、それ以上に、形の高潔さを絶対的なものにするために、つまり、単純に表現のより崇高なオクターブへと体をアセンションさせるためには、自分の体について恥じたり、自己を否定したりしてあなたが弱体化していては無理なのです。また、愛しているわけではなく、自分の欲望を満たすだけの相手として誰かを求めたいという願望では、アセンションは起こりません。そして、私たちは今一度はっきりと話しておきたいと思いますが、愛するということは、ロマンチックな空論ではなく、愛の振動の中にいるということです。そして、それは他の人との関係において愛の存在を知っているということなのです。他の人の中の神を否定することは、自己の神を否定することです。そして、あなたの性的な部分を否定するということは、それがどんなことであれ、それを通して神が表現する機会を否定することになります。

「神は一体どのように性的な表現をするのか？」と、あなたは尋ねるかもしれません。愛においてです。愛の同意において誰かと共に自分たちを知るために、さまざまな感覚の可能性における美を認識して表現するのです。性的に表現する正しい方法は一つではありません。人にはそれぞれ性的嗜好があります。彼女はダークブラウンの髪色が好みです。彼は男性が好みです。彼女は男性が好きです。好みはさまざまです。しかし、こうした好みの中に神を否定する場合、そのような行為自体が低い振動のものとなります。そして、行為が低い振動にあるならば、あなたは恐怖を支持することになります。なぜなら、誰でも、また、どんなものも、その中の神を否定すると、それが恐怖への入り口になってしまうからです。あなたのパートナーの中に存在する神に同意することは、そのパートナーを愛することです。これは友情にも当てはまります。結婚においても同じことです。愛がどんな形であれ、愛において真実となるのです。あなたのそばにいる人の神を認識することは、その人と神を愛することであり、自分たちが知っているお互いの姿を宣言する神が存在するということです。

――これがアセンションとどう関係するのですか？　それとも関係ないのですか？

ポールが尋ねます。

あなたはアッパールームで恋をするかもしれません。また、そこで情熱を感じるかもしれないのです。なぜ自分の本当の表現から、性的な喜びを排除しようとするのですか？　セックスをするたびに下に戻ってこなければならないとしたら、オクターブで作業することは非常に困難になります。

そして、まだアップルームでセックスをしたことがないなら、あなたはそれをとても好きになると思います。「なぜですか？」とあなたは言います。そこには恐怖が存在しないからです。自分の弱い部分を表現すると、それは絶対的な力を持ってしまいます。なぜなら、あなたが誰かを知ろうとすること、本当に知ろうとすることを邪魔する恐怖というものは、アップルームのオクターブには存在できないからです。あなたがたの多くは親密さを経験したいと言います。しかし、あなたはそれを表現することができないので、親密さを知りません。なぜならば、あなたを愛から遠ざける恐怖によって生まれた壁をあなた自身が作っているからです。そして、多くの点において、とても悲しいことに、あなた自身が愛を知ろうとすることを避けているのです。

いまこの瞬間に、体と心の両方で愛することは安全だとしたらどうでしょうか？　あなたが考える男女関係というものを超えて、誰かと関係性を築くことができるとしたらどうでしょうか？　真に愛されるには、あなたが本当の自分でいるだけでよいとしたらどうでしょうか？　それが真実なら、あなたは本当に恐れることはありません。神に知られること、そして、神によって実現されることを許可することは、それ自体が愛に包まれる方法です。この絶対的なものによる完成は、あなたが知りうる最大の愛というものなのです。しかし、これを実現するためには、祭壇の前で丸裸になり、神があなたを通して完全に表現することを受け入れることです。あなたが取った形や体の機能、あるいは、肉体的な快楽を否定するなら、あなたは神を知るための方法を否定し、ずっと隠し続けることになります。

――しかし、不道徳な行いはどうなりますか？

ポールが尋ねます。

――私たちにも注意しなければならない不道徳な行いというものがありませんか？

もちろんあります。そして、あなたは小さな自己のように、そのような行いを正さなければならないと考えます。しかし、あなたは本当の意味で修正したことはありません。なぜなら、それらは破損しているというものではないからです。それは単に自己の考え方であり、どう考えるかによってあなたが取った形に影響を及ぼすのです。本当の自己との一致は、実際には、まさにこのようなことをより高い方法で再認識するために引き上げる機会を与えてくれますが、あなたが戦おうとする限り再認識することは不可能です。それは、小さな自己が何かを正そうとして、救済のためには祭壇の前に置くのが最善の方法だと考えるようなものです。何かを救済するということは、そこから解放することであり、同時に、その責任からも解放されることになるのです。

――それはどういう意味ですか？

ポールが尋ねます。

とても簡単に答えます。もし何かをコントロールすることがあなたの使命なら、「猫に餌をやるべきです。さもないと猫は生きられません」ということです。どうか猫に餌を与えてください。しかし、もしあなたの使命が小さな自己には宣言できないものなら、「私は嫉妬《しっと》から解放されます」となりますが、嫉妬深い自己には無理です。「私はこの中毒から自分を解放します」というのも、中毒者である小さな自己には達成することはできません。だとすれば、あなたを救うことができる存在としての神を知ることが、どういうことなのか理解できるはずです。

——それはどのように起こりますか？　苦しみから、私たちはどのように救われるのですか？

ポールが再び尋ねます。

とてもよい質問ですね。それには多くの答えがあり、人にはそれぞれ自分のニーズに対応するための異なる方法がありますが、私たちは単に降伏するという考え方を提案します。降伏するというのは、実際にはシンプルに受け入れることを申し出るということです。神の前にひれ伏して「取ってください」というようなことを強いるものではなく、シンプルに申し出るのです。「あなたのものにしましょう。あなたのものにしましょう。そして、この解放の行為において私に何かお手伝いできることがあれば、知らせてください。教えてください。私の存在のすべてを捧げることができるように、私に知らせてください」と言うことです。

あなたの存在のすべて。それには、あなたの性的自己、あなたの中毒、あなたが不道徳な行いとして知っている行為が含まれます。また、あなたが仲間を叱責する必要性や、常に正しくある、あるいは決して正しくないという必要性も含まれます。さらには、神の存在を排除したり否定したりして行動するあなたが誰で何者なのかという考えも含まれます。

人生で困難に直面しているとき、住んでいる世界からの脱出を求めているとき、日々の生活の中で、そして、一日一日が過ぎていく中で、あなたの成長に必要な条件について理解するとき、その成長のための機会を受け入れるとき、あなたは救出の機会もまたそこに存在することに同意する必要があります。歴史の残骸や、両親や文化や宗教に教え込まれてきた自分を蔑む行為の中で、本当の自分というものを探すために、より高い部屋に到達するために活動する自分の姿を見ることができる存在として、あなたという神、そして、あなたという創造主の側面としての可能性を受け入れると、すべてはアッパールームに引き上げられます。終わり。終わり。終わり。

二十日目　自己の支配権は形を超越する

この次元において表現するようになると、あなたがたはそれぞれ自分のニーズに従って実現することを決めます。しかし、それぞれの魂が必要とするものは、多少違ってきます。人の一生はそれぞれ進歩するための機会ですが、進歩の方法は必ずしも一つというわけではありません。肉体化した一つの人生で経験したすべては、あなたが次に転生するときに評価されます。「私には何が必要ですか？」、「どうすれば自分自身を知ることができますか？」、「すばらしい存在を経験するための方法とは何ですか？」と。

さて、あなたの神性は、あなたの魂が生まれたときに強い影響を与えます。あなたは神から離れることはできないので、実現するというたった一つの目的のために、この影響はあなたに残り、何度生まれ変わってもその生涯においてあなたとともに進歩していきます。一つの生涯で、あるレベルの実現を達成し、次の生涯で、あなたは前の人生で宣言したことを通して学ぶかもしれません。一つの生涯を終えて、新しい町に引っ越そうとしている自分を想像してみてください。次の生涯は、引っ越したばかりの町での体験になります。あなたがたの多くが、生涯の目的は実現にあると思っていますが、実はそれは目的ではありません。それは表現して知るための方法であり、進歩し続けます。実現には限界など設けられていないのです。

あなたが形を取り、このように学ぶことを選択したのなら、数々の機会は形として現れるでしょう。形を解放し、エーテルで自分自身を理解すると、学びはエーテルで現れます。あなたの前の経験が今を凌ぐことはありません。なぜなら、以前の経験はあなたが進む旅の一部であり、したがって、あなたが理解しているすべての一部ということになるからです。

あなたがひとたび実現すると、過去に関するどんな考えの中にも実現することができます。そして、過去は単なる概念に過ぎないので、過去を実現することは、あなたが立っている今この瞬間を実現することであり、その結果、過去は新しいレベルの一致において理解することができるようになります。どこか別の場所にいるべきだとか、別の選択をしたとか、まったく違う経験をしたと考えることは不可能になります。なぜなら、実現の瞬間に、すべてはつじつまが合うからです。おそらく、論理的にということではなく、本来の完璧さにおいてぴったりとはまるのです。あなたはいるべき場所にしかいることはできません。多くのものを教訓として、人生を学び、魂が望む自己というものを実現するためには、あなたはこの経験しか選ぶことができなかったのです。

人生で一つの試練を経験するとき、あなたはまたとない機会と巡り合っています。小さな自己は「そんなことはない」と言うかもしれませんが、本当の自己は実現するためのどんな機会にも、「喜んで」と言うはずです。

あなたがたの中には、トラウマや危機において実現することを選ぶ人もいるでしょう。なぜなら、小さな自己は状況を改善するためのツールを持っておらず、神へ頼ることが不可欠だと理解しているからです。これは旅であり、教育であり、機会であり、実現とはその段階のことであって、最後から二番目の瞬間ではないということがわかれば、あなたは実現するということは単純に存在するためのもう一つの方法だということを理解するはずです。

古いものを正当化したり、新しいものに古いものを混在することを要求したりすることは、自分が立っているその瞬間から切り離されてもよいと宣言することです。しかし、その瞬間だけが、実現することができる唯一の時間です。あなたではないものを教えるために、私たちはリストをお渡しししています。あなたはあなたの歴史ではありません。あなたはあなたの体でもありません。あなたではないものをさらに挙げることはできますが、そうするのはたった一つの理由からです。誰もが陥りやすいのは、古いものと共謀して自己を理解する方法を取ってしまうことです。そうなると、あなたは自分が立っている瞬間を見失ってしまいます。なぜなら、自分は何者かという考えから離れてしまうからです。「私は男です」とか「私は女です」と言っても、あなたは「男」という名前が持つイメージにしがみついているだけなのです。男であるとはどういうことか、男であったとはどういうことか、男であるべきとはどういうことか、そして、男として大成したらどうなるのかというような価値観です。そのようなことを追求する旅を続けたいなら、それでも構いません。それも一つの人生の旅でしょう。「私は、今回の生涯で、男性であることの意味を理解するつもりです」と。しかし、言葉が持つ特有の性質は、多くの人々にとって多くのことを意味します。そして、あなたが考える男らしさとは、実際にはあなたが生きる世界でのあなたの地位や、あなたがどんなものに憧れ、どんな人になるべきか、ならないべきか、またはどんな人に決してなってはいけないと教えられたのかという価値観に影響を受けるのです。

本当の自己の支配権は形を超越します。これまで説明してきたように、形は含まれているのです。排除するものではありません。しかし、支配権は形を超越しているということなのです。実現のための呪文によって、自分の進む道を思い描くとき、この方法によって転生することを選んだとき、形と表現の認識こそが自分自身を知るための本質的な方法だと理解するとき、あなたは高い部屋の視点から世界を宣言することができる権威として、実際に実現するところを目撃するのです。ここでの支配権は一つ、たった一つです。それは創造です。創造の中にいるということは、顕在化を実現する人ということであり、神聖な自己の顕現は、それ自身が発している振動と同じレベルのものになります。例えば、あなたは「V」という文字を発音します。あなたは「V」という文字に同調します。そして、その「V」において、振動の一致によって、言葉の顕現は「V」の文字になるのです。あるいは、「V」という音にあなたが出会うのです。あなたの存在の調和によって奏でている、あなたが歌うその音が、それと一致するように表現や顕在化する世界を作り出すのです。

すべては、振動やある程度の変動の中の多数のシーケンスに存在するので、無限の変動を知ることができ、あなたは無限の可能性を創造することができます。しかし、神聖な自己は、その音色において、また実現のための自らの使命において、低い振動から要件に応じることはできません。そんなことをすれば、自分自身の力を弱めることになってしまいます。そうなったら、古いもので密集したところへ、そして、密度の高い次元に放り込まれ、顕現の機会はまだあるものの、低い調和で活動することになってしまいます。地下室で宣言することは、地下室のレベルなのです。アッパールームで宣言するから、その振動を保つことができるのです。

さて、あなたが誰で何者なのかを知るためには、見てもらうことです。ここで、見られたくないと思っているポールのために言いましょう。「私はやってきました」という宣言は、実際には目に見える宣言なのです。これについて、説明します。神聖な自己として目に見えるようになるということは、実は単に、アッパールームからのあなたの表現が、障壁や制限のある方程式を乗り越えたということを意味します。そのため、体の中にいても、顕現を目的とする本当の自己として活動することができるのです。これは、スピリットにおいて、欲しいものを手に入れるにはどうすればよいか教えられたシステムとはかなり異なります。しかし、欲しいものを手に入れるための話をしているのではありません。アッパールームに存在するすべてのものと同じように振動する、本当のあなたを顕在化するという話です。そして、アッパールームに存在するものはすべて、密度の低いこの次元で見つけることができるのです。その出会いによって、あなたはどんなものでも引き上げることができます。しかし、何かを崇高なものに引き上げるということは、それが価値のあるものだと認識し、それを知り、それを実現するということです。それについてあれこれ判断したり、恐れたり、どのように見えるべきか決めつけたりすれば、あなたはアッパールームに何があるべきかを、古い方法で決めてしまうことになります。

さて、あなたが誰かに、または何かに気づいたとき、小さな自己ではなく、神聖なる自己である神の使命とは、愛においてそれを知り、それを正しく認識することです。

――しかし、それが悪いものだったらどうするのですか？

ポールが尋ねます。

――家の中で虫が発生したら、害虫駆除業者を呼びます。スズメバチがいたら、刺されたくないので本で叩きます。そんなとき、私たちはどうしたらよいのですか？

理解することが重要です。どんなものにも神が存在すると気づけば、より高い次元、あるいはオクターブで活動している現実の構造において、あなたはそれを理解するようになります。虫自体、つまり虫の概念が浮かぶのは、あなたが虫を怖いと思うようになった過去の経験があるからです。虫を認識することによって、つまりどんなものでも神のものだと思って認識すれば、あなたは虫本来受け継いだものを宣言するために、その本当の姿を言い換えることができるのです。では、虫はいなくなりますか？　それは本題ではありません。問題は、高いオクターブに存在していて、自己を認識し、そして、これまでずっとそうだったものを実現するということです。

あなたが自己として持っている輝きは、あなたが想像するよりもはるかに多くのものを包み込み、たった一人の存在が、内在する完全さによって地球の実現を行うとき、地球と、その地球に住むすべてを高いオクターブへと引き上げます。虫は地下室にいるべきだと決めつけてはいけません。また、残りの人類が上昇してもあなたが嫌いな男だけは鍵のかかった部屋にいるべきだと決めることもできません。それは、誰かを罵ったり、何かを非難したりするときに行うことです。すべては引き上げられ、すべてを知り、そしてその源として実現するのです。これは明確な表現であり、「私はやってきました」と存在を知らせることによって顕在化し話された言葉です。この宣言が放つ輝きとは、実際には無限です。なぜなら、神そのものが無限だからです。そして、あなたは神と調和し、完璧な方法で神が表現することを受け入れていますが、神として話しているわけではありません。こうした指示によって今あなたが立っている重要な分岐点は、具現化して宣言されたということですが、一度体を手に入れると、それが何を意味するのかわからなくなるのです。そして、このレベルであなたは何者なのかというと、キリストの自己の顕現ということですが、一つの顕現の姿ということです。「私は言葉」という宣言は、あなたとしての神がさまざまな無限の方法で知るということです。あなたは宗教に背いているわけではありませんし、あなたではない誰かになろうとしているわけでもありません。あなたが保っている一致は、顕在化する世界との出会いにおいて表現され、名前がつけられます。「出会い《encounter》」という言葉に線を引いてください。振動するあなたという存在——それは、自分が誰で何者か知っている信託者、あるいは、骨、肺、手、オーラの領域、そして、神という深遠な神秘の一部としての神の表現——は表現します。振動の無限の本質は目にするものへと歩み寄り、それを包み込み、引き上げます。そして、明確な表現において知ることができる、あるいは、神聖な自己と互いに共鳴している王国を知ることができるのです。神聖な自己は話すことによって、王国を存在させます。明確に表現することは、声に出して話すことです。

早速、ポールが尋ねます。

――それはどのように行うのですか？

あなたが保っている領域の音色において行われます。そして、「私はやってきました」と言葉にすることは、すべてのものに残る神の記憶を内在している神を知らせることです。岩、木、肺、手としての神、夕日や吹雪としての神、生としての神、死としての神、身をゆだねる神、もがき苦しむ神。その外側には何もないのです。そして、どんな経験も除外されることはありません。なぜなら、それらはすべてその次元で表現された神のタペストリーを紡ぐものだからです。人々はもがき苦しんだり、混乱したり、戦争したりしますが、こうしたことでさえ神によるものです。自分が誰なのか忘れてしまった人々の行動の一つの例に過ぎません。

――しかし、それらが神によるものなのですか？

ポールが確認します。

はい、もちろんです。だからこそ、否定的な経験を知ることは、それをしっかりと表現することができるより高いオクターブで再び宣言することなのです。そうした表現、つまりどう奉仕し、どう振動数を伝えるのかを、修正するのではなく実現することで再認識するのです。実現は修正ではありません。実現すること、新しいこと、今新しいこと、深遠なほど新しいこと、神聖なほど新しいこと、存在の全体性によって理解する新しいこと、などが実際に実行されるのです。「見よ、私は万物を新しくする」ということです。よいものだけではありません。ひどいことだけでもありません。万物です。除外するものは何もありません。

ところで、人類としてのキリストの顕現は誤解されています。あなたはサンダルやチュニックを身に着けたりしません。仕事をしているなら出勤し、必要に応じて子どもを入浴させ、できるだけ自分の体のケアも行います。しかし、すべての人は神聖な存在だと理解すれば、実現の機会は聖人だけに託すものではないとわかります。また、ただ単に、普通の行為というものではありません。実現のための普通の行為に「ならなければ」いけないのです。ほとんどの場合、意識して呼吸することはないでしょう。あなたが心臓を動かしているわけでもありません。心臓が自ずと鼓動するに任せ、自然に呼吸するものだと信頼しています。周りにあるものはすべてが、単に神が顕現したものだったらどうなるか想像してみてください。一体それ以外の何だというのでしょうか？　そして、これこそ今回私たちが皆さんに教えたい核心なのです。

存在することに努力は必要ありません。あなたは存在しようと努力しません。努力することもできないのです。あなたはもう存在しているからです。そして、どんな形を取っていたとしても、あなたはすでに神の明確な表現なのです。すでに教えたように、神が及ぶ範囲というものは、神が見たり想像したりすることができるすべてです。何を見ても、それはあなたに関係しています。心の中に何を思い浮かべても、それはあなたのために、顕現の始まりである思考のプロセスの中に組み込まれていきます。したがって、あなたはすでに創造主であり、創造主そのものなので、アッパールームにおけるその実現は、「私はやってきました」という現実との出会いにおいて、この次元の神聖な自己の支配権のための機会を宣言します。

さて、支配権とは、統治ではありません。何かをコントロールしているわけではないのです。この場合は理解力というものです。自分が誰なのか知っている人は、それを確かめる必要はありません。椅子に座る権利があると知っている人は、座るための許可を取りません。支配権を知っている人は、シンプルに存在しているだけです。そして、その意識は常に見ているものと連動しているので、顕現について疑問に思うことはないのです。自分が誰なのか知っている人はそれを知覚するので、それに一致することができます。今この場にいる皆さんにも同じことが言えます。支配権において上昇するとき、つまり「私はやってきました」と宣言するとき、あなたの中に伝わる振動の波は、それが一致するとどんな経験になるのかを宣言します。すると、引き上げ《リフティング》が始まるのです。

引き上げとは内在するもので、焼灼《しょうしゃく》され、抑制され、保留され、放棄されたかもしれないものを実現することです。草の葉の中の神、それは普通の草の葉です。廃墟となった城にいる神。めちゃくちゃになった人生の中の神。そして、見捨てられ失われたと感じるもの。神はそのすべての中にいます。そして、すべての中の神の実現は、確認できるすべてのものを宣言します。繰り返しますが、この確認、つまり自分自身と自分が生み出したすべてのものと向き合うことは、変わるためのすばらしい機会です。修正するのではありません。明らかにするのです。あなたは内在する神を明らかにします。すると、明らかとなったものは上昇していきます。

ただ、その結果は、あなたが思っているものではないかもしれないし、まとまりがなく、簡単には出ないこともあります。二十五キロほどのブロックを持ち上げるには、あなたは相当な力が必要だと考えます。また、小石を拾うことは、簡単だと思うのです。場合によっては、二十五キロのブロックを持ち上げるときは軽々と優雅にできるのに、小石は神など存在しないちっぽけな存在だと思うと、それを拾うことが困難になることもあるのです。しかし、困難だと感じるのは、小石を拾うことは簡単だと想像した小さな自己の方です。あなたとしての神は、小石と巨大なブロックを平等に扱います。なぜなら、二つとも同じ物質からできているからです。あなたが見るものはすべて、それを知っているかどうかにかかわらず、共鳴する領域で躍動する広大な周波数なのです。そして、「私はやってきました」と、あなたが行った振動の引き上げを完全な形で知らせると、この表現における存在の使命とは、すべての形、すべての形、すべての形をついに意識によって変えることだと認識するのです。なぜなら、すべての形もまた一つの概念だからです。これが理解できますか？形自体が、顕在化そのものが同意したただの一つの概念だとしたらどうなるでしょうか？

あなたがたの中には、流動性、または時間が存在しないより高い次元を経験した人たちがいます。その瞬間ベッドにいたのに、次の瞬間あなたは空を飛んでいます。あなたはその現実を疑うことはありません。あなたはさまざまな方法で、そのような現実やそれに関する性質を知っています。なぜなら、それを経験するためには、異なるルールや法則があるからです。あなたが神と一致し、すべては顕在化した考えだと理解するようになると、その結果、すべてを新しい考えとして再認識することができるようになります。すると、アッパールームであなたに与えられたものは、人類の大いなる遺産から離れてしまったり、人生の源から自ら進んで孤立したりすることがないように、すべてのものを一つにする権限だと理解することができます。これで、この章を完了します。タイトルは「解放」でした。準備が整い次第、次の章を続けます。終わり。終わり。終わり。

第8章 もう一度明確化

二十日目（続き）　アッパールームから世界を理解する

物事がどうあるべきかについて、小さな自己の要求を優先してしまうと問題が発生します。ポールの言葉を思い出してください。「それはどういう意味ですか？　それはどうやって起こるのですか？　その効果とは何ですか？」などと、よく言いますね。また彼が、「そんなことはありえない。そうなるはずがありません。そんなこと信じられますか？　あなたがたが経験的世界に顕在化していると話すこの新しい教えを立証する経験とはどんなものですか？」と言うのを聞いたことがあるでしょう。

あなたという神と、その顕現についてここまで教えてきました。顕現の教えはあなたから始まり、あなたの形それ自体を理解することが、「私は言葉」という行動において神聖な自己の視点を実現する次のステップとなります。あなたに与えられた名前が、実際には多少なりとも、本来持っていた可能性を遠ざけていたのかもしれないと考えるようになるかもしれません。これはとても単純に、自分を制限する生き方によって、あなたが自分をどう思うかということが、意識しているかどうかに関係なく、本当の神聖なる性質を制限するように、制御システムが働くように仕向けているということです。

「本当の神聖なる性質」。この言葉に耳を傾けてください。「本当の神聖なる性質」。常に真実である神の表現というものです。それがこの言葉の意味なのです。常に真実。神の表現。それは常に真実なので、他のものに変えることはできません。そして、それは常に真実であるため、そのように知ることができるのです。「私は真に自分が誰なのか知っています」。これは実現です。「私は何者なのか知っています」。これは顕現です。「私がどう奉仕すべきか知っています」。これは支配権において、あなたとして転生した自己の側面による表現です。そして、それは私たちが神聖な自己、永遠の自己、本当の自己、キリストの自己と呼んでいるものです。どんな呼び方でも構いません。

あなたはまだうろうろして、自分の名前はハンクだとかサリーだと自己紹介しています。それこそが、あなたがそうなることに同意して、自分自身を知っている方法です。しかし、ハンクやサリーとしてやってきたのは神であり、自分自身を知らせるのはその神であり、「私はやってきました」と宣言します。

「私はやってきました」と宣言すると、基本的に神の顕現は、本当の性質の中で出会うすべてを宣言します。ところで、小さな自己は「私はやってきました」と宣言することはできません。それでも宣言しようとします。しかし、それはこんな具合にしかならないものです。「こんにちは。ハンクです。私はやってきました」と言いますが、別の誰かが「何のために？」と言うのです。そのレベルでは顕現は起こりません。しかし、アッパールームでは、ハンクとしてやってきたハンクという神は、地下室からではなく、また通りからでもなく、アッパールームから自分の存在を知らせます。さて、通りにいる神聖な自己は、まだアッパールームにも存在します。アッパールームの神はどんなものも包み込むのです。通りやオフィス、そして、あなたがいると思うどんな場所も、あるいは、あなたが活動する場所として同意したこの顕在化する世界におけるあなたという存在の経験をも包み込むのです。しかし、アッパールームにいるということは、あなたが出会うすべての振動と同等のレベルを保つことであり、「私はやってきました」という宣言、つまり神としての顕現は、あなたがどう奉仕するかということなのです。

奉仕についてより完全に理解すると、それは神がその音色や表現によって世界を変えていることだとわかるようになります。あなたはアッパールームで、より崇高な方法で世界を理解することを教えられているので、あなたの存在に不可欠な指示について知る必要があります。私たちはすでにあなたに知ること、そして、自分が知っていると宣言することを教えました。ですから、何度も繰り返して言うことはしません。しかし、あなたも知っているように、アッパールームでは、神を否定する世界と出会うこともあるかもしれないのです。

――するとどうなるのですか？

ポールが尋ねます。

ある意味、あなたは顕現の性質によって目に見えるようになりました。そして、高い一致において世界を宣言する顕現というものは、それを受け入れたくない振動数のレベルによって抵抗にあう可能性があります。

――それはどういう意味ですか？

再び、ポールが尋ねます。

ある水域でしか自分自身を知らない魚がいると想像してみてください。魚は別の水域に移動したら、生き残れるとは信じることができません。同じ水域にずっといられるように、何でもするでしょう。どこかに移動させられ、死ぬかもしれないという思いに耐えるくらいなら、魚は網から遠ざかり、噛めるものなら何でも噛みついて、岩の下に隠れます。しかし、この移動という言葉を、より高い振動において「入れ替わる」、「再び明確に表現する」、「再認識する」と言い換えたらどうでしょうか。魚が別の水域に移動して、恐怖や困難に直面するとき、神を実現する機会はまったく違う形の奉仕となります。言っておきますが、これは何かを強制するための教えではなく、私たちはそうなることも許しません。なぜなら、私たちは自由意志を尊重するからです。誰か別の人をアッパールームに引き上げること、つまり神を否定してきた自己の側面を引き上げることは、神に異議を唱え、変化の可能性を拒絶することです。あれこれ否定するのは、たとえ自分の意思で行ったとしても、すべては恐怖によるものだと理解すれば、すべてを一つのものとして理解する神によって満たされるはずです。

もう一度理解してみてください。汚い水の中しか知らなかった魚は、より澄んで、崇高で、持続可能な池に転置、あるいは、移動するかもしれないのに、それでもなお他に棲む場所があるということを想像することができないのです。あなたの振動は、魚の意思を変えようとはしていません。

そんなことはしません。また、魚の意思を超えて魚を再生することでもありません。それは、高い水槽、新しい池、澄んだ海、つまりアッパールームにおいて、魚を知り、魚を認識することなのです。あなたはただ知り、認識するだけです。修正もしないし、助言を与えたりもしません。あなたは魚を引きずったり、強制したりすることもないのです。抵抗があってもなくても、あなたは魚を知っています。なぜなら、あなたは恐怖を超えて自分自身を理解しているからです。あなたは魚に同意して、魚ではない何か別のものを宣言しているわけではないのです。

――どうしてそれが強制にならないのでしょうか？

ポールが尋ねます。

――それでも汚い水の中にいたいという魚を引き上げようとしています。

あなたはアッパールームにおいて、魚、つまり魚としての神を認識しています。あなたは実際に魚を移動しているわけではありません。実現とは、ある音楽を一つのオクターブから次のオクターブへ転調することです。それは、一つの振動のレベルやオクターブから、別のレベルへ、あるいは、物語をもう一度話すこと、名前を変えること、あるいは、再生することなのです。何かに、あるいは、誰かに神を見出すための許可は必要ありません。単に真実、つまりこのレベルにおいて常に真実であるものを宣言しているので、努力によってではなく、あなたの存在の性質によって、すべてをより崇高なレベルへと引き上げているのです。魚をきれいな海に引き上げることで、神になろうとしてもそれは無理な話です。あなたはより高いオクターブで、海と魚を実現する神になることならできます。そこで、海と魚は新しい方法で自分たちを確立するのです。

　さて、支配権とは実のところ、修正することではありません。間違いを正すわけではないのです。それでも、そうしたいのなら、その選択肢はあります。あなたは家の屋根を修理するかもしれません。自分の目的に合った新しい住所を選ぶかもしれません。意思としての神として同調すると、神としてのあなたは選択することができるのです。

　意思としての神とは、アッパールームでの調和において、あなたが頼ることのできる存在です。なぜなら、あなたは意思としての神によって選ぶからです。神の顕現とはそのすべてだとすると、あなたが知覚する顕現において知られているさまざまなレベルの表現において、つまり多くのオクターブで演奏されたすばらしいコンサートのように、存在の完全さを一つの源として実現することです。しかし、常に理解してください。それは、あなたが表現する一致のレベル、つまり振動の一致であり、知覚し再認識する世界とあなたが調和するということです。そうです、それがアッパールームなのです。

　さて、恐怖は想像したもの、あるいは、一つの概念に過ぎないと考えることは役に立ちます。すべての恐怖は、その瞬間に神がいないという前提なので、恐怖とはすべて嘘ということになります。

　ポールが尋ねます。

――生きるための恐怖だったらどうでしょうか？

――私は燃えている建物の中で目覚めます。私は恐怖を感じます。私は生きたいからです。

あなたが表現している恐怖は、私たちが教えているものとは若干違います。この場合に感じている恐怖は、自己防衛に対する体の反応です。あなたはそれを恐怖と呼びますが、それはアドレナリンであり、それ以上のものではなく、安全のためにあなたをドアの外へ出すための役割を果たします。燃えている建物の中で自分は死ぬのだと悟り、そうなったらどうなるのかと恐れることは、まったく違う話です。「なんてことでしょう。私は死んでしまいます。私はどうなるのでしょう？　私の愛する人たちはどうなってしまうのでしょう？　この家のためにかけたお金も、私と一緒に燃えてしまいます」。こう考えるのは、常に変化する物理的な次元の家が燃えているという一時的な性質と、その状況において自分ではどうすることもできないという恐怖を認識するからです。したがって、体を解放するということとは少し違ってきます。なぜなら、そのときに恐怖は感じないからです。体を解放することは贈り物であり、あなたが取った形への愛着のレベルにもよりますが、通常、解放することは優雅なものなのです。

「私は高潔で勇敢な人であるべきだ」とか、「私は恐れるべきだ」などと、どのような状況でも自分が誰なのか決定するのは、通常、過去の出来事に左右されているからです。言い換えれば、育った環境や文化やこれまで同調してきた同意によって、あなたはいつ恐れるべきなのか教えられてきたのです。アッパールームでは、そのようなやり方で作業することはできませんが、それらを呼び出してアッパールームに引き上げて、再認識することはできます。奉仕において神からの抵抗を受けるたびに、神を発掘し、形によって神を再び宣言する機会になると、私たちは提案しておきます。

――それはどういうことですか？

ポールは言います。

神に一番腹を立てている人は、神を最も愛しています。知っていましたか？　神に対して最も怒っている人は、最も深い愛を抱いている人で、裏切られたという気持ちでいっぱいになり、神を求める気持ちを抑え込んでいるのです。神を憎む人の中に神を実現することは、顕現する神を知ることであり、神を恐れ、神に怒り、神を軽蔑し、そのようなことをする神として神を知ることは、本当のところ、そこから解放されることなのです。神を憎む人をアッパールームに引き上げたとしても、その人に何を信じるべきか教えているわけではありません。あなたはただそこにずっと存在している一体化の中で、その人を認識しているだけです。戦場で男たちが戦争をする様子を、彼らなりの正義において、正しいことをしていると信じて殺し合っている男たちをあなたが目撃するとき、神を知り、「私はやってきました。私はやってきました。私はやってきました」と、神聖な自己として戦場にいる自己を宣言する機会とは、あなたの前に顕在化した神を認識し、アッパールームに引き上げることです。貧困も強欲な行為も、それはすべて恐怖による行為です。他人をあれこれと判断することも恐怖による行為です。それが楽しくてこれからもずっと続けていきたいなら、あなたは下の階にとどまり、そうすればいいだけです。あるいは、アッパールームに行き、恐怖による行為に対して、「私はやってきました。私はやってきました」と、神の存在を宣言することもできます。

ポールがまた口を挟みます。

――この宣言は、〝私は、私の目の前に見えるものを通した言葉です〟や〝目の前に見える人の言葉です〟という最初の宣言とどう違いますか？

あなたは顕現において言葉になりました。この意味がわかりますか？　あなたは顕現になったのです。「なる」と「来る」。「私はやってきました」と。あなたが目にする世界に対して行う宣言は、振動の領域で奉仕する表現です。あなたは人々に戦争をしないように言っているのではありません。よくよく考えてみれば、そんなことを言ったところで、誰も聞いてくれません。しかし、戦場に存在する神を知ることは、恐怖や、恐怖を引き起こすものを超えて、あなたが見るものすべてを宣言することなのです。間違った理由で人を殺すことを正当化するような偽りの旗が戦場にはためくとき、神によって再認識しなければならないのです。知ることによって、男たちは武器を下ろすでしょう。

――それは何かの隠喩ですか？

ポールは言います。

――そんなことが起こるなんて想像できません。

だとすれば、あなたは神が人の中に宿ることを信じないということですね。銃を持った男としての神は、これまで彼が訓練してきた暴力を超えたところで彼を宣言します。そして、偽りの方法は真実の領域には存在しないので、自らの行動を変えていく必要性から、戦争をするために掲げていた自己正当性を修正するのです。類は友を呼ぶものです。平和のためのパンフレットを持って戦場に行ったら、あなたはおそらく正当な理由で撃たれてしまうでしょう。自分を高い部屋に引き上げてから、戦場とそこで暮らすすべての人々を引き上げるのでは、恐怖に直面して王国を宣言するということになってしまいます。これは、あなたが誰なのかを知るだけではなく、神の力というものを知る機会です。

——しかし……

ポールが割り込みます。

——もしその戦争が起こる必要があるとしたらどうなるのですか？　あなたがたは、私たちは何も修正しないと言いました。しかし、どうでしょう。正当性を修正すると言っています。

実現しているだけで、何も修正していません。神の実現は、あなたが修正だと考える形で、再創造するかもしれませんし、しないかもしれません。しかし、それはあなたがしていることではないのです。存在を宣言することによって、その視点を知ることによって、行動を宣言することによって、顕在化し、新しいものを呼び起こさなければならないのは神なのです。あなたは誰が生きて、誰が死ぬのか、何が起こるべきか、何が起こるべきではないのかを決めることはできません。それはあなたの力が及ぶ範囲ではありません。しかし、あなたの役割は、あなたが誰で、何者で、どう奉仕するか知ること、表現している自分を知ること、そして、神が神として行動することを受け入れることです。「私はやってきました。私はやってきました。私はやってきました」という宣言は、あなたをヒーローにするわけではありません。それはあなたを真の証人にします。あらゆる行為を本当の意味で目撃する人です。「真の」というのは、どんな行為にも、どんな人の中にも、そして、あなたが出会うどんな状況においても神を知る人、神を実現する人のことです。

だからといって、これを使えば自分の思い通りにできると考えたりしないでください。「あの戦場を見てください。この人たちを勝たせて、あの人たちを負けさせてください」などということは不可能です。自分を知るという過程で、悪いこともあると思っていてください。そんなこともあるはずです。誰かを強制したり、小さな自己として自分の思い通りにしたりするためにこれらの振動を利用するどんな行為も、すぐにうまくいかなくなります。そして、あなたはそこから教訓を学び、うまくいけば、自分はどうあるべきか決めなければいけないという強迫観念を克服することができるかもしれません。そして、その代わりに、小さな自己がそれをどう思おうと、どんなものにも、すべてのものにも内在する神である、あなたがなることができる存在を宣言するのです。

さて、この講義の終わりに、皆さんにお話ししておきます。そうです、ここまでの話は本書にあります。新しいセクションか、章の始まりの部分になると思います。準備ができたらタイトルをつけ、この夏の終わりまでに本書を完成させる予定です。

（一旦休憩）

さて、自分はどんな人間だと思うか尋ねられたら、あなたはすでにわかっていることを思い浮かべて、その質問に答えようとするでしょう。自分の経験を立証するために、それらを映し出す鏡を探します。そして、自分が見つけるはずだと思うものを探して、確認します。あなたはそれを無意識に行いますが、自分の答えを見つけるためのカタログは既知のカタログです。新しい考えや、より高い音色であなたとして作業する神のアイデアの原則は、違う現実を作り出し、小さな自己には理解できない新しい方法で存在しています。古いものを主張し、新しいものを宣言しようとすると、あなたはこの問題に突き当たることになります。

私たちがあなたと高いオクターブで作業するためには、あなたがあなたの世界として知っている経験を生き抜くために、これまで使ってきた資格や同意のシステムを要求するアイデンティティから、自分自身を解放しなければなりません。あなたの世界には別の現実の中に存在する世界があり、そこで実現することができる人によって知られています。つまり、あなたが経験する現実は一つの共鳴のレベルにあり、そして、そのレベルの世界には、見たり知ったりする方法が多く存在しているることを理解してもらいたいのです。そして、より高い一致において理解するものには、あなたが経験することによってつけてきた名前というものが存在しません。

では、他の人によって名前がつけられた顕在化する世界で生きながら、あなたはどのようにアッパールームで新しい世界の存在を宣言すればよいのでしょうか？　日々の生活を送りながら、仕事に行き、友だちに会い、どのように新しいことを学ぶのでしょうか？　より高いオクターブにいながら、どのように日々のこうした作業を行うのでしょうか？　普段の人間生活において約束したことを効率的に行いながら、どのようにして王国を実現すればよいのでしょうか？

理論的には、神があなたとしてやってきたと言ってしまうのはとても簡単です。仕事に行き、友だちと一緒に過ごしているのは神です。しかし、それを経験するというのは、まったく別のことなのです。さらに、それを実現することは、それを経験することを意味します。だからこそ、新しく顕在化した世界共有の同意において、私たちが提示したいのは振動のオクターブなのです。振動のオクターブを宣言するには、一つの選択が求められます。たった一つです。つまり、知る前に宣言され、あなたが見たり想像したりすることができるものはすべて一つの考えでした。再び考えつくことができるシンプルなアイデアだったのです。

「未婚女性」という考えは、未婚女性によって宣言されます。自分がそうだと知っている女性、あるいは、彼女のためにそうだと判断することができる人が使う言葉です。「結婚したことのないあのかわいそうな女性、あの未婚の女性が向こうの廊下にいます」と言うのです。未婚女性という考えは、その女性や周囲の人たちの実際の経験に影響を及ぼします。そして、女性が本当の自己との同意によって、本当の自分を実現することで、彼女は既知を超えて自分を再生するのです。廊下の向こうの「女性」という性別の考え方や、「廊下の向こう」という場所の概念さえも、一つの考えに同意して、状況や記憶によって生まれたものです。

私たちがあなたという存在を理解して、新しいものに対して同意すると、あなたが見ているものは振動によって形を変えることができます。そして、「私はやってきました」という宣言は、物事をもう一度明確に表現する中で示されるのです。

ポールがすでに困惑しています。それでもこのまま続けましょう。

何かに名前をつけることは、表現の一つの手段を与えることです。ある意味、指示を出すということかもしれません。名前をつけることができるものは、その名前で呼ばれることによって存在するようになり、あなたの生活の中でそのものと名前が互いに共鳴するようになります。

ある集団によって指示が出されたとき――例えば、「私たちはこれを、この名前やあの名前で呼びます。そう呼ぶことに同意します」――、顕在化する姿はその名前や性質と一致するようになります。そして、顕在化したものは、形を持つようになり、意識の中で具現化され、その名前で呼ばれる密度のレベルと一致します。あなたは新しいものを宣言することでその存在を創り出し、また、あるものを何かと関連づけて思い出したりします。それは、振動するものとして認識される一方で、たぶん何か名前がつけられ、そして、名前を変えることができるものであり、あなたは、私たちが話した錬金術の作業に携わる機会を持つことになるのです。もし、すべてのものが神ならば、すべてのものは神として、またはあなたが神として知っている源として再認識されるのです。

あなたが海を想像することができるならば、海に生きるすべての存在は、自らも表現する海と調和して、自分たちの存在を知ります。神も同じなのです。あなたが表現しているのは海であり、海の中に存在するものはすべて海のものであり、再び創り出され、海に戻され、他の形で再び創り出された姿で再生されるのです。あなたはエネルギーが決して破壊されることはないと理解しています。自分の一部だと考えているさまざまな自己たちも永遠です。そして、あなたの体とは、実現のために創造の活動を通してスピリットが取った形だということを理解しなければなりません。あなたは創造され、形を持って生まれますが、体自体はそれがやってきた海と一体化し、海の表現のレベルにおいて、海として、そして、神としてすべてのものを知るのです。

WORK

ちょっと想像してみてください。あなたは、すべてが単純にエネルギーと名づけられた広大な場所にいます。そのエネルギーは、振動、表現する音色、音、あるいは、音だと考えられる方法によって伝わります。目の前にあるすべては共鳴していて、あなたは存在の本質によってそのすべてと一体化しています。あなたは部屋から切り離されていません。あなたは部屋にいます。部屋にあるものから切り離されていません。そして、共有する風景の中にいます。

このまま続けても構わなければ、さらに想像してみてください。風景そのものは、あなたが神として知っているもので、部屋も、椅子も、窓も、神として知っています。あなたはこれらのものを宣言し、すべての源において一体化し、一つの大きな振動、振幅あるいは音色、一つの大きな経験の中に存在します。それ以外の風景や部屋に関する概念はすべて頭の中から解き放ってください。あなたの領域が宣言する風景と同調し始めるとき、この一体化を感じることができます。

では、目を開けて、目の前にあるもので同じように試してみてください。あなたが誰で何者なのかというあなたの考え、あなたが座っている部屋についてのあなたの考え、分離に関するあなたの同意など、すべての考えは新しい宣言にゆだねることができます。そして、「私はやってきました」は、源と一体化する顕現を再生するために神が一つとなって宣言するものなのです。

続いて、次のことをやってみてください。どこにいても構いません。あなたの持っている体に、体という概念、あなたが座っている場所の概念、部屋の概念、建物の概念、そして、一つの形となった別の概念が入ってくるのを受け入れてください。そして、それらのすべての概念が一つになることを受け入れてください。

「私は新しい名前において、私が調和するものと一体化します。私はやってきました」

このように表現するとき、あなたの領域が動き始めるのを感じ、他のすべての領域や表現に同意する準備をしてください。あなたの同意によって形が変化しつつある表現する風景と一体化し、あなたは一体感《ワンネス》に入っていきます。それは小さな自己の同意ではありません。小さな自己とは別の概念に過ぎません。そして、小さな自己という概念はそれ自身と一つになって、消えてなくなり、力を失っていきます。すると、すべては神の表現として知ることができるのです。

あなたが今、宣言することを選択するなら、それはこのどこまでも広がる「知る」という作業の中で忘れることのできない同意の宣言となるでしょう。そして、それが認められるという前提で許可されるあなたの宣言は、実現においてあなたがどこまで進むことができるのかわかっている魂のレベルで行います。したがって、あなたが受け取るものは、顕在化する言葉として、日常生活の中であなたが表現できる程度ということになります。

「今日この日、私の存在のすべての記憶を、つまり、古い振動の一致による、自分が誰で何者なのかについて持っていたかもしれないどんな考えも、他のものに対して知っていたかもしれないどんな考えも、再生し、再認識し、すべてのものの源と一体化して記憶することを選択します。私は真に自分が誰なのか知っています。私は真に自分が何者なのか知っています。私は真にどう奉仕すべきか知っています。私はやってきました。私はやってきました。私はやってきました」

そのままのあなたでいてください。

（少し休憩）

あなたは一体化しています。あなたは一体感《ワンネス》の中にいます。あなたは調和しています。あなたは愛の中にいます。あなたは知っています。あなたは自由です。あなたは自由です。あなたは自由です。

あなたがいたいと思うだけこの場所にいてください。この場所はいつもここに存在します。これまでもずっと存在していました。それは既知を超えたものなのです。終わり。終わり。終わり。

二十一日目　高いオクターブでの宣言と復活

あなたがたはそれぞれここに到着したとき、この教えが、アイデンティティを宣言し、さまざまな問題から学び、仲間との関係を学ぶ機会になると考えました。一人ひとりが、人生や自分にとっての挑戦を創造する機会として受け止めたのです。事実、それはあなたが学ぶことのできる機会です。あなたがたはそれぞれ、自分を支える物質的な世界の中で暮らすこと、あるいは存在することが可能だと考えています。そして、一人ひとりが、既知を超えて知ることについて、理解することを受け入れたのです。

小さな自己を美化して、「これが私という人間です。私にとって大切なのはこれです。このために私は来ました。あなたは私についてこのように考えるべきです」などと言うとき、あなたは、あなたの仲間（小さな自己）に同意しているだけではなく、他の人が作り上げたあなたとして、あなたの経験を宣言してもいます。あなたがたは皆、何らかの形で、共有の風景を見ようという同意に賛同しています。そして、私たちが王国と呼ぶものは、引き上げられた共有の風景なのです。

さて、人間は風景に参加するものです。風景の中に見るすべてのものを、教えられた言葉で確認します。「あれは木で、あれは男性で、あれは結婚式です。あれは、赤ちゃんが誕生したところです。私はこうしたものやその意味を、自分の民族の言葉、あるいは同意によって理解し、自分自身について知るようになりました」と。しかし、実際に、民族の言葉というものが、そうでなければどんな意味や価値もない、ただの意味のための手段、意味を宣言するものだったとしたらどうでしょうか？

もう一度、想像してみてください。あなたは部屋の中を見回しています。どんなものにも名前はついていません。フォークが何であるか、木が何であるか、自分が何に座っているかがわかりません。あなたは、ある意味名前がない、価値がない、そして何の必要もない風景に溶け込んで、ただそこに存在しているだけです。「必要」というのは、どうしてあれやこれが必要なのかわからないという意味です。ただそれだけのことです。

あなたは実際には名前のついている共有の領域にいるので、あなたはものに与えられている名前に対して責任を負っています。そして、共有の構成概念の中で時間をかけて確立されてきたこれらの事柄の意味は、仲間と協力して意味の言語化を理解する方法です。「私たちはこれを、これと、あるいは、あれと呼びましょう」。いずれにしても、常に気をつけなければならないのは、これまで教えられたことに基づいて物事を決めてしまい、名前のない新しい風景の中であなたに用意されたつながりや機会を失わないようにするということです。

すでにお話ししたように、何か新しいものが現れたら、それが何なのか尋ねることです。その名前を聞いてください。一つの概念に当てはまるようにその新しいものと一致するテンプレートを探すために奔走する必要はありません。あなたが新しいものを知りたい、新しいものを理解したいのなら、古いものに重ね合わせてそれを見るようなことはしないでしょう。見ることができるものはすべて、仮面をはがし、名前をつけないで、その本当の意味を明らかにすることができることを想像してみてください。念のために言いますが、これはフォークがフォークではないことを意味するのではありません。この次元またはオクターブでは、あなたはこうしたことやその方法について理解しています。しかし、既知を超えるということは、復活の風景に移行することであり、すべてのものが完全な方法で、高いオクターブにおいて復活または実現される可能性があります。

――完全な方法とはどういう意味ですか？

ポールが尋ねます。

それはとても単純です。すべての場合において、神が何であるかという概念は、あなたが神を目撃することを邪魔するという意味です。フォークの概念は、同じような方法でフォークを宣言します。そして、名前がついて顕在化したものにあなたが同調すると、それは体系化され、そのようなものになります。そうすることで、そのものの振動の密度があなたを同じような振動の調和において宣言するのです。すべてが引き上げられるかもしれません。すべてが再認識されるかもしれません。ただし、名前をつけてはいけないし、再生し、再び理解しなければなりません。そして、これはアッパールームでのみ行われます。

下にある風景、つまり現実的な共有の構成概念ではどうでしょう。低いレベルの密度における形の顕現は、実際には一時的な現実を確認するために役に立ちます。あなたが時間や、時間の意味を理解していることでさえ、ある意味、あなたの経験を確かめるうえでの決め手になります。あなたが一分とは何のことだかわからなかったら、一時間、または一日についての社会的な概念がなかったら、どんな経験になるでしょうか。こうしたことを乗り越えて、あらゆる方法で崇高なるレベルへと上昇することは、単純に、あなたの経験が翻訳され、そしてその顕現も翻訳されることを意味します。「翻訳される」というのは、それが存在するという意味で使っていますが、新しい方法で存在するということです。私たちはポールに概念を与えてしまったようですね。何か質問があるようです。

――翻訳すると、あるフランス語の単語が英語の単語と同じ意味になります。これと同じ考え方ですか？

どちらともいえません。しかし、概念の「概念」を解放すると、顕現を確認することができます。あなたがしてはならないのは、概念をアッパールームに引き上げることです。そんなことをすると、あなたが引き上げるものの歴史的な価値を宣言することになってしまいます。実際には、時間を理解しようとするよりも、アッパールームや、永遠の瞬間を宣言して、時間を実現する方がはるかに簡単です。なぜなら、時間を理解することは、理論的思考に戻る精神的なプロセスだからです。先ほど、時間が何を意味するのかという古い構造を使って考えてもらったのは、時間というものを理解してもらうためでした。何かを実現することは、それを知ることです。そして、フォークや時計を知ること、あるいは、「時間」と言うことによる時間そのものの概念と、時間について理解することは、新しい言語、または新しい方法で存在する中で何が可能なのかを教えてくれるのです。

――どうしたら理解できるでしょうか？　アッパールームでは、時間に名前がついていないなら、本当のところ、私たちは何を宣言するというのですか？

ポールが質問します。

どんなことでも認識することができる永遠の瞬間を宣言します。新しい方法で再生し、既知を超えて、そして、歴史のデータによる物理的な領域の限界を超えた新しい可能性を宣言するのです。

「そんなことはできない」と言う人のために言いましょう。それは毎日行われています。ただ、あなたが見ていないだけなのです。あなたの現実に対する理解が、この教えを証明します。あなたが目撃するすべてを、あなたは理解し、またそのすべてと一致しています。それは共有する風景と語彙を通して証明されます。ただアッパールームに上がり、顕現を宣言するだけで、同意、あるいは調和とみなされ、すべての振動を上げるのです。その同意は、あなたやあなたが見るものを同意や一致へと引き上げます。そして、新しく見る方法とは、単純に、歴史のデータを通してわかることを体系化しないという意味です。それが何だったのか判断したりしません。あなたはアッパールームの新しい方法で、あなたが立っているその瞬間にそれを経験するのです。繰り返します。「見よ、私は万物を新しくする」ということです。

さて、現在を認識する方が、過去を忘れるより簡単だと思います。そして、このレベルに移行すると、密度の高い夢から覚めたら、新しい風景の中にいたというようなことがわりと現実に起こったりします。より高いオクターブで活動することが許されたので、その結果、あなたの顕在化の経験はあなたが一致した意識レベルで行わなければなりません。それが何であったかを否定するのではなく、何であるかを体験することなのです。それを経験する人、この場合、あなたとしての本当の自己は、小さな自己のように古いものに依存することではありません。

いろいろな意味で、アセンションに対するあなたの考えはかなり限られています。自分が思う自分をアッパールームに連れていくものだと思っているかもしれませんが、実際は、アッパールームに行くのは、これまでずっとあなただった人であり、より高い振動の状態を保てる人だけです。だからといって、あなたが消えてしまうわけではありません。あなたの記憶がなくなってしまうこともありません。それは、歴史的データの再創造を超えて、あなたを引き上げる経験の可塑性《かそせい》を生み出します。それが、私たちが王国と呼ぶ顕現を宣言するための要件であり、そして、王国とはすべての顕現における神の認識というものなのです。

しかしながら、これは、美しい公園の道を歩きながら、「このきれいな木々を見てください。きれいな花を見てください。私にはここに神が見えます。私の世界ではすべてがすばらしいです」というのは少し違います。物質の実現、物質としての神の実現とは、実のところ、見るものの振動を新しい一致へと引き上げる錬金術を宣言することだと理解することこそ、王国を宣言する本当の意味なのです。さらに、すでにここにある神の顕現は、花びらが一斉に開くように明らかになります。神を否定することは王国を否定することです。自己を卑下することは、王国へ行くことを否定することになります。他人の神としての存在を否定することは、あなたが求めている王国への切符を、あなたと他人の両方に否定することなのです。

したがって、高い方法で自分が何者なのか明確に表現することは、単純に、あなたはもはや古いものを宣言したり、正当化したりしないということです。そして、古いものが意味したことをもう一度意味するようにしたり、低いレベルで共有する風景になってしまった低い調和の中で、他の人々を宣言したりしないということです。いいですか、私たちは今「なってしまった」と言いました。この次元の密度はあなた自身が作り出したものです。恐怖による行動にあなたが一致してしまったことが、その原因の一つです。なぜなら、私たちが名前をつけたもの、つまり、すべての欲、誰が価値のある人間で誰が価値のない人間か決めるすべての方法は、恐怖の中でしか生まれないからです。もう理解しているように、神の存在は、あなたが承認したり、見たいと思ったり、同意を宣言したりするものだけでなく、すべてにあるのです。

ちょっと想像してみてください。あなたの目の前には何かがいます。人でも構いません。その存在をあなたはモンスターと呼び、「モンスター」という言葉を使った明確な表現によって、モンスターが作り出されたとあなたは思います。そして、モンスターとはどんなものかというあなたの概念が、文化的にも歴史と照らし合わせてもマッチしているので、自分はモンスターの制作者だと考えるのです。そして、モンスターを聖なる存在として明らかにすることは、そう呼ばれてきた名前を解放して、これまでずっとそこにあり、どんなときも神聖な自己が知っている「私はやってきました。私はやってきました。私はやってきました」という真実の宣言にすることです。この宣言では、あなたは真実を明らかにし、見たことを宣言します。そして、これまで見下されたり、自らもそのような扱いに甘んじたりしてきたモンスターは本当の姿を明かします。すると切り離された存在から解放され、再生され、再認識され、そして、本当の完全な自分を知ることができる崇高なテンプレートへと、アッパールームへと引き上げられるのです。

――テンプレートとはどういう意味ですか？

ポールが尋ねます。

テンプレートや型の概念は間違いではありません。あなたがそのように考えたいなら、神聖な自己はテンプレートや型として理解することもできます。その人の真実の姿は、形、人格、歴史、理想を超えて存在するものです。完全な状態にあるという考え方、または青写真の中にいると言ってもよいのですが、つまり、完全な状態に従って宣言するというのは、間違った教えではありません。アッパールームに何かを引き上げることは、その本質を再生することであり、「本質」というのはそれ自体ということで、それ以外のものになることができないという意味です。それを理解すると、一致が進むにつれて、その表現を妨げたり、阻止したりするものはすべて、再生され、再認識されるのです。私たちが皆さんにお話しした、王国を宣言するという教えは人工的なものではなく、事実に基づく実現です。あなたは魔法をかけているのではありません。真実を知っているのです。しかし、何かの真実を知ることはそれに同意することであり、そうなると、あなたはそこに隠された嘘を確認することができません。

――それについて何か例はありますか？

ポールが尋ねます。

「私は体の弱い女性です」、「私は誰も愛したことがありません」、「私には愛される資格はありません」、「私のような人は他にはいないでしょう」、人に愛されないとか愛される資格がないというのはただの思い込みです。その愛を否定した人が、愛を実現しようとすれば、彼女の本当の姿を宣言するものです。そして、その真実とは、他のすべての人たちのように、彼女は深く愛される存在ということです。私たちが教えるエコー、つまり「私はやってきました」という宣言によって起きる振動が、世界や時間そのものを通して顕在化することを理解できれば、本当の自己としてそれができる能力は、人の人生やその人が表現する風景に大きな影響を与えます。

——なぜここで時間が出てくるのですか？

ポールが言います。

——時間は存在しないと思っていました。

あなたが同意することによって、時間の「反対の構造体」は存在することになります。しかし、神がその瞬間に表現することは永遠であるため、その影響もまた永遠に続いていきます。風景が変化するのは、それは新しく作られるということです。今のところ、上から塗り替えられたわけではないのです。そして、古いものを手放して新しいものを実現するというのは、神を否定して、あるいは嘘によって神が顕現したということです。つまり、私たちが言いたいのは、やってきた者としてのあなたの支配権は、最初から意図したように、神の目的のための崇高なテンプレートにおいて風景を再生するということです。

今、ポールはとても動揺しています。

——何を意図しているのですか？　これに関する教えとは何ですか？

あなたはエデンの言い伝えを理解していますね。そして、エデンの園や、神の存在、そして、追放について知っています。その追放は、恐怖を持ったことにより神を否定したということです。恐怖とは嘘であり、恐怖によって伝えられた風景は姿を変え、変形するということを理解すれば、エデンの理想化、つまり本当の意味について理解することもできます。

ポールが次々と質問してきます。

――エデンには貧困はないのですか？　私たちは皆健康ですか？　これは何だか本末転倒のような気がします。

とても簡単に言えば、経験に基づいた方法で一体化した考えや、同じ源の存在として物や人を認識することは、変化し、新しく創られたものなのです。あなたは存在するものを否定しているのではなく、高いオクターブでそれがどんなものなのかをもう一度宣言しているのです。エデンの例えは、簡単に言えば、神を否定することなく存在し機能する風景の隠喩です。本当の自己の再生には、風景が機能するための自らの使命があることを理解すると、あなたは私たちが今話していることを本当の意味で理解するようになるでしょう。私たちは、あなたが住む世界が、あなたの小さな自己が理想とするエデンのようになると教えているのではなく、本当の自己が知っている世界になると言っているのです。

この二つはまったく別の次元の話なのです。顕現する神聖な自己という考えは、キリストの教えです。これまでずっとそうでした。王国の教えは、顕在化した風景におけるキリストの顕現です。一体化の実現は、すべての愛の源です。そして、世界の利益になるかもしれない「私はやってきました。私はやってきました。私はやってきました」という愛の宣言は、顕在化した世界における神の仲裁です。高いオクターブにおいて表現される、仲裁、和解、再会というものです。

二十二日目　言葉と明確化

あなたがたはそれぞれ、あなたの人生において、何が必要か認識してやってきました。そして、神の顕現があなたとしてやってきたことを受け入れ、以前に目標として挙げたことを実現するにつれ、それらはより高い理想の視点から再構成されました。あなたがたはそれぞれ、生まれる前に、自分が学ぶ一連の環境を確かに選択し、一生涯を通してそれらを順番に実行していきます。実現するためにあなたとしてやってきた神聖な自己は、あなたを再生するためにやってきました。そのために、多くの場合、自分はこうあるべきとか、小さな自己の考えに従って自分を見せたり行動したりすることをやめたのです。

さて、ここでは意図的に「考え」という言葉を使っています。なぜなら、あなたが誰なのかという考えは、小さな自己としてあなたが想定していたのとは非常に異なる方法で再生されているからです。神そのもの、あなたという姿でやってきた神の顕現は、古い宣言を超越するオクターブで自分自身を表現するでしょう。このことを理解すると、つまりあなたが古いものを凌ぎ、古いものを超えて顕在化する新しい考えに移行すると、アッパールームに自分を引き上げるときに、実際に経験する変化の大きさに気づくことができるようになります。そして、振動する領域にあなたの体が放つ振動数とそのエネルギーが確立します。

――なぜ体なのですか？

ポールが尋ねます。

なぜなら、体がなければ、神の顕現は不完全だからです。すでに述べたように、すべてには形があり、振動があり、音色があります。そして、実際には、あなたが見る塊、肉の大部分、物理的実在性はすべて一つのものなのです。さまざまな方法で知らせる表現する神というものは、音色の中でも明確な表現となります。「明確な表現《articulation》」という言葉に線を引いてください。あなたは神の明確な表現なのです。あなたが顕在化した明白な形はその神の表現であり、「私はただの小さな男です。私は虚弱な体を引きずって歩いています。私は小さいものばかり見てしまいます」と、自分が取った形を批判することは、神は弱くて小さいと宣言しているようなものなのです。繰り返しますが、こうしたことは考えに過ぎず、あなたが自分は何者なのか、これまで何者であったのかをもう一度明確に表現することは、「私はやってきました」という名前を通して、顕在化する自己において宣言することとなのです。

さて、自分の存在をどう知らせても、それは、影響を宣言することです。「私は男です」と言えば、あなたの姿を現し、あなたが選んだ名前の条件が必要となります。どんな職業でも、どんな考えでも、「私は決して何事も正しく理解することができない者で、いつもこんな風に、あんな風に見られてしまいます」と言えば、自分について自己評価し、あるいは型にはめることで、あなたの名前や選択に影響を与えることになってしまいます。

それが神聖な自己なら、その影響はまったく異なります。「私はやってきました」という宣言において、神聖な自己の明確な表現は、ある意味、形として教えられてきたものを放棄します。そして、あなたが知っている科学というものは、あなたという存在を時代遅れな方法でしか定義できません。神がすべてのものに情報を与えるという考えは、既知を超えた実現の経験へとあなたを引き上げてくれるでしょう。そして、その上昇において、あなたは源との一体化を完全に認識して、あなたがこれまで自分だと思ったどんなものも一つの考えに過ぎないことを理解し、改めて再認識するのです。

神によって再認識される、あるいは、あなたが神と呼ぶものに再認識されるというのは、もう一度明確に表現するということです。そして、私たちの教え、「言葉は肉となった」というのは、自分の真実の存在と一致していない人は宣言することができないレベル、またはオクターブで、顕現がどんなものかという考え、あるいはそれを評価する方法です。「真実」と言うとき、私たちは真実を意味しています。都合のよい真実ではありません。「私は今日が嫌です。ひどい日です」というのは、その日に関する、あなたの都合のよい意見なのです。私たちが意味しているのは、永遠の真理、その表現に現れた神、絶対に真実、神そのもの、振動における神の結晶的な表現というものです。

今、あなたはアッパールームに受け入れられましたが、あなたはまだこの世界に住んでいるので、存在の必要条件やあなたは自分をどんな人間だと思ってきたかについて、もう一度理解する必要があります。「私には仕事があり、子どもがいます。私は仕事も子どもも置いてくることはできません」。しかし、あなたは今いる場所からいなくなるわけではありません。もう一度知ることを提案されているのです。なぜなら、あなたは「私はやってきました」と、顕在化した神聖な自己として明確に表現したので、同じようなオクターブにおいてあなたが経験するすべてを宣言するからです。私たちは意図的に「同じような」という言葉を使いました。なぜなら、あなたが保っている一致は、必ずしも常に同等の共鳴において宣言されるとは限らないからです。しかし、あなたが一致する表現のオクターブ内で起こるということです。

この表現の次元はオクターブであり、高音や低音のさまざまな音符があります。そして、「私たちは皆、惑星とは何か、空とは何か、大陸とは何か知っています。たぶん私たちは全員、雨や晴れた日が必要だと考えるでしょう」というような重要な表現が同意のテンプレート内にまだ存在しています。こうしたことを理解するなら、オクターブに関する考えとは、共有の同意による顕現だと理解しなければなりません。「共有の同意」とは、空、大陸、海、または概念に同意することを意味します。例えば、時間です。なぜなら、ポールが先ほど「時間とは?」と口を挟みましたからね。そうです。もちろん、時間なども この中に入ります。

仲間と一緒に行った同意は、共通した経験の共有の領域において一致します。より高い同意、上のオクターブ、あるいはアッパールームに向けて活性化し、アセンションしたりより高いところに上がったりするためには、共有の経験の顕現について理解しなければならないのです。

オクターブの特異性は、必ずしも下のオクターブ、または上のオクターブを否定するものではありません。あなたがたは皆、音色のさまざまな変化のシーケンスの中に存在しています。そして、それはあなたが住むこの共有の表現の次元においても存在しているのです。「私は男性です」、「私は女性です」、「私はこれで生計を立てています」というように、自分が誰なのかという考えに気づいたので、あなたは自己正当化の範囲内で、物事はどうあるべきかに基づいて活動します。なぜなら、あなたはそうなるべきだと期待しているからであり、それは小さな自己が主張する期待を正当化する行為だからです。アッパールームに上がるとき、既知を超えて高い表現へと進むとき、あなたはそのレベルの振動に存在するものの明確な表現と一致します。その結果として、あなたは低い形、低いオクターブ、低い振動に存在するものを否定するのではなく、それらをアッパールームの視点から見つめ直すのです。それはもう一度明確に表現する、ということで、現在取り組んでいる本章の題名となる予定です。

「私はやってきました」という宣言で、再び明確に表現し、もう一度知らせることは、顕在化する世界で変わるかもしれない具現化のレベルで連続的に宣言することです。

——〝顕在化する世界で変わる〟とは、どういう意味ですか？

ポールが尋ねます。

あなたが共鳴して取った形が、別のものだという意味です。それは再び明確に表現され、「私はやってきました」というあなたに与えられた名前は、小さな自己が発表できるものではありません。それは、あなたが歌う高いオクターブにおける同意、一貫性、一致によって明確に新しい世界を知らせる、顕在化する神の到来というものなのです。したがって、形や領域で知られていたもの、つまり子どもや仕事やこれまでの人生などは、再生し再認識するだけではなく、新しくなるのです。

この教え、「新しくなる《Made new》」というところに線を引いてください。何か新しいものを作るということは、小さな自己が自分の受けた教育を引き合いに出すときに使うような構成概念を超えて、その本当の姿を認識するということです。

あなたは、あなた自身の神性だけでなく、あらゆる人やものにおける神の顕現を否定するような教育を受けてきました。しかし、この「私はやってきました。私はやってきました。私はやってきました」という宣言によって新しい共鳴と一致したので、あなたはあなたの存在を知らせ、あなたが取った形から、そう公表する自分自身を見つめています。自己を実現することは、すべてにおいて表現されている神を実現することです。

皆さんの多くは、実現していると思っています。しかし、それを行っているのではなく、明確な表現の中で、あなたがなったものなのです。「私はやってきました。私はやってきました。私はやってきました」。つまり形や領域や表現において神そのものを知らせることによって、あなたが知ることができるあらゆるものの真実を宣言する神の存在を感じることができるのです。ところで、『既知を超えて』というのが本書の原タイトルです。そして、あなたが知っている神の実現、あるいは、ありとあらゆるすべての真実の実現とは、経験的な存在の連続的なものを、一つの感覚から根本的に異なる感覚へと移動させることです。

ポールがまた口を挟みます。

――しかし、私には理解できません。〝根本的に異なる〟とは？　目が覚めたら、自分の名前がわからないのですか？　私の子どもはエーテルの中にいるのですか？　私の仕事は概念に過ぎないから、実際には仕事に行かないのですか？　経験の活性化とは何ですか？　あなたがたが言っていることはどんなことなのですか？

それは、あなたが見たいと思い共鳴した夢から目覚めて、新しい共鳴において、それが何であり、何だったのかを新しく知ることです。「それが何であり、何だったのかを新しく知ること」なのです。そして、その新しさにおいて、あなたの顕現の経験、「私はやってきました」という存在の宣言は、まさにすべてに存在していますが、まだ知られていない神の領域と同じものなのです。そして、何かがまだ知らされていないとき、その本質はまだ眠ったままです。

実現における「私はやってきました」という宣言は、その日の経験の現実というものを変えますが、ドラマのようにではなく、常にそれが何であるかに一致して変えるのです。そして、あなたは一時的なページの風景を超えて、実際にページがどんなものだったのかを認識するために行動します。

ポールは雑誌のページをめくるところを見ています。すると、めくったページの後に、新しいページ、真実のページが現れます。振動の一致に同意するということは、それがこれまでずっとそうだったものを認識することに同意することです。「これまでずっとそうだったもの《What has always been》」というところに線を引いてください。皆さんの多くは、再創造というのは、間違っていると思うことを修正し、同意の共有する領域、または私たちがあなたに経験してもらいたいと考えている表現のオクターブの中で起こるものだと思っています。だとしたら、アッパールームに治療薬を持っていき、そこで治そうとしても、成功することはありません。なぜなら、あなたは古いビジョンを宣言し、あなたの知性、あなたの善悪の感覚、何が正しくて何が間違っているのかという判断を、そういったものが存在しないアッパールームに持ち込もうとしているからです。アッパールームにおける現実のテンプレートは即時であり、道徳、イデオロギー、古い世界の意向というものは存在しません。そして、新しい世界において、一致するもの、一致できるものは源から来るものだけで、あなたの意見によってそれが何であるかと誘導するようなものは一致することはできないのです。

――犯罪が起こるべきではありません。犯罪があってはいけないのです。私のアッパールームでは、犯罪を認めません。

ポールが言います。

それでは、上には行かないでください。クローゼットを探して中に入り、ドアを閉めてください。クローゼットの中の方が、もっとよい経験ができるはずです。

アッパールームで共鳴すると、あなたは何でも実現することができます。神による宣言というものは、新しい存在へと引き上げてくれるのです。「犯罪」という名前には、あなたがそれを知っているかどうかにかかわらず、宗教によって生じた歴史、法の歴史、法の義務、道徳の義務というものがついてきます。そして、これらの経験の法典化は、アッパールームへ行くときに、あなたが一緒に引き上げるべき共有の構成概念の一部なのです。神の可能性、どんな人やものでも、その本当の姿を認識する可能性がそこにはあるのです。

しかし、それがどうあるべきか決めつけている間は、あなたは認識することはできません。「私のアッパールームでは戦争は起こりません」というフレーズを別の言い方にしてみましょう。「アッパールームの意識レベルにおいては、戦争は存在できません」。しかし、あなたがそういうものだと知っている姿を実現すること、そして、あなたが知っているということは、その真実を実現するので、それは低いオクターブの共有の表現において知られることになる、あるいは実現されます。なぜなら、低いオクターブのレベルにおいて何かを実現するということは、もう一度明確に表現するために、アッパールームへと引き上げることだからです。

——では、たった一人の男が、永遠の平和を実現することで、戦争を終わらせることができるのですか？

ポールが尋ねます。

ポール、友よ、アッパールームには永遠の平和が存在することをあなたは理解しなければなりません。あるふりをするのではありません。あなたは存在することを知っているのです。そして、この表現の中に存在することを知り、その影響について認識すると、言葉の明確な表現が古いものを放棄するのです。何かを放棄することはそれを否定することです。あなたはそのふりをしているわけではありません。あなたはただ「私はやってきました」と言っているだけなのです。そして、あなたが少しでも古い課題を持ち込んだり、宣言のためにすてきな服を選んだり、自分が来たことを知らせるために名刺を作ることができると考えているなら、どうか来ないでください。あなたがいなくても、私たちはこのレベルの表現を実現することができるのです。

あなたとしてやってきた本当の自己とは、あなたが考える本当の自己ではありません。あなたとしての本当の自己は、自分を引き上げ、活動し、再認識し、アッパールームで明確に表現する存在であり、古いものを手放してやってきましたが、もし自分にとって必要不可欠なら、子どもや仕事を放棄することはありません。どんなものも、すべてのものを捨てる覚悟が求められます。しかし、捨てる必要はないのです。実際に、あなたが進むために必要なければ、なくてもよいのです。パートナーがあなたに神を否定させるような関係なら、今一度、その人との人生について考え直した方がよいでしょう。小さな自己のように、あなたは自分が知っているものが欲しいと考えるかもしれません。小さな自己はしばらくの間、天国を離れようとするでしょう。しかし、そこに許しの秘跡はありません。小さな自己としてのあなたは、そこで自分なりのやり方で学ぶことになります。しかし、持っていたものを犠牲にして神を否定することは、苦境に身を置くことなのです。

「私にはアッパールームを受け入れることはできません。ここで宣言したことは好きではありません」と言うのは、自分の選択を受け入れる、あるいは、その選択を正当化することです。選択しているということをどうか覚えておいてください。古いものを手放すというのは、人間関係をあきらめるように勧めることかもしれません。しかし、それは必要条件ではありません。したがって、自分はあきらめなければならないと考えるふりはやめてください。それは小さな自己が、自分の個人的な問題のためにこの教えを利用しているだけです。「ガイドたちは、夫の元から去るべきだと言いました」と。私たちは決してそのようなことは言いません。あなたは納得できる同意のレベルにおいて自ら選択するのです。そして同意とは、あなたが選んだものと互いに共鳴することを意味します。古いものを超えて自らを引き上げ、新しい生き方に到達することは、実際のところ、あなたが古いものを「あなたが知っている古いものとして」手放すのです。この違いがわかりますか？

「見よ、私は万物を新しくする」。終わり。終わり。終わり。

（一旦休憩）

できれば、次のことを心に決めてもらいたいです。形として自分自身を知っているように、あなたは自分が取った形を、神聖な自己として再び理解し、明確な表現において新しく実現します。自分は誰で何者なのか知っている者として持っている権威こそが、「私はやってきました」と宣言することなのです。顕在化する自己、自分が誰で何者か知ってやってきた神がそう宣言します。そして、あなたの人生の権威として本当の自己に頼ることによって、あなたの人生の権威は神と一致します。すると、あなたは、あなたとして知っている神の表現、その結実となります。「として《as》」という単語に線を引いてください。

「私はやってきました」という宣言を理解して、自分は神のものだということを受け入れるにつれて、あなたはその世界そのものに自分の存在を知らせるようになりました。言葉を発声することによってではなく、顕在化する自分の存在によって知らせるのです。この一致により、あなたが誰で、何者で、どう奉仕するのかという転生に一致します。それは、すべての顕現において王国を宣言することです。

　これを完全に理解することは、あなたが空間や領域を占有していることを理解することであり、それは本質的に、出会うすべての中に存在するように空間を呼び寄せるということです。アッパールームから、本当の自己が住む場所である顕在化する世界を理解すると、あなたは世界を再認識することになるので、「私はやってきました」という宣言自体が、顕在化する次元での神の行為となります。あなたという存在が、ここでは錬金術師なのだということを理解することができれば、自らの発言や行動を超えて、あなたはこの教えの全体を理解するでしょう。ここにやってきたあなたという存在は、あなたが行った一致、あるいは真実の宣言によって、あるいは、古いものを手放して、具現化するという選択を通して、自分が錬金術師だということに同意します。あなたがたの中には、これは、存在するという行為、存在の表明、「私はやってきました」という宣言が、顕在化する世界において活動する形を取ることは間違った見方ではないと考える人もいるでしょう。行動する言葉は神の表現であり、実のところ、すべての人の善のためにあなたとしてやってきたのです。

　しかし、あなたが善を理解するならば、善という考え自体を新しくしなければならないと理解してください。「善」という言葉を「恩恵」に置き換えると、もっと崇高な理解が得られるはずです。しかし、恩恵自体はあなたが思うようなものではないかもしれません。他の人に恩恵をもたらすということは、その人の神聖な自己に同意することです。なぜなら、それがより高い選択だからです。それは古いものをけなしたりしません。古いものをその存在の新しい明確な表現へと引き上げるのです。神の存在として、活動するあなたは出会うものを再生しながら一日を過ごします。あなたとしての神は、どんなものに出会っても、高いオクターブにおいて出会うものと一致します。これは、高いオクターブに一致したい小さな自己にはできないことです。それは単にあなたがどんな状態なのかという表現です。自分はパリにいることがわかっているのに、パリに行こうとはしないはずです。同じことがアッパールームにも当てはまります。それが誰で、何者で、どんな表現なのかという顕現における同意、一致、そして理解のレベルが、振動の調和において出会うすべてを想定するのです。

ところで、自分の道を決めるために古いものに頼るのは、提示されるかもしれない可能性を犠牲にしてまで、古いものを選ぶということです。あらゆる方法や姿や形であなたに提示されるものは、神の存在と同調します。しかし、あなたが古い言葉で再生しようとすれば、神の存在というものは実質的に存在することはできません。それを選ぶ人間として、あなたが持っている権限は、あなたの目の前にあるものと共鳴して一致し、選択する権利を放棄することです。このレベルでは、自分がどこに立っているかを決めます。好きであろうとなかろうと、あなたが望むものを手に入れることはできません。前にも言ったように、パリにいることを知っている人は、単純にその観点から行動します。しかし、顕在化する世界で何かに出会うと、それはアッパールームの場合と同じように顕在化する世界を知る機会となります。「の《of》」という単語に線を引いてください。

すでに答えたのに、ポールはまた質問するようです。

――しかし、ひどいことをする人たちはどうなるのですか？　私たちはどのようにアッパールームで彼らを認識するのですか？

それは、心構え、態度、行動、性格など、あなたが行為と呼ぶものに含まれるすべての本質というものを理解して、アッパールームで言動を実現していないのです。神と切り離されたものは存在しないので、すべてが神のものと想定することができます。あなたが何かを非難するとき、何かに腹を立てているとき、それらを低振動で宣言するとき、あなたはそのレベルのオクターブを呼び、それが一致のレベルとなるのです。したがって、誰かを十字架に張りつけることは、自分を張りつけていることになります。これが理解できますか？　そうなることは必須です。あなたが他人にすることは、自分自身にしていることです。あなたが他人をどう宣言するかは、自分自身をどう宣言しているのかと同じことなのです。

自分が誰で何者なのか知っている神聖な自己を頼りにすることで、アッパールームで必要とされる条件に一致することができます。小さな自己ができる最善のことは、もっとよい行いをすることです。「私はもっと寛容になり、もう少し親切になります」と。しかし、少しでも否定的になったり、誰かの、または何かの神を否定したりすれば、あなたは表向き自分をよく見せようとしているだけです。確かに、あなたの言動はよくなっているかもしれません。あなたは嫌いな人に対しても非常に礼儀正しくすることができます。しかしあなたの憎しみは、その振動の一致において嫌いな人を宣言してしまいます。あなたは偽善者の笑みを浮かべるでしょうが、あなたが嫌いな人から受け取るのも同じものでしょう。

認識、つまり知ることは、すべての出会いにおいてあなたが向き合う人生が変わるほどの行為です。軽蔑するようなものに神を認識することができれば、あなたは解放されます。それは卑劣な行為を容認するものではありませんが、誰かを認識することは、その人を高い調和において宣言します。また、高い調和でしか、その人を再認識することはできません。他のすべては態度です。それ以外は姿勢です。それ以外は行動です。あなたが正しく行動するために法律があります。法律に納得しているので、あなたはその多くに従っています。あなたがたの中には、法律の意義に同意できないので、従わない人もいるでしょう。さらに、場合によっては、そうしないと恐ろしいという理由だけ法律に同意している人もいます。法律とは同意と行動のシステムです。本当の自己と一致することによって、あなたは法律を守るかもしれませんが、あなたは顕在化する世界を超えて、どんなときも真実であることに一致しているのです。ここで必要なことは非常に単純です。あなたは自分が誰なのか知ることです。それに気づくことです。その認識について理解することで、他のすべてを認識するのです。それ以外の方法はありません。

さて、あなたがたの中には、王国へのパスポートを望んでいる人もいるでしょう。それは休暇を取るようなもので、創造の幸せな場所だと思っています。事実、王国は喜びに満ちた場所ですが、喜びは幸せではありません。幸せとは、どんな人の中にも表現することができる、神の行為に対する深い認識です。そして、このレベルにおいて、あなたが仲間に感じる愛情は、あなたの愛の概念さえも超えるものです。あなたと一緒に街をぶらぶら歩く友だちを神は愛しているので、あなたがその友だちを愛するということは、神を知ることです。この意味がわかりますか？　神の愛から省かれる人などいないのです。もしそうなら、あなたの神は、えり好みする邪悪な神です。

神は聖人と同じように罪人を愛します。彼らにとって当然の神の愛を否定しているのは、他ならぬあなたです。あなたが神として一致すれば、聖人や罪人の概念は消えてなくなります。なぜなら、そのようにラベルやあだ名や名前やバッジをつけて区別することは、ただの行為、あるいは道徳心によって行われたことだからです。そして、その生涯を痛みの中で育ち、痛みしか知らない人は、痛みを感じているふりをするかもしれません。なぜなら、その人が理解できるのは痛みだけだからです。痛いふりをしているからといって、あなたの人生から故意にその人を排除したり、そこにあるはずの愛を否定したりしてはいけません。あなたは、愛においてその人を再生するのです。その人を好きになることができる部分もあるはずです。あなたが二度と会いたくないと思う人の中に、神の存在を認識することができるようになると、あなたは急速に成長します。

――一緒に食事をしなくてもいいのですよね。あなたがたは先ほどそう言っていましたよね？

ポールが言います。

もちろん、食事をしなくてもよいのです。その人と一緒に夕食をとる必要はありませんが、お腹が空いていたら、食事を運んであげてください。これが理解できますか？　あなたがその人を恐れているからといって、その人の愛を否定しないでください。そして、あなたが恐れている人こそ、あなたの愛を最も必要としている人なのです。

――しかし、自分を犠牲にするのですか？

ポールは尋ねます。

──食べ物を持っていったら、私の腕を食いちぎろうとしているライオンに、なぜ餌をやるのですか？

愛の概念とは、あなたの安全についてではありません。ライオンを恐れているのは小さな自己だけです。自分が誰なのか知っているあなたとしての本当の自己は、恐怖の中で行動することはありません。そして、ライオンの概念、人を傷つける可能性があるものは、アッパールームにおいて高い方法で認識することができます。

ポールは反論します。

──それでは、誰かが銃を持っています。彼は私を撃ちたいと思っています。私はどうしたらいいですか？　それでも愛せと言うのですか？

それでも愛してください。そうです。とにかく彼を愛してください。そして、もしあなたが銃を奪うことができるなら、彼から銃を奪ってください。彼を止める必要があるなら、彼を止めてください。あなたが部屋から逃げる必要があるなら、走っても構いません。しかし、とにかく彼を愛してください。自分が誰か知っているというのに、どうしてあなたは愛することができないのですか？　十字架にかけられたイエス・キリストが言った、「彼らをおゆるしください。彼らは何をしているのか、わからずにいるのです」は、愛と崇高な真実の高尚な表現です。あなたはキリストではありませんが、その原理、あるいは崇高な理想において喜んで自分を捧げるのです。そして、何かを失うことになってもあなたは恐れません。なぜなら、名誉を犠牲にしてまで自分の富や体を守ろうとするのは、小さな自己だからです。

――それはどういうことですか？

ポールが尋ねます。

とても簡単な教えです。あなたがやがて到達するかもしれない認識のレベルというものがあります。そこでは、死はもはや障害ではなく、恐れるものでもありません。あなたはたとえ灰になっても、体そのものが神のものであり、神から離れることはできないと理解するでしょう。これが理解できますか？　それがどんな結果になるとしても、あなたは神のものです。同じように、すべての人が神のものなのです。そして、この問題こそが人類の悲劇というものです。あなたは価値があるものとないものを決めてしまいます。文化が作り出した基準によって、自分の価値を量ってしまうのです。仲間があなたをどう見ているかによって、あなたは自分の価値を決めつけます。そうすることで、神を忘れてしまうのです。

神はずっと存在しているので、「忘れてしまう」というのは正しい単語です。神は夕食に遅れたり、欠席したりしません。ずっとそこにいるのです。ずっと目の前にあった真実に、あなたはただ目を閉じていただけなのです。別の人の中に神の存在を知ることは、神を宣言することです。別の人が異端者であっても、聖人であっても、あなたは同じように宣言します。そして、嫌いな人が嫌いではなくなるまで、あなたは神を宣言するのです。あなたが恐れている人が怖くなくなるまで、あなたはその人の神に気づこうとするのです。そして、ひどいことをしている人々がいたら、彼らは恐怖によってそうしているのだと理解します。恐怖によってしか選択できない彼らのことを理解してあげます。そして、恐怖を知らない神を実現するのです。それが、再生となるのです。

誰かの神聖な自己を宣言することは、あなた自身のために神聖な自己を宣言することです。誰かに影を投げかければ、あなた自身に影が降りかかるでしょう。あの人の中に神が存在するわけがないと決めつけたら、あなたがこれまで会った、そして、これから会うすべての人の神を否定することになります。「あなた」はそんなことをしているのです。人々の幸せのためだと思って、独り善がりに行っているのです。しかし、個人か、社会的かにかかわらず、誰かに影を投げかけることは、神を否定することに他なりません。時々、ポールは町の広場について心配しています。人々が軽蔑するような人間に対して、そこで一体何をしているのか心配しているのです。他の人を非難する文化、つまり神が存在することはできないと決めつける文化は、その罪の代償を払うことになります。そして、これに引けを取らない唯一の罪は、常に存在するべき神を否定することなのです。

私たちは、ここに集まった皆さんと本書を読んでいる読者に向けて次の言葉を言います。

神の及ばないところに生まれる人はいません、生まれることなどできません。そんなことは不可能なのです。神はあらゆるものなので、神の顕現はあなたが見るすべてのものに存在しなければなりません。もしかすると、他の人たちが恐怖や暴力や怒りによって活動している姿を見ることがあるかもしれません。彼らの本当の姿を宣言してください。そして、彼らは神聖な存在であることを知ってください。誰かの神聖さに気づくことは、その人を祝福することです。「私は真にあなたが誰なのか知っています。私は真にあなたが何者なのか知っています。私は真にあなたがどう奉仕すべきなのか知っています。あなたがどう振る舞うのかでも、どう思うかでもなく、これまでどうしてきたかでもなく、あなたがどう思われたいのかでもなく、本当のあなたを私は知っているのです」。それが解放への鍵です。知っているかどうかにかかわらず、非難することは集団による行為です。そして、自分自身を非難するとき、あなたは自分の仲間たちを非難しているのです。休憩の後、再開したらさらに話を続けます。終わり。終わり。終わり。

（一旦休憩）

私たちは古いものを放棄し、王国であなたを宣言し、すべてに存在する神性を認める世界を創造するために、あなたがた一人ひとりのもとにやってきました。私たちは新しい日の到来と、この次元に顕在化する新しい目覚めを告げにやってきました。そして、神が形となって顕現するのは、私たちが歌う音楽です。あなたが宣言する「私はやってきました。私はやってきました。私はやってきました」は、あなたとしてやってきた神の表現として、真の存在を大々的に知らせることなのです。しかし、それは、このレベルの認識を達成するために必要な不屈の精神を意識してなされなければなりません。

あなたが誰で何者なのかを認識するためには、いくつかのことが必要となってきます。まずは、あなたの源の認識です。どんなことが起こっても、源から離れることはできないと認識することです。そして、神はすべての空間、すべての隙間、最も低い形、そして、最も崇高な形の中にも宿っていることに気づくこと、あるいは認識することです。そうでなければ、あなたが宣言するのは部分的なアイデンティティと部分的な覚醒または認識ということになってしまいます。

――そんなことしません。

ポールが言います。

――もうこの辺でやめませんか。私たちは、あなたがたが話しているところへは行けません。

実を言えば、あなたは行くわけではありません。来るのです。そして、「私はやってきました」と「行きつく」という意味での「行く」ということの二つの言い方において、根本的な違いは到達点です。あなたはそれにたどり着くのではありません。あなたがそれそのものなのです。そして、その存在において、意思の堅い自己、つまり神聖な自己は、王国を支配し、王国の必要条件をクリアできる人なのです。この段階での小さな自己は、自分の本当の姿と一致しており、言葉としてのみ存在することができます。

では、言葉、つまりあらゆるものにおける神の明確な表現には、それ「として」宣言する理由、またはそれを何「として」宣言するのかという理由が求められます。それは求めたり、探したりするものではありません。それはただ存在します。なぜなら、そうすることしかできないからです。そして、すでに述べたように、認識とは、認識する存在としてのあなたのことです。理解できない、あるいは決して理解しないかもしれない、認識しようと努力している自己ではありません。あなたはこれを目覚めた状態で実現したいと言います。それは可能ですが、どうか理解してください。高いオクターブにやってきてそこにとどまるべきなのは、小さな自己ではありません。小さな自己に神を宣言し、より高い同意においてその小さな自己に一致したのは本当の自己です。受け入れられた小さな自己は、神とその表現の中に存在しています。すると、覚醒のレベルにおいて、「私の小さな自己」と「私の本当の自己」の二つを切り離して考えることから解放されます。なぜなら、ひとたび知ったら、知らないことにはできないからです。そして、「私はやってきました」と知らせるあなたという存在は、古いものを犠牲にして神聖な原理を再生することなのです。

ポールがその例を求めています。

――私たちにも大切なことがあります。私は今でも以前の私なのですか？　私はまだスポーツが好きですか？　家に帰って、映画を観たいと思うでしょうか？　古いものを捨てたら、どうなるのでしょうか？　あなたがたは私たちに何を言おうとしているのですか？

何かに気づいてしまうと、古いものを捨てなければならないこともあります。古いものがもたらしてくれる快適さも再生されますが、それは表現として知ることや見ることができるということです。これまで何度も言ったように、仕事に行き、子どもを入浴させ、そして、たぶんソファに座って映画を観ているのは神聖な自己です。何をしていても、あなたはアッパールームの領域を維持することができるくらいの共鳴において一致しているのです。何度も何度も言いますが、すべては存在し、アッパールームでは再び知ることができます。実際に、真実において再認識することが可能性なのです。ポール、あなたの質問は、個々の人間はアイデンティティの感覚を維持しているのか、ということでしょう。神はあなたがた一人ひとりとして、これまであなたが経験した愛や憎しみと共に、あなただけの贈り物、あなただけの認識を持ってやってきました。そして、その愛や憎しみは今、上昇する世界をあなたが知覚するにつれて、再認識され、新しく反映されるのです。

――上昇する世界？　それはどういうことですか？

では、スズメが低く飛んでいるところを想像してみてください。あなたはスズメが飛んでいる高さでその姿を認識します。あなたはスズメに与えられた名前で、スズメを呼びます。スズメが小さな自己の視界を超えて引き上げられると、スズメは一つのもの、アイデンティティ、空中のシミになりますが、それには名前がありません。あなたはそれを鳥と呼ぶかもしれません。夜空を横切って飛んでいく羽と呼ぶかもしれません。しかし、あなたが休んでいる低い見晴らし台からは、あなたがそうではないかと思うその姿を見ることができません。そこで、まず少しずつ上昇していきます。同じ高さに到達すると、より速い方法でより高い領域と新しく一致します。そして、どんな名前でも構いませんが、あなたが鳥やコマドリとして認識すると、スズメは神聖な存在となります。なぜなら、あなたが鳥を目撃している地点では、すべては神の振動で存在しているからです。

低いオクターブでは、あなたは小さな自己の視点から上昇することはできません。小さな自己は、神を創り出して、雲の上において崇拝することもできます。しかし、そんなことをしても、あなたにとって何の役にも立ちません。あなたの周りに広がる神性に参加することを認識することは、知っている自己とその環境をもう一度創造することです。風景そのものは、神聖な自己が宣言できるという神の意識の中で、見事に復元されます。あなたがたはそれぞれ、原則としてそれを受け入れます。「私は神聖な存在です。私はスピリチュアルな行為を喜んで受け入れます。私は十分訓練を重ねてきました。そして、私を助けてくれる神を知る方法を知っています」と。

私たちが神の想定や認識について話すと、そうなのか、それは現実なのかとあなたが気づくまで、あなたが知るまで、すべてはとてもうまい話に聞こえます。何かについて知ると、それをまず認識します。そして、そのレベルに存在すると気づくと、あなたと、あなたの人生のあらゆる側面が変化していきます。

――しかし、私たちは以前の私たちと同じですよね？

ポールがアップルームに向かって話しかけます。

――クローゼットの中にまだ私のスニーカーはありますか？　私は母の名前を憶えていますか？

私には難し過ぎます。

小さな自己には難し過ぎるでしょう。そして、それだけがこの教えにおける問題です。小さな自己は、個人的に、そして集団で、物事はどうあるべきかについて頑固に決めつけてしまいます。そのせいで、あなたが従うべき方法が二元論的に提示されるのです。小さな自己が自分の考えを押しつけようとするのです。あなたは自分の仲間から一人だけ離れて、世界を宣言します。そして、光から離れてしまったことを知っていながら、それについて文句を言います。「私はやってきました」という答えがあるのに、あなたはそれを否定するのです。あなたはむしろクローゼットに並んでいるスニーカーを数えて、自分が本人であることを確認したいと思うのです。あなたが誰だったのかは一つの考えに過ぎず、それ以外の何ものでもありません。ポールの考え、フレドリックの考え、あるいは、ジャニスやジューンの考えなのです。あなたが何者だったかという考えです。変化するすべても考えですが、それが大した変化ではないと仮定するのは真実ではありません。それは根本的な変化であり、いろいろな意味において、何が可能かという考えからの完全な脱却を意味します。

十分説得力のある理由によって、私たちは本書を『既知を超えて』という題名で呼んでいます。古いテンプレートを通して、それを超えて存在するものを心に思い描くことはできません。それくらい単純な話なのです。そして、テンプレートを超えて存在するものは、新しいテンプレートによってのみ知ることができるのです。アッパールームでは、そこに存在する自己が新しい方法で、現実の構造について再び明確に表現し、再認識し、知るのです。そして、その自己が、深い愛を持って小さな自己を宣言するのですが、小さな自己が必要とするものを十分認識して受け入れるのです。

小さな自己は死んだわけではなく、もはや自分が主張していた小さな王国の支配者でないというだけです。そして「私はやってきました」というあなたの宣言は、ただの象徴ではなく、その存在について新しい世界を表現しながら歌っているのです。ここで重要なのは「存在」です。言葉として明確な表現の中に受け入れられた状態である、あなたという存在は新しいものを呼び起こし、新しい現実が生まれる道を導いていきます。あなたがどう思おうと、これを宣言するのはあなたの神性であり、スピリチュアルな存在になりたいというあなたの性格が宣言するのではありません。あなたは本質的にスピリチュアルな存在です。

これから大事なことを説明しますが、その前に、皆さんには二つのことを理解してもらいたいと思っています。一つは、あなたは深く愛されていること、そして、もう一つは、あなたは自分が何者なのか知らないということです。皆さんが自分自身を宣言するかもしれないと理解した上で、私たちは次のことを説明しなくてはならないのです。

では、一番目の話です。自分は誰なのかという自分自身の姿を十分捉えることができるようになったので、それなしで存在することがあなたは怖くなってきています。あなたは自分の表現を通して、己について知るようになったので、自分を知るために選んできたすべての物事の中に自分自身の姿を見るようになりました。

では、あなたが知っておくべき二番目の話です。もう一度明確に表現するとき、つまり自己の再生において、自分を知るために創り上げてきたものには、あなたが誰で何者なのかという真実が反映されていなければなりません。そして、もしそれらをアッパールームで再認識できなくなれば、つまり、あなたにとって役に立たないものになっていたら、あなたはそれらを解放して構いません。

——それはどういうことですか？

ポールが尋ねます。

もしかすると、あなたは喫煙など健康に有害だけれど、楽しみとなっている習慣を持っているかもしれません。そして、どうにか意志の力を借りて、この問題を解決したいと思っています。そこで、アッパールームに行けばいいのだと思いつき、煙草を五パック持って出かけます。数日もすると、アッパールームで煙草を吸うことがどれほど難しいかと、あなたはショックを受けるでしょう。

崇高な取り組みにおいて、もう一度知るために、習慣を克服するのか、それとも習慣に屈するのか、あなたは本当の自分について認識しなくてはなりません。これまであなたが支配してきた現実や人間関係のように、他の人たちが自分の思い通りの人間になるよう要求することはできないのです。アッパールームで絶対君主のように振る舞ってごらんなさい。一瞬にして、あなたは地下室に戻った自分に気づくはずです。

他人を愛することは彼らを知ることであり、このレベルで知ることは、愛を知るということです。そして、あなたが見ている神を知ることは、あなたが見ているものを愛することです。たとえ、それが見るに堪《た》えないものでも、あるいは、構造や個人のレンズを通してしか判断できないものでも、愛することです。アッパールームでは、スズメは神聖な存在ですが、血まみれの拳《こぶし》も、出産も、死もまた神聖なものなのです。神の外には何も存在できません。そして、あなたが再生する現実の構造、すべてに宿る神は、神の顕現として、一つの音、一つの音色ごとに引き上げられていきます。神は無限の方法で表現します。そして、ひとたび神が表現する永遠の表現に気づけば、あるいは知ることができれば、それが高いか低いかに関係なく、それはあなた自身が明確な表現となった一つの音なのです。そして、あなたという存在の顕現は、その表現とともに上に向かってアセンションするのです。このレベルでは、世界、そうです、「世界」が引き上げられるのです。

——だとしたら、それはどのように見えますか？

ポールが尋ねます。

新しくなった世界のように見えます。なぜなら、その世界を見ている人は、新しい目で見ているからです。新しい目とは、歴史の反映、古い言語、そして、あなたが受け継いだ定義によって変色することはありません。新しい目は、新しい光の中で再び知り、歌い、その証拠として、あなたの目の前には神のように輝く光が見えます。

二十三日目　自己実現の機会としての人生

あなたがたはそれぞれ、一つの人生の出発点において、学ぶことをサポートしてくれる命を宣言します。そして、あなたがどのように学んでいくかは、人生においてどんな挑戦や機会と出会うかによって決まります。「こんなことが提案されましたが、お断りします」と、機会を否定することは、人生の別の経路に切り替えて、次の機会を宣言しているように見えるかもしれません。一つの生涯に必要とされるものは、その生涯をかけて学ぶために選ばれるのだということを理解すると、あなたが直面する一つひとつの挑戦は、すばらしい経験となっていきます。そして、一つひとつ学ぶ機会を得るごとに、自分は本当に誰で何者なのかという認識が深まっていきます。あなたがたはそれぞれ、一つひとつの人生が、既知を超えて、そして、これまでの同意のシステムを超えて、実現に向かって成長するための機会だと受け入れます。挑戦することにした課題は、多くの場合、さらに大きな認識への足がかりとなるのです。学ぶことができる機会を否定することは、単純に学びは別の機会に訪れることを意味します。なぜなら、あなたには学ぶべき教訓があるため、あなたがそれに気づくように、さまざまな形で教訓が提示されるようになっているからです。

あなたが自分は神聖な自己にふさわしくないと決めつけてしまうと、そのための教訓が用意されます。こう考えると、あなたはどんなことも宣言することができます。自分は価値のない人間だと決めつければ、価値について学ぶ機会が作られます。いろいろな意味において、あなたがどんなことに挑戦するのか、そして、どんな方法で学ぶのかは、あなたが決めているのです。その挑戦が提示する機会には、あなたに必要な学びや成長が含まれているので、あなたは引き寄せられるのです。そして、次の段階に進むための可能性を手繰《たぐ》り寄せるのです。あるがままのあなたでいてよいのだと思えるようになると、他に価値のあるものを選ぶことができるようになります。そして、あなたの単純な価値とは、「私には自分が生きている人生に対して権利がある」という意味です。

これは、あなたが現在生きている人生において、あなたが誰で何者なのかという教えです。あなたがアッパールームへと上昇し、新しい創造物、つまりすべてを知り歌う神聖な自己が顕在化するとき、あなたの人生にどんなことが起こるのかという教えなのです。

それぞれの生涯は成長の機会を作ります。そして、そのことを認識すること、つまり本書の原タイトルである『既知を超えて――実現』は、それを完了して「そうです。私はやってきました。私は自分が誰で何者なのか知っています」と言う人が行う宣言です。私たちが言う「完了」とは、終了したことを意味するのではなく、それ以上の成長はないことを意味します。しかし、あなたという有機体は、実際には、アセンションという目的のために、神によって活発に包み込まれているのだということを理解すると、顕在化する世界は、あなたのための学校となるのです。

しかし、普通の学校とはまったく違います。学びを終了するという点においてではありません。

知ることを実現すれば、学びは終了します。これが単に意味することは、小学一年生の授業は、大学院での授業とはまったく違うということです。皆さんも、それはわかりますね。したがって、アッパールームも教室ということになります。学び成長するために、あなたが経験する物事が起こる教室なのです。

人生において達成することは可能だと理解して、このような方法で、自己を認識しようと決心したあなたがたは、もう一度選択し、学ぶための機会をいくつかの方法で提示されることになるでしょう。そして、どのようにあなたに機会が与えられるかは、一人ひとりのニーズによって決まります。この道を選んだ皆さんは、いろいろな意味で、自身を捧げるためにやってきたのです。あなたが誰だったのかという考えから自分を解き放ち、効力のある方法で物質を変化することができるアイデンティティを宣言するのです。

どうやら、ポールは私たちの話に納得がいかないようです。

——私は物質を変えたりしません。

しかし、事実、あなたは変えています。実のところ、あなたがた全員が、一日中それを行っています。なぜなら、意識そのものが、その方程式の中で、絶えずそれが顕現するように呼びかけているからです。あなたが低い振動で行っているか、それとも高い振動で行っているかにかかわらず、一日のうち、あなたが顕在化していない瞬間、または何かを創造するために行動していない瞬間などありません。単純に存在の本質として、あなたは物質を変化させているのです。

このことを錬金術に当てはめて理解してみると、あなたという神は変革する行動だということがわかります。つまり、どうあるべきかと命令する自己ではなく、存在の本質上、自分を知っている神聖な自己が変革をもたらすために行動します。あなたが自己というものを認識しているとき、瞬時にそのときの必要条件に応えることができます。したがって、物事を理解しようという概念は古いのです。存在の古い概念です。そして、知るという行動は、つまり認識ということですが、あなたが経験するどんな出会いにおいても、物質を動かすあなたの行動や資質を宣言するのです。

――しかし、〝どんな出会いにおいても〟というのはどういう意味ですか？

ポールが尋ねます。

神聖な自己は、その顕現において、体と領域において宣言しているので、振動の領域はその出会いのためのテンプレートを作成します。簡単に言えば、あなたは青いインクを持っていて、白い紙に青いインクを垂らすと、紙は青に変わります。これは非常に単純な隠喩です。しかし、あなたが理解できないのは、青いインクが白い紙を青く変えるように、もし「私はあの若者が嫌いです」と、誰かについて考えれば、あなたはその若者を憎しみとして宣言してしまうことです。そして、もしあなたの憎しみが共鳴することや、実際にその若者に伝わること、そして、あなたの古い密度で宣言したら若者に影響を与えることなどをまったく信じないとしたら、あなたは大きな勘違いをしていることになります。

思考から生まれたすべての行動には結果がありますが、すべての思考にも結果があります。これは、あなたが考えていることが物質的な領域で起こることを意味するわけではありませんが、あなたが存在する領域では、あなたは常に交流し会話しています。愛されているとき、あなたはそれを感じます。生まれつきそれを知っているのです。あなたを愛する人は言葉を話す必要さえありませんが、あなたは自分が愛されていることがわかるのです。あなたは恋人から贈られる愛の調和によって表現されます。そして、自分が嫌われているときもわかります。その気持ちがわかるのです。言葉は必要ありません。

これらはわかりやすい表現ですが、もっと微妙な表現もあります。簡単に言うと、あなたもすでにそうした表現をしています。あなたの意識はすでに現実を宣言しています。そして、振動においてあなたが信念や感情を宣言するように、態度ではなく物質に印象を与えるのです。そのため、振幅が異なるアッパールームでは、振動の調和は多少異なる働きをしています。もしあなたがその表現における青インクならば、青インクは出会うすべてのものによって広がっていきます。あなたが世界と出会うことによって、世界が青く変わっていくことを想像することができれば、すべてのものの神性を認識するための隠喩についてわかるはずです。これが変革です。錬金術です。そして、物質的な世界はそれに反応します。

ポールは今怯えています。彼には錬金術、薬《ポーション》、前世、そして、それらの影響についての記憶があります。ポール、そして、読者の皆さんにも、一つ理解してもらいたいことがあります。真の錬金術は神の行為、スピリットによる行為です。手品などではありません。少なくとも基本的には、魔法でもありません。それは、認識することによって、神の存在を知るということです。そして、再認識、あるいは、単純にもう一度明確に表現できる神の顕現というもの、そして、新しいものをアップルームに運ぶために新しく話された言葉を知ることなのです。アップルームのすべての存在とともに、共鳴するコードで調和して歌うことができます。

神性な自己になることを理想化するのは、神聖な自己の混乱を招く行為でしかなく、あなたがたの多くが憧れのようなものを持っているのではないかと危惧しています。神聖な自己でいるということは、単純に、形と領域においてあなたとしてやってきた神の表現になることです。そして、その本当の姿（それはいつのときも神ですが）を映し出すために、世界を崇高な場所へと引き上げる作業にあなたが参加するのは、あなたが自分は誰で何者なのか知っているからなのです。さらに、歴史の中で生まれた、あるいは、魔法的思考によって生まれたあなたの理想化は、それが可能だとは思えないほど、あなたのアイデンティティとはかけ離れたものになります。

ポール、少し前に、あなたがチューニングと呼ぶ方法を行っても、他の人が何を考えているのか、感じているのかわからなかったと言っていたことがありますね。あのときのことを思い出してみれば、あなたが感じた変化は完全に普通のことだったと理解することができるでしょう。簡単に言えば、それは、こういう種類の話が明らかな、振動のレベルにあなたが順応したからです。あなたはそれを捜し求めたのではありません。あなたが一致したので、あなたの前に提示されたのです。こうした一致には多くのレベルがあり、このテキストで教えている一致は、具現化の成果であり、「私はやってきました」という具現化の表現は、自分が誰で何者なのか知っている人、というだけではなく、本当の自己としてのアイデンティティを疑うことがない人の宣言なのです。

――私はそのレベルに到達することができますか？

ポールが尋ねます。

――読者はどうでしょうか？　遠い将来に実現することができますか？

あなたがそれを知った瞬間に起こります。そして、その瞬間にだけ、起こるのです。また、その瞬間を知れば、決して忘れることはありません。あなたがいくら振動を下げても、あなたは自分が誰なのか知っています。新しい方法で、新しい機会で学ぶことができますが、あなたは自分が誰なのか知っているのです。本当の自己のレベルで、自分が誰で何者なのか知っている人は、すべてのものにおいて神を知っています。なぜなら、それが、知っているということの直接的な行動だからです。自分が誰なのか知っているとき、あなたは切り離された存在になることはできず、そのような状態では、あなたから離れるべき存在について決めることもできません。なぜなら、非常に深いレベルで、常に一体化というものが存在し、切り離すというのはただの概念に過ぎず、あなたがまだひどい無知だったときに選んだ行動だったと理解することができるからです。

――それはどういう意味ですか？

ポールが再び尋ねます。

神聖な自己を否定する人が、切り離されることを望むなら、そうしても構いません。しかし、あなたは常にそこに存在するものに気づいていないから、そんなことをするのです。この次元でのあなたの経験は切り離されることの連続でしたが、最終的には、因果関係という意味では、あなたは間違いなく一体化しています。そして、それに気づくこと、つまり「私はやってきました。私はやってきました。私はやってきました」という本当の自己の表現を知ることは、すべての物質において表現する神を知ることなのです。「物質《matter》」という言葉に線を引いてください。個人にとって、顕在化する神が奇妙だという考えから離れるために、物質という言葉を強調しておきます。たとえ、自分が誰で何者なのか知っている神の行為に直接かかわっていないとしても、切断された手はそれでもまだ神聖です。ゴミは神聖です。空は神聖です。そして、あなたが神として知っているものは、その神聖さの中で輝き続けるのです。

　ところで、「あの汚いゴミを見てください」などと、何かを新しく描写することは、それが何だったのかを確認することではありません。それは、神がすべてのものの構造の中に表現されていることを認識することです。ゴミが何を知らせようとしているのかを認識することなのです。アッパールームで認識されるすべてを物質として作り出す神の構造を理解することでもあります。「聖なるゴミ」と言うのはとても難しいでしょう。しかし、あなたが見ているゴミは、以前は別なものであって、その別なものはかつて神のものだったので、今も神のものにちがいないと思う方がはるかに簡単です。あなたがしていることは、いろいろな意味において、小さな自己として知覚している、あるいは知っている現実を一度分解して、それをこれまでずっと存在していたものとして認識する、ということです。

――なるほど、そうやってゴミを引き上げるのですね。そんなことをして何のためになるのですか？

ポールが口を挟みます。

ゴミを引き上げることが、よいことだと言っているのではありません。あなたの目の前に存在する神の概観から、ゴミを除外してはいけないと言っているのです。何かを除外することは単純によくないことだからです。暗闇に落ちる行為です。それに、あなたには自分が作り出したコードに対しても、あなたがときどき顕現する低い振動とのつながりに対しても責任があるのです。この低いレベルであなたが調和するものは、あなたと共鳴しています。したがって、光から、あるいは王国についての意識から排除されてきたものとあなたは共鳴してしまうのです。

もちろん、本当の自己はすべてのものが何であるかを知っています。しかし、あなたは記憶にとらわれ、振動しながらアッパールームから下の階へ、さらに地下室やもっと下の方を行き来しながら、多くの現実を生きています。最終的に、神を認識することは、アッパールームのレベルで活動することであり、いちいち階下に戻って落ちているゴミを拾って、文句を言うことではありません。アッパールームの意識において、存在している神だけを認識することなのです。「だけ」という言葉に線を引いてください。

では、新しい概念について話を続けます。アッパールームで自分がどんな人間なのかわかったので、これから皆さんには行動が求められます。まさに行動するわけですが、私たちが教えたように、あなたが誰で何者かについて明確に表現すると使命が与えられます。知っていることや機会を通して、自分の使命が何であるか悟るのです。そのため、本章は機会についての教えから始めました。一つの機会が訪れて、その機会を受け入れるという同意のレベルに一致しに、それに基づいてあなたは行動します。あなたは知っているという状態になり、その中で取るべき行動が明らかとなるのです。何のためにここにやってきたのか、この教えの目的とは何なのかと、混乱し疑問に思っている多くの皆さんにとって、これは良いヒントになるでしょう。

私たちの教えは、決して世界から逃げるためのものではありません。これまでもずっと、あなたが目にする世界の真実に気づくための教えでした。あなたが出会う、または決して出会うことのないすべての人々の幸せのために、神性を宣言するための教えなのです。自分はこの使命にふさわしいと判断したとき、つまり両手を広げて受け入れると決めたとき、それは表現となり、あなたが作業するために必要な存在のレベルにおいてサポートを受けることになります。このとき、あなたはまさに地上の世界にいるときと同じように、アッパールームで顕在化していることを意味しますが、自分自身を示すために必要なすべてを呼び寄せているのです。

それは本当に簡単です。アッパールームにとどまることを決めたとき、振動の領域を通して、あなたは奉仕するための機会を自分自身に呼び寄せるのです。繰り返しますが、白い紙に広がる青いインクは、目の前の王国を実現するという唯一の目的のために、「私はやってきました」と言って行動を始める神の表現ということです。それは、あなたの目の前の王国です。私たちはこの本が「私は自分が誰なのか知っています」という教えについてのものだと宣言します。そして、本書の多くを割いて説明している王国の顕現は、それと出会うどんな人にも理解することが求められます。

私たちが書いているそれぞれの本は、さらに深い認識やもっと崇高な認識のための足がかりとなります。なぜなら、意味の深さを理解することなく最も高い場所へ到達することはできないからです。それは知性に訴えるものではありません。それは具現化されているものです。そして、知性を超えたところに、知ることが存在します。あなたは知っているので、あなたはそうなります。あなたがそうなので、あなたは行動します。あなたの存在の本質によって、世界は新しく生まれ変わるのです。

（一日休憩）

私たちは今、あなたがた一人ひとりにお願いします。どうか、私たちの記憶に残る存在になってください。そのままのあなたで、あなたがどこに座っていようとも、私たちがあなたがたを思い出して包み込むことを許可してください。私たちは、あなたのどんな主張も超えて、あるいは、あなたが自分に内在する価値に反対したり、否定したりしても、これまでずっとあなただった本当のあなたを憶えています。

あなたとしてやってきたあなたとしての神は、尊敬するべき存在というだけではなく、世界に祝福をもたらす存在です。そして、このレベルであなたが自分の価値を否定することは、世界を幸せにするためにあなたに与えられた機会を否定することなのです。祝福されるものは愛に包まれ、愛されるものは癒されます。そして、新しく見られるものは、愛においてだけではなく、これまでの認識の中で、世界を見つめる目によって、新しくなります。新たに見られるものは、世界を見ている目によって新しくなります。その目は、愛情深く見つめるだけでなく、これまでの世界がどんなものだったのかをしっかりと意識して見つめているのです。私たちはわざと「どんなものだったのか」という言い方をしました。あなたがたの非常に多くが、何かを神のレベルに引き上げることは、そのものの価値を否定することなのではないかと信じています。実際には、あなたがしていることは、それがこれまでずっとどんなものだったかを認識することなのです。したがって、それは否定ではなく、もう一度明確に表現している、あるいは、もう一度よく見ようとしていることなのです。あなたは何かを否定しているのではありません。あなたは、そのものを超えて、そのものに内在する意味や、それが本当にどんなものか、そして、アッパールームにしか存在できないものだということを理解するのです。

アッパールームで、成長する魂として直面する難問は、あなたの教訓を引き出すために低い振動に戻った方がいいのではないかという誘惑です。これはいくつかの方法で行われます。一つは、「私は自分の痛みに慣れています」という習慣を通して起こります。もう一つは、他の人に促されて起こります。「あなたは私と一緒に苦しむはずですよね。さもなければ、私をあなたの神として、または女神として認めてください。あなたは私がどんな人間なのか知るべきです。そして、私がどんな人間かは私が決めます」と。相手のアイデンティティを小さな自己だと決めつけることによって、あなたは自分の神性を否定します。「あの人たちの好きなようにやらせてあげましょう。あの人が望むようにさせてあげてください。あの人がばかげたことをしていても応援します」と。そんなことをすれば、その瞬間からあなたはその人を愛さなくなるのです。あなたは相手が望むような人としてその人を宣言します。そうすることで、あなたは嘘として活動するようになります。「として《as》」という単語にもう一度線を引いてください。キリストや本当の自己、あるいは、誰かの、何かの神性を否定するとき、あなたは嘘「として」生きるのです。

以前の「真実において活動する」というテーマの本の中で、「真実において嘘はつけない」と話したとき、私たちは実のところ振動の一致における存在と意識のレベルについて話していました。あなたが本当に既知を超えて認識するという作業に取り組む気があるなら、自分には価値がないという嘘から自分を解き放ち、価値がないと書かれた仮面を取ることができるはずです。そして、小さな自己から離れることができずに、仮面をかぶっている人たちに対しても、その仮面の向こうにいる本当の彼らの姿を見つめることができるようになるはずです。「まあ、彼はベストを尽くしました」と古い行為を正当化することは、単に「彼は何かを作り出したけれども、それはその時点で彼が選んだ理由と意識と同意において作られたものです」ということと同じです。その選択において、人格や責任を放棄するものではありません。それは単純に、誰かがある行為を行ったときに、あなたはその人がどんな人なのか知っていたということを意味します。彼がそれまでずっとどんな人だったのかを認識することです。つまり、「私はあなたが誰で、何者で、どう奉仕するべきか知っています」という宣言が、彼らを解放するのです。そして、この認識において「私はやってきました」と宣言すると、実のところ彼ら自身が認識するためのテンプレートをあなたが創り出すのです。

——どうしてそうなるのですか？

ポールが尋ねます。

あなたが自分自身を励まし再び一致することによって、他の人が同じような調和を達成する可能性を創り出したのです。誰かに出会って「私はあなたが誰で、何者で、どう奉仕するべきか知っています」と話すとき、あなたはその人の振動の領域で、同じ音色で音楽を奏でています。しかし、あなた自身の認識を知らせる「私はやってきました」という宣言は、共鳴する音楽のコードのようなものです。あなたが誰で、何者で、何を表現するのかを表現しています。そして、そのようなあなたが、互いに共鳴して、あるいは同じような調和の中で出会う領域の顕現を指揮することができるのです。つまり、あなたはテンプレートになっただけでなく、同じ振動の領域で、他の人たちが自分は誰で何者なのかという自らの感覚や意識を認識するための力となったのです。これがどのように伝わるかというと、領域、音色、そして意図によって行われます。しかし、「私はやってきました。私はやってきました。私はやってきました」と本当の意味で宣言する神聖な自己のレベルになると、神としてのあなたは十分に一体化しているので、あなたの意図はあなたが存在するだけで伝わるようになります。あなたがそうしようと決めるのではなく、単純に相手に伝わるのです。

あなたは千人の観客と一緒に劇場に座り、「私は真に自分が誰なのか、真に自分が何者なのか、真にどう奉仕すべきか知っています。私はやってきました。私はやってきました。私はやってきました」という言葉によって共鳴する領域にいるとします。そして、「私はやってきました。私はやってきました。私はやってきました」という宣言を認識し、その結果としてあなた自身の具現化がや始まるとします。すると、共鳴するあなたの領域が拡張し、あなたが劇場として認識しているスペースに存在するすべてが、作り上げた共有の領域と低い振動とのつながりを絶つ役目を果たします。あなたが彼らに宣言する「あなたはやってきました。あなたはやってきました。あなたはやってきました」は、彼らが進化しながら自分が誰で何者なのかという真実を知ることができる同じような調和を提供します。

「あなたはやってきました。あなたはやってきました。あなたはやってきました」という言葉を、ポールが皆さんのために話したので、彼は自分の領域が上昇しているように感じています。そして、これらの言葉の認識と、物質的な自己を包み込む領域での具現化の活性化というものは、魂がそれに同意すると、互いに共鳴するレベルに存在する人々が一体化し、彼らによって実現されます。

人々は自由意志を持っており、魂の支配権とは、その人の成長のために必要とされるアセンションや進化のレベルに同意することです。したがって、あなたが彼らを神聖な存在にしているのではありません。あなたは、劇場全体と千人の観客の顕在化において、自分が誰で、何者で、どんな表現をするのか知っている神を宣言しているのです。なぜなら、千人の観客は共有の領域を分かち合っているからです。そして、彼らがそれぞれこれをどのように表現したいかは、個人の魂によって選択されます。彼ら一人ひとりのテンプレートが設定されるのです。テンプレートが出来上がり、より崇高なレベルで認識されると、転生が起こり、魂とあなたが人間と認識する魂の具現化における個人のニーズに対応するようになります。

私たちが皆さんに話していることを、本当の意味で理解するということは、このレベルにおいて行動する存在になるということで、すなわち、あなたがどう奉仕するのかということになります。「私は自分がどう奉仕すべきか知っています」という言葉について教えたとき、私たちは明らかな意味を込めていました。それは、一番重要な表現において「あなたとしての神」という部分で、すなわちそれは認識であり、顕現です。そして、それを完結するのが「私はやってきました。私はやってきました。私はやってきました」という宣言です。これは、あなたの目の前にいる人々に「あなたはやってきました」と繰り返すことで、あなたは奉仕するためにやってきたことを認識するのです。いいですか、支配権は物質的な領域において神を宣言する行為です。物質的な領域は神の唯一の表現なので、神の宣言の中で、すべての物質に語りかけ、神は再認識し、そして、もう一度明確に表現するのです。

もしあなたが自分という人間はこれに値しないと決めつけるなら、どうか覚えておいてください。あなたにそう言わせているのは、自意識過剰な小さな自己なのです。今、あなたが本当の自己として、自分が本当の自己の行動に値する人間だと受け入れる意思がないとしても、いつか必ずあなたはそれを受け入れるときが来るでしょう。あなたは、あなたが進む道から外れることはありません。もしかすると、いつかあなたの心にあなたとして表現することを求める神の実現の思いが宿る瞬間をあなたは待っているのかもしれません。

WORK

もしよかったら、少し時間を取って、神としてのあなたを心に思い浮かべてください。そして、もし許されるなら、私たちはこれからあなたがたのために歌います。ポール、三つ数えたら、私たちがあなたを通じて歌うことを許してください。私たちは振動として、また振動と一緒に歌います。この振動が、その言葉と意図によって出会うすべての存在を形としてだけではなく認識においても、私たちが受け入れることができるようにしてくれるのです。ポール、三つ数えたら始めます。

一、二、三。

[ポールを通じて、ガイドの音色が響き渡ります]

あなたのままでいてください。あなたのままでいてください。あなたのままでいてください。

そして、私たちはここにいます。私たちはここにいます。そして、私たちはここにいるので、また、あなたはその準備ができているので、あなたを次の転生のレベルに案内します。

これでこの章を終わります。ここまでお付き合いいただきありがとうございました。

第９章 あなたの目の前に続く道

二十四日目　死の恐怖を超えて

人生という冒険のためにここにやってくると、あなたがたはそれぞれ、学ぶこととあなた自身が創り出したものを受け入れることを心に決めます。

――創り出したものとは何ですか？

ポールが尋ねます。

死の必然性の創造です。このまま続けるなら、ここで死すべき運命の概念について考える必要があると思います。

さて、あなたの中に植えつけられた死への恐怖は、この次元であなたが受け入れてしまった同意ですが、それを乗り越えてあなたの考え方を修正しなければなりません。あなたとしての神、つまり永遠の自己が、あなたの存在のすべての細胞だけでなく、あなたが想像できるすべての細胞に存在することを理解すると、結局のところ神はすべてに存在するので、死とは単純に別の方法で神を経験することだと気づくはずです。すでにわかっていると思いますが、人生を否定することは、死そのものではなく、実際には恐怖なのだということを理解しなければなりません。すべての死は、ある振動のレベルから別のレベルへと移行することです。そして、人間の姿をした本当の自己としてあなたが向き合う可能性は、キリストの自己に一致することであり、真実に従って世界を宣言するために、体を伴って顕現を実現するのです。

死そのものは、偽りの自己のレベルにおいてのみ嘘ということになります。なぜなら、本当の自己は死ぬことなどできないし、永遠の存在だからです。小さな自己、死の概念、そして死に対する恐怖は、それらを乗り越えて理解しなければなりません。「私は死を免れない次元に存在し、死ぬ運命を生きています」という死の必然性の概念は、確かに真実です。しかし、あなたは同時に複数の次元にも存在しています。あなたが誰で何者なのかを知っている神聖な自己は、それが永遠だと理解しなければなりません。そして、それを理解するためには、あなたが立ったその瞬間に永遠を確かめなければならないのです。高いオクターブや高い振動の調和において、あなたという人間は死によって消えてしまうのではなく、より高い振動数に移るために新しく生まれ変わったと理解すれば、死すべき運命を恐れることはなくなるでしょう。

では、もしあなたが死に対する恐怖を失くすことができないとすれば、あなたは死の概念に多くのことを関連づけ、また、死を避けようと必死になっているということです。私たちは何も、火山の穴に飛び込めとか、燃え上がる建物の中に入れとか、ライオンの群れの前に立たせて、「夕食にどうぞ」と言っているわけではありません。それは私たちの教えではありません。しかし、あなたが永遠について考えるならば、死とはあなたが体を持った瞬間にしか意識しないもので、死そのものは新しい方法で存在するための一瞬の明確な表現というだけのことです。

体を失うことを恐れずに、この次元を超えて次の出会いに向けて進む機会を喜んで受け入れるなら、そして、ここにいながら高いオクターブで、死によって変化することについて知りたいと願うなら、「私は自由です。私は自由です。私は自由です」と自由を宣言した言葉の中に、あなたは物質的な自己を失う恐怖も含めなくてはならないと考えるようになるでしょう。死によって変化するということは、単純に、この次元においてはっきりと描かれる人生の永遠のサイクルに、あなたが参加することなのです。

私たちがこれまで具現化について教えてきたことの多くは、暗に神としての体、そして、実際には永遠である体という意味を含んでいました。そして、体は永遠ですが、あなたが思うような形ではありません。体のどんな部分も、その成長も、すべては神として理解することができます。エネルギーとは神で、消滅することはできないので、エネルギーは常に別の形で再認識し、もう一度明確に表現し、そして、新たに語りかけます。あなたが唯一直面する問題は、形、つまりあなたの姿をしたアイデンティティに愛着を感じすぎてしまうことでしょう。

あなたが死というものに向き合う中で、死を超えたところにもっと学ぶことがあると理解したなら、つまりそこには生と死のサイクルがあり、人生に参加して取り組めば、これまで学んだことを継続的に解放する必要があることを学びます。そして、あなたがやってきたのは高いオクターブに存在する人間の復活のための学校だと本当の意味で理解するなら、あなたが経験する変化、つまり転生は、神の計画の一環なのだと気づくはずです。

個別の状態である体の細胞は生きている存在で、一つの存在としての体が「私は形として表現された偉大な有機体のたくさんの細胞の集まりで、自分の名前、性格、そして経験を知っています」と宣言すると考えるなら、体の単一性という概念から自由になります。ここでの体とは、表現のためのメカニズムです。体は世界を体験するためにあなたが選ぶものなのです。そして、世界は神から切り離されていないので、体も切り離されていません。あなたが自分は人生だと、つまりすべてのものと一つであると理解すれば、体の構造や形は実際にはそれなりの方法で存在し、経験を通して新しいものを知るために順応していくものだと理解するでしょう。

「私はやってきました」という言葉において、神が顕現を知らせることができるように、体はラジオまたは伝達システムのように、神の反応を伝えるために新しい視点に再び一致しようとします。すでにすべては神であり、このような場合に体がどのようにして参加するのかといえば、復活に他なりません。神はすべてのことにおいて神を知っているので、体そのものは、一貫性という意味で神の顕現となります。つまり、風景の中にその姿を現すのです。

ポール、あなたが木になるのではありません。彼は今、そのことについて尋ねました。あなたが海になるからでもありません。あなたはすでに木であり、海なのです。その意味がわかりますか？　あなたは海であり、空であり、大地であり、そして、この地球の反対側で死んでいく人間です。あなたはこれから生まれる子どもです。あなたは死そのものであり、命そのものです。なぜなら、存在の永遠は、人生そのものであるこの尊厳を伝えるものとして認識されているからです。個別化した自己が消滅したわけではありません。個別化した自己はすべてとして表現されているのです。

これが何を意味するのかというと、あなたが考えているような知的な概念ではなく、表現というものをあなたの先生として信頼するということです。「ええ、私はどこか別の場所ではヒトデなのです。それって、いい考えでしょう？　実は、私は自分の外反母趾《がいはんぼし》で、夫は口臭です。どうもありがとうございました」というようなことではありません。知性的にそれが何を意味するのかと考えることを減らしていかなければならないと言っています。なぜなら知性は、現象や表現、つまり私たちが大々的に話している明確な表現を経験する当事者ではないからです。

もう一度明確に表現するには、より崇高な一致における体と振動の再創造と復活が必要です。この次元の表現を高めるという目的のために、あなたが経験する一体化は、存在すること――意図よりは弱いですが――によって実現します。そして、身の回りで経験することを通してそれを伝えることは、崇高な調和における顕在化した次元の再生となるのです。

――ちょっといいですか。それはどういう意味ですか？　私にはわかりません。

ポールが尋ねます。

もちろん、あなたにはわからないでしょう。しかし、あなたはそれを経験するかもしれません。そして、ヒトデとしてのあなたが、夫の口臭としてのあなたが、または外反母趾そのものが、あなたの経験を理解するとき、あなたは単純に神との一体化を経験しているのです。それはとても強く望んでいるとあなたが言ったことです。神との一体化を実現するために、単一性の表現を超えて行動すると、その表現においてあなたとしてここに存在するのです。これを理解することは、それになるということです。そして、あなたがたが全員知らないことは、あなたはそれで、これまでずっとそうだったということです。そして、あなたが切り離されたと感じたことによって生まれた恐怖の密度によって、あなたという神の表現は、あなたが知ろうとすることから妨げられているということも知りません。

既知を超えて、存在について同意したテンプレートを超えて進化するにつれて、あなたはこのアセンションを共有するために進むその一歩一歩で、さまざまな課題に突き当たるはずです。新しい表現を達成するために、これまで学んできた方法を超えて、振動や答えに通じる鍵を使って、あるいは、オクターブのレベルを上げながら進んでいくのです。

ポールが思い描いているイメージは、太陽の光がきらめく水面に到達しようとして、上に向かって海の中を泳いでいる人です。ある意味で、海から空へのこの解放は、既知を超えてあなたが理解しようとしているものにぴったりな隠喩です。海は特有の性質を持ち、それ自体が王国です。あなたの有機体が海に一致したので、あなたが海に棲むことに同意するのです。そして、あなたは海の決まりにも同調します。しかし、海面から顔を出し、光との一体化を感じた瞬間、あなたは新たに海を宣言します。なぜなら、空そのものが海を包み込んでいることを、あなたはそれまで知らなかったからです。これが理解できますか？　空は海の中にあるのです。あなたにはそれが見えなかっただけなのです。

したがって、隠喩的な説明を望むならこうなります。この次元を引き上げるためには、異なる自己としてこれまで水中にいたという考えを解放することです。そして、あなたの目の前にある新しい命であるアッパールームは表現の中にあり、これまでもずっとそうだったということに気づくのです。私たちがあなたがたに、注目して、よく見て、そして知っていると判断してほしいと思う現象を経験することは、「私はやってきました」という宣言において、物質的な形の制約を超えて、すべてのものである波となるために許可を与えることです。それには、ほんの一瞬でもいいので、自分の体について、または自分は呼吸している体だということを忘れる小さな感覚が必要です。あなたは空気になります。海になります。これから生まれる子どもになり、そして、死にゆく老人になるのです。あなたは梢になります。そして、木の根元の土になります。ポール、これは悟りではありません。これは、単純に一体化した神の表現です。

——そうなると、どんなことが起こりますか？　どうやって普段の生活に戻るのですか？

ポールが尋ねます。

皆さんに体験することをお勧めしている配信〔ポール・セリグが提供しているポッドキャストなど〕自体が、アッパールームと一致しています。そして、ここに存在し、あなたがその存在を知っているので、その表現はあなたが取りかかることのできる瞑想というより、すでに真実であることを認識するということになります。あなたは木と一つになろうとするのではありません。あなたはすでに一つなのです。あなたは死にゆく老人と一つになろうとしているのではありません。あなたはすでに一つなのです。あなたはこれまで切り離されて活動してきたので、この教えのために私たちが使うすべての言葉は、切り離されて生まれたあなた自身のデシベルで響きます。

そして、この教えを超えた経験へとあなたを導くとき、どうかその経験自体は新しいものではないと理解してみてください。それはこれまでもずっと存在していた経験なのです。しかし、あなたの意識が、それを認識することを妨げてきたのです。言い換えれば、この教えを通して、私たちがあなたを一つに「する」のではありません。これまでもずっと一つだったあなたを、私たちがあなたのところまで連れてきたということです。この話を恐れている人たちに言いますが、何が違うのかというと、あなたは自己を失ってはいないということです。むしろ、自己を広げ、あなたとしてやってきた神のお告げとして自己を実現しているのです。では、これから言う言葉を紹介します。

「今日この日、私は自分の存在のすべてが、アッパールームにいつも存在しているすべてのものと、一つになるということを理解し受け入れることを選択します。そして、これらの言葉を言うとき、私の存在のすべての細胞、私が誰なのかについての私の考え、そして、生と死と形の顕現について抱いているすべての考えが、このすべてのものと一つである宣言によって解放されることを許可します。私がそれを受け入れ宣言するとき、私はそのすべてと一つになる経験を受け入れます。私はやってきました。私はやってきました。私はやってきました」

皆さん、どうかこれを受け入れてください。必要なら、実際に言ってみてください。その意図ははっきりとここにあります。出会うすべてと一体化している波のように、あなたが進んでいけるように、自分が広がっていくことを受け入れ、形そのものの概念を解放してください。すべてのものと一つになってください。

（短い休憩）

　この講義を始めるにあたってまずお話ししましたが、古いものの解放とは、あなたが自分についてどう思うのか、そして、それに関連してこうに違いないと思い込んできたその他の概念を振り払い、知っていることを認識するための必要条件でした。あなたがたはそれぞれ転生することに同意し、この次元における神の再生に参加することを決めます。なぜなら、あなたがどんなに自分はこんなに小さな神だと過小評価しようとも、神はあなた自身だからです。神は原野のミミズであり、礼拝堂で鐘を鳴らしている人であり、町中に鳴り響く鐘の音なのです。そして、ひとたびそれを理解しその可能性に寄り添えば、神は歌であり、愛の言葉なのです。

　私たちはこのテキストを続けながら、あなたが愛において世界を宣言するための行動を起こすことができるようにサポートするつもりです。あなたはやってきました。あなたはやってきました。あなたはやってきました。

（一旦休憩）

　人生に向き合いながら、あなたがたはそれぞれ世界のためになることを宣言することを決意します。それは、愛の印だったり、見知らぬ人に親切にすることだったり、すばらしい子どもを育てることだったりします。あなたが与えなくてもよいものを、他の人に贈ることです。愛によるすべての行為は、世界を愛において宣言します。そして、あなた自身が愛そのものなのだということを悟ると、このすばらしい世界を贈ろうとする相手に、あなたは愛の存在を与えるのです。

神はあなたで、すべての人々のためになることを実現するためにやってきたことを知り、そのために存在し、それを認識すると、あなたは新しい機会と出会うようになります。そのとき、ある意味あなたはもはや小さな自己を選ぶことはできなくなって、他の自己にその新しい機会を贈るのです。すると、小さな自己はそれに反応して、意識が向上します。「私はその男に五セントあげました。男はお礼に微笑んでくれましたよ」とか、「あの女性と一緒に通りを渡ってあげました。彼女はお礼を言ってくれました。彼女と一緒に歩くことができて光栄です。女性が私に感謝してくれたことがうれしいです」という具合です。顕在化する世界から、あなたの善い行いに対するある種の反応を期待することは、その反応に応えて、別の善い行いが起こる機会を生みます。

このレベルの表現に上昇し、そして、愛として存在すると、愛はそれ自体報いであり、誰かを、どんな人も、そして、すべての人を愛する行為は神からの贈り物だということに気づくようになります。誰か別の人間を、そして、すべての人間を愛することは、神を愛として知ることなのです。今、意識が拡大する中で、あなたは本当の自分になり、愛と一致することができるようになるだけではなく、あなたが望んでいた旅への期待が現実となります。夜明け前に目覚める朝について想像してみてください。あなたは太陽が昇ることを理解しています。アッパールームでは、存在するという行動において、「私はやってきました」という宣言において、あなたが誰で何者なのかという認識において、愛とはあなたを表現するあなたなのだということが確認できるのです。

ところで、愛を理解することは、存在を理解することです。したがって、愛を混同することは、見返りが必要な行為、見返りが必要なそぶり、または必要だと判断することです。感情的な自己はある意味では愛の概念について知っていますが、感情に関係なく心というものは愛するものなのです。感情を知るというのは、あなたが感じることを確認するシステムに象徴的な表現を持つことで、感情の役割は反応です。あなたは一つの感情を感じます。あなたは愛そのものになるほど愛を感じません。そして、あなたが愛になると、あなたは愛を宣言し、それがどんな表現になろうとも、あなたが見る愛を存在する理由へと引き上げるのです。

――存在する理由？　それはどういう意味ですか？

ポールが尋ねます。

存在する理由とは愛することです。それは、あなたがた全員が必要とし、求め、質問することですが、それには十分説得力のある理由があります。愛することは、神の恵みを受けることであり、神の存在を意識することです。あなたのような風を想像してみてください。それはあなたを通して表現する愛で、草原の場所で出会うものを宣言します。実際にはあなたである神聖な自己が、愛とは何かを再生し、再認識します。それは、言葉にせず、明確に表現し、見たことがあって見たことがなく、知っていて知らない神の表現なのです。

愛というものを、小さな自己が理解する愛を超えたものにしてください。愛を本当の姿のままにしておいてください。愛をすべてである神にしてください。それが愛に包まれた振動のレベルにいるあなたなのです。あなたがアッパールームで再認識し、再生し、再び理解し、明確に表現すると、幻想のベールが一枚ずつ、あるいは、一度にすべてはがれていきます。そして、存在の理由、つまり愛し愛されることを、あなたの魂の深いところで理解するのです。

あなたが共鳴の中で表現すると、愛を伝えることは表現の行動ということになります。つまり、あなたはあなたが唯一なれる存在だという意味です。「私は愛においてやってきました」と。

では、こう言ってみてください。「私は愛においてやってきました」。

そして、愛の振動の中で明確に表現することの意味を知ってください。「私は愛においてやってきました。私は愛です」。

これは存在の本質によって、その名前を話す領域と形における明確な表現です。どんな出会いにおいても、愛の共鳴とは、取り残されたもの、愛を求めるもの、愛を知らないものを愛の中で再生するのです。ポールは乾燥した地面に雨が染み込んでいくイメージを思い浮かべています。すべての人が愛されているように、すべてのつぼみが膨らんで、花を咲かせるかもしれません。

できれば少し時間を取って、あなた自身だと知っている自己は愛そのものだということを受け入れてみてください。そして、そのことで感じる振動を受け入れ、愛はこうでなければならないというような考えをすべて頭の中から解き放してください。このアッパールームにあなたとして存在する愛の振動がその自己に浸透し、領域と形、つまり愛という本当の自己として再生することを受け入れてください。

神聖な自己はあなたそのもので、神の愛にはそれ自身を通して知ることができる資質というものがあります。これは、顕在化する世界と互いに共鳴するすべてのものと一致するには、愛することに同意するからこそもたらされることを意味します。誰かをその人の本当の存在に引き上げる、つまりこの調和のレベルで「私は真にあなたが誰なのか知っています」と宣言することは、彼らを愛において知ることなのです。それは思いやりではありません。優しさでもありません。それはすばらしい資質です。しかし、あなたは愛であり、神が愛として表現しているあふれる振動の中でその資質を知っているのです。

ポールが口を挟みます。

――神は他の方法でも表現しますか？

もちろんです。もう何度も言いましたが、あなたが想像できるすべては神の表現です。そして、神としての愛、愛としての神のすばらしさこそ、私たちが皆さんに伝えようとしていることなのです。なぜなら、愛になるということの同意において、あなたは愛があなたに同意することを受け入れるからです。

WORK

これから紹介する言葉を読み、その声を聞いた一人ひとりは、今、愛によって受け入れられることを許し、愛することや愛そのものに異議を唱えたり、愛に反対したり、愛を否定したりする自己のどんな側面も受け入れ、完全な出会いにおいて愛を知ってください。完全というのは、愛に反対する自己が愛として表現された形において、再認識し、再生し、神の側面として本当の自己に一致するという意味です。では、どうか受け止めてください。

「私は愛と一つです。私は愛を受け入れています。愛において知ることを、私の存在のすべてに許可します。そして、私が受け入れるとき、私は愛として存在し、同意し、もう一度明確に表現します」

（短い休止）

受け入れてください。受け入れてください。受け入れてください。

（短い休止）

「私はやってきました」という名前でやってきた人が誰で、何者で、どんな表現で、どう奉仕するのか、その答えはすべて愛にしましょう。終わり。終わり。終わり。

（一旦休憩）

皆さんを観察していると、つまり、私たちの言葉がこの教えを受けている人たちのエネルギーの領域にどんな結果をもたらしているのかを調べてみると、過去を修復するという状態から、王国を再生するための一歩を踏み出す人類の能力に私たちは感銘しています。そして、そのことに対して、私たちは皆さんにありがとうと言います。

これまで皆さんと作業してきて、私たちが教えてきた宣言を実践することによって、それぞれが取り組んだアセンションによる効果やオクターブの上昇は皆さんの成長の証であり、私たちは、この実現に挑戦することを受け入れた個人の強さというものを証明することができると思います。

私たちは、あなたのためにあなたの歌を歌います。一人ひとりに歌います。それぞれがこれまで、どれだけ遠くまで来たかということに敬意を表します。そして今、私たちの愛の捧げものとその恵みを皆さんに贈りたいと思います。私たちの愛は神からのものであり、それを具体的に表現したものです。メルキゼデク（祭司）として、私たちは歌い、真実として、あなたがたを称えます。また、あなたがた一人ひとりがこの旅から帰るときの強い味方として、清く真実と愛を選んだことを心から喜んでいます。あなたのために喜びを感じ、愛を捧げ、アッパールームではすべてが常に真実だということを伝えると同時に、これから言う言葉をどうか受け取ってください。もしよければ、存在の贈り物として受け取ってください。

「これらの言葉を聞く人、この声を聞く人、本書を読んで本当の自己の言葉を理解する人のために、私たちはあなたとしての神の復活のために真実においてやってきました。そして、私たちが完全に開花した花々に内在する神を受け入れるとき、私たちが喜びを感じるとき、花びらが開きその香りが宇宙を満たすとき、私たちの神に歌うように、私たちはあなたのために歌います。私たちは愛において一つであり、自由において一つであり、喜びにおいて一つであり、私たち一人ひとりの中に

無限に広がっていく愛の表現を一つとなって受け入れます。そして、この愛の表現において、この言葉を聞いているすべての人に、次の言葉を一緒に声に出して言ってもらいたいと思います」

「私は自由においてやってきました。私は喜びにおいてやってきました。私は進んでやってきました。私は受け入れてやってきました。そして、私の目の前に続く道を歩むことにします」

「あなたの目の前に続く道」というのがこの章のタイトルであり、その道は今、愛によって舗装されています。あなたは喜びの愛の歌、涙の愛の歌、笑いの愛の歌を表現のコードとして知ります。それは、笑いや喜びにおける愛のコード、愛や涙や歴史の解放のコードであり、復活を祈る人々の元に生まれ変わったイエス・キリストの歌なのです。そして、創造において生きるすべて、これまで生きてきたすべて、あるいは、これから生きるすべてに愛が戻り、オクターブ、アッパールーム、エデンの園、王国の中で生まれる新しい地球がその復活を知らせるのです。私たちはここにいます。私たちはここにいます。私たちはここにいます。

受け入れてください。

（短い休止）

あなたである有機体は、一つの領域に明確に表現された存在です。そして、一つの領域はその創造主とつながり、独自の歌を歌っています。あなたが歌う「私はやってきました。私はやってきま

した。私はやってきました」という歌は、この次元の人々が自分たちの本質にもう一度目覚めることを知らせるものなのです。

あなたがこれについて理解したいのなら、自己をアッパールームに引き上げ、私たちがあなたに教えた言葉を述べ、常に真実なものとは何か意識しながら世界を生きていってください。自分が誰で何者なのかはっきり意識して、世界を生きるのです。喜びを噛みしめながら世界を生きてください。あなたがこれから出会うかもしれない人々のそれぞれの目に宿る真実を意識して、この世界を生きていってください。神を知っているのに、あなたは神を否定することはできません。また、愛を選んだのですから、あなたは恐怖に同意することもできません。

あなたの先生である私たちとあなたが交わした同意は、あなたの本質を見抜くことです。そして、本書を続けるにあたり、これから生きていく喜びに満ちた人生の中で、あなたがどのように自分の人生の権威となれるかについて教えたいと思っています。

ポールが口を挟みます。

——私は喜びに満ちてなんていません。少し混乱しています。

ポール、あなたは今、新しい世界へと目覚めつつあるのです。目を開いてください。私たちがあなたと一緒に歩くとき、どうか私たちがあなたを愛することを受け入れてください。そして、この愛の新しい道を、皆さんと一緒に歩いていきましょう。終わり。終わり。終わり。

二十五日目　神聖な自己は犠牲者ではない

これから起こることはあなたの成長にとって必要なことだと、あなた自身に理解してもらう機会を与えたのは、あなたがこれからの人生で出会うものはすべて今後の機会のためにあるということを伝えるためです。何かがあなたに起こっている――さらに言えば、あなたに向けて起こっている――と感じる瞬間、あなたはもはやあなたが思っている人間ではないと確信します。あなたが神聖な自己として持っている権威を、あなたは小さな自己に放棄する許可を与えます。

ところで、神聖な自己は決して犠牲者ではなく、非難する必要もなければ、自己を正当化することもありません。しかし、より高い部屋にしか存在できない本当の自己として、神聖な自己は非難したり、怒ったりすることができないということではありません。そして、他の人とのかかわり方について考え方を変えた瞬間に、あなたの人生はダンスを踊るような楽しいものになります。足を踏む人もいないでしょう。なぜなら、あなたにその必要がないからです。

――それは隠喩ですか？　それに、どうしてそうなるのですか？

ポールが尋ねます。

では、別の言い方をしましょう。社会的交流においてあなたが主に大切にしてきたのは結果でした。「私はこれをやります。その代わり、彼らはあれをやってくれるでしょう」と。だからこそ、あなたは、他の人がどうなるべきか、またどうするべきかと期待するようになって、思い通りにいかないとがっかりするのです。神聖な自己としてアッパールームに行ったら、あなたはこのようなことを心配する必要はありません。なぜなら、あなたはごまかしや期待の存在する場所で作業するわけではないからです。「欲しいものを手に入れるために、私はこんなふうに、あんなふうにいい人ぶるつもりです」とはなりません。どのように知るか決める方法として古い言動に頼ってはいけません。なぜなら、それは役に立たないからです。

――しかし、本当に誰も私の足を踏むことはありませんか？

ポールが言います。

その隠喩は適切でしょう。あなたは踏まれる足を持っていなければなりません。その足が期待というものだからです。あなたの期待通りに足を踏むために必要です。小さな自己としてのあなたの願望は、すべての出会いにおいて関わることだと理解すると、こうあるべきだと思う自分になるために、小さな自己としてのあなたがどれほどのエネルギーを費やしてきたかがわかるでしょう。他の人たちがあなたをどのように扱うべきか、彼らがあなたと協力するためにはどんな人であってほしいか、あるいは、彼らの面倒を見るために彼らにどのような指示を出すべきかなど、さまざまな期待を持って対応する必要がなくなれば、実際のところ、あなたは人間関係のごたごたから解放されます。あなたはアッパールームにいるあなたと同じなので、世界そのものがあなたのレベルに上昇するのです。

――すると、私はアッパールームにいるのですね。

ポールが言います。

――私の振動は高いのですね。誰かが私に向かって石を投げます。石はどうなりますか？　私はどうなりますか？

まず、投げられた石の隠喩について考えてみたいと思います。アッパールームの認識においては、あなたが石と呼んだ振動の怒りを単純にそのレベルにいるあなたにぶつけることはできません。なぜなら、あなたが石よりずっと上に存在しているのです。石は怒りや恐怖によってかなり激しく投げつけられます。それに対するあなたの反応は、その様子を目撃することです。しかし、あなたは誰かの悪意によって傷つけられることはありません。私たちが話しているのは、形而上学的な次元、あるいはエネルギーの次元です。あなたが通りを歩いていて、誰かがあなたの頭にレンガを投げつけた場合、あなたはレンガにぶつかるでしょう。それが物理的な次元での結果です。しかし、それが意味する本当の違いとは、レンガが当たったあなたはそのレンガを拾って投げ返したり、投げつけた人に危害を加えようと追いかけたりする人ではありません。レンガを投げた人の行為は低いオクターブによるものだと気づき、アッパールームにてその人について認識してみようと考えるようになります。

――それはどのようにすればよいのですか？

ポールが尋ねます。

レンガを投げる人たちが怒らないように、彼らを変えるというのは違います。彼らの行動が間違っているとあなたが決めることでもありません。彼らにはレンガを投げるだけの正当な理由があったに違いないのです。しかし、あなたがしているのは、彼らを真実の方法で目撃しているのです。いいですか、真実はどんなときも真実であり、すでにお話しした「私は自由です。私は自由です。私は自由です」という自由の宣言は、この経験的次元の共有の構造というエネルギーの領域において、あなたに与えられた期待の概念から自由になる機会なのです。したがって、ひとたび常に真実なものに気づいたら、神はレンガを投げた人としてやってきます。小さな自己が道徳的に許せないと思ったとしても、それは神を知る機会となるのです。

――いや、なぜ私たちがそんなことをしたいのでしょう？

ポールが言います。

まあ、あなたがそうしたいと言っているのではありません。しかし、経験的次元では、あなたは他の人たちについて認識する機会を持っているのです。それに、花を投げる人の気持ちを知ろうとするにはとても便利な次元です。手にレンガを持っている人、あなたを傷つけようとする人、あるいは、あなたがどんな人なのか自分たちの考えを押しつけて決めつける人を知ろうとするのはそれほど簡単ではありません。あなたが誰で何者なのかを認識する力は、あなたを大きく変えます。レンガが投げられると、あなたとしての本当の自己はもはや体に当てられる必要はありません。あなたに当たるはずのレンガから遠く離れたところにいる自分に気づくかもしれません。とても簡単に言うと、足を踏む足がないということです。

だからといって、私たちは何もあなたに道の真ん中に横たわって、車に轢かれるようにしてみたらどうかと言っているわけではありません。あなたには尊厳があり、自尊心があります。しかし、あなたの自尊心は、他の人があなたについて何と言うか、またはあなたにどう接するかによって決まるわけではありません。あなたとしての神は、他の人があなたについて何を言っても気にしたりしません。自分が誰なのか知っているのです。そして、人とのすべての交流は、神を見たり、神を知ったり、アッパールームで新たな自分に気づくことができる新しい機会なので、より高いオクターブで作業を続ければ、一つひとつの機会は成長と進歩につながります。

あなたがたの多くが、あなたの思うように物事が進んでいけば、オクターブを維持することができ、アッパールームに存在することができると信じています。あなたの思うように物事が進めば、誰がどんな行動をとってもあなたには問題ありません。あなたがアッパールームに存在することができる力を信じている限り、政府はあなたが思うように機能し、あなたの子どもたちはあなたの望み通りに行動するかもしれません。しかしながら、何かが起きて、怒りや恐怖を感じた瞬間に、あなたにはアッパールームにとどまり、高いオクターブの振動を維持することを選択する機会が与えられます。その選択がなされると、つまりあなたは何をしているかというと、その選択に共鳴して振動の領域に一致しているのです。そして、あなたは適切に対応して自己をサポートします。「適切」というのは、低い振動において物事が起こっている「ように見える」どんな状況でも、あなたにとって、そして他の人たちにとっても、助けとなるような対応という意味です。

――〝ように見える〟とはどういう意味ですか？

ポールが尋ねます。

そうですね、実際には知覚ということです。何かが低いというのは、それを低いものとして知覚することであり、何かをアッパールームで再び知覚すると（もう一度言いますが、再認識し、再び明確に表現することです）、それは形を変えるのです。何かをアッパールームに引き上げることは、その何かを含む王国を宣言することであり、その何かを、あるいは、手に持っているレンガや、レンガを投げる人を閉め出してしまうことではありません。手にレンガを持っている人が自分を神として知ることがなければ、あるいは、新たに宣言しなければ、あなたがそう判断し、あなたが低い振動を通してもう一度学ぶ機会を作り出したのです。これには何の問題もありません。しかしながら、このレベルで自分の本当の自己を発揮できないと判断するということは、小さな自己として選択しているということになります。小さな自己のレベルではできません。そうではありません。しかし、本当の自己のレベルなら、常に発揮できるのです。

ポールが口を挟みます。

――でもまあ、私たちにも人生があり、優先事項があり、他にもやらなくてはいけないことがあります。今後、課題があることを理解した上で、このレベルの振動でどのように相互作用していけばよいのでしょうか？

あなたが直面する最も簡単な課題は、あなたが選択するということでしょう。すべての機会において自分の人生とどう向き合っていくのかを決めるのは自分自身だと気づくよりも、自分にいろいろなことが起きて初めて、振動を維持しようと決心することの方が多いものです。また、あなたは誰も責めることのないアッパールームと一致するより、誰かのせいにする方を好むはずです。それに、説明責任というものがあります。銀行強盗を行っておいて、アッパールームに隠れることはできません。あなたがどこにいようとも、見つかってしまいます。それでも、あなたは銀行強盗のような行為はあまりにも無謀だということに気づくはずです。なぜなら、すべてのものの源は銀行などではありません。アッパールームの振動のレベルでは、誰かが銀行強盗をしなければならないような不足の状態より、はるかに豊かさを実現しやすいからです。

あなたが出会う人々はそれぞれ、彼らとしてのキリストを知覚し、彼らがどんな神なのかを知る機会になります。ポールが「それはずいぶん大変そうですね」と言うのは、彼の中の小さな自己が言っていることです。一人ひとりとの出会いにおいて、小さな自己は郵便配達員、店主、通りを歩いている女性の中に、神が見えると思い込まなければなりませんから大変です。ひとたびアッパールームにやってきてその振動を確認することができれば、あなたが出会うのはアッパールームに居場所を見つけた人たちです。なぜなら、あなたが活動するエネルギーの領域にあなたが彼らを引き上げたからです。

少し時間を取って、シンプルな試みを行ってみましょう。目を閉じて、「私はアッパールームにいる」つもりになるのです。すると、あなたの振動が上昇しているのを感じます。体の中でそれを感じるかもしれません。あるいは、あなたを包み込む領域からピリピリと伝わってくるかもしれません。どちらにしても、**「私はアッパールームにいます」**と宣言すると、あなたはアッパールームの経験をすることができます。あるいは**「私は自由です。私は自由です。私は自由です」**という宣言の方がよいなら、こちらでも構いません。同じようにあなたをアッパールームまで引き上げてくれる言葉です。ひとたびこの振動を感じるようになったら、あなたはただ**「私はやってきました。私はやってきました。私はやってきました」**と宣言し、あなたが出会うすべての振動の領域で、あなたは神を通して、そして神として表現します。これを行うと、おそらくまるで自分が大きくなったように体が拡張していくのを感じ、あなたが体として考えていたものの範囲を超えて自分自身を表現するでしょう。実際に、それが起こるのです。この状態に同調して通りを歩いていくと、あなたは出会うものの振動の本質を相互作用によって変えていきます。ではここで、皆さんには実際に一人で外に出かけ、これを体験してもらいたいと思います。これを実際に行うまで、つまりあなたが本当の自分として行動し、言葉を知るまで、あなたはおそらく、頭で理解することができるものだけを受け入れ、選択し、反対するかもしれません。しかし、ここであなたの経験を実現化することとは、あなたを崇高な表現の生活へと導くものなのです。

したがって、この試みに向けて次の言葉を読む人たちのために、少し時間を取ります。

「私は、このちょっとした散歩で、この小道を進むことで、たとえそれが私の部屋の周りだとしても、アッパールームで、この目で、この言葉を読む間、自分自身を体験することを選択していま

す」

終わり。終わり。終わり。

（一旦休憩）

私たちはあなたがた一人ひとりに、ある決心をすることをお願いします。それは、古いものを取り除くという気持ちが、あなたの表現において内在するようになることです。つまり、古いものに頼ったり、小さな自己が自分より大切なものを決めたりすることをやめる、ということです。あなたにはもう、何が高くて何が低いのかを見定めるために、あくせく行動してほしくないということです。私たちは、あなたが何者なのかという宣言が、より高い振動の状態において、あなたが目撃するすべて、あなたが出会うすべて、アッパールームで知ることができるすべてをあなた自身に引き寄せる振動のレベルに「存在して」ほしいのです。

私たちから少しアドバイスがあるとしたら、それは単純にその時が来るまで、何も意図せずに、どんな状況でも振動に一致するようにすることです。そして、「私はやってきました。私はやってきました。私はやってきました」と、あなた自身がそう意図するとき、形となった王国の到来は、あなたが知るだけでなく（知るということは認識することです）、あなたが出会うすべての人に宣言するものです。

神聖な自己の個性化とは、その過程では大いに起こることです。そして、この表現の個性化を通じて、世界のその本当の姿を知ることができるのです。「本当の《truly》」という言葉に線を引いてください。あなたが思っている世界ではなく、あなたが教えられた世界でもなく、王国のレベルであるアッパールームにしか存在できない本当の世界の姿です。

これからどんな行動を取るべきか仮定したり、どんな行動を取っても真実と一致「するだろう」と決めつけたりするのは、あなたの表現が完全に一致するまで無謀なことです。

――だとしたら、その完全な一致はどうやって起こるのですか？

ポールは尋ねます。

あなたがその状況になった瞬間です。そのときだけです。そして、私たちは言いますが、まさにその瞬間が来ました。

私たちは皆さんの目の前にいます。一人ひとりの前に立っています。そして、私たちはそれぞれに向けて次の言葉を言います。それを聞いた皆さんは、読み上げてください。あなたは答えるかもしれません。あなたとしての神は、顕現において、すべてにおいて神の宣言です。ではよければ言ってください。

「私はやってきました。私はやってきました。私はやってきました」

あなたがた一人ひとりに感謝します。ここで別の日まで、テキストを一旦止めます。終わり。終

わり。終わり。

二十六日目　アッパールームで顕現する

私たちは、一人ひとりに対する敬意のために、同時に、私たち自身のために、あなたがたのところにやってきました。皆さんは、王国で常に持ち合わせている、より崇高な意識を持って私たちの前に歩み出ます。すると、継承するべきものが明らかとなるので、あなたがたは私たちに宣言されなければなりません。それぞれを宣言するということは、真実のオクターブでそれぞれを認識するということです。なぜなら、真実において嘘をつくことはできないからです。王国における支配権は既知を超え、小さな自己に何ができるか、どうするべきかという考えを超えて存在する真実の認識です。

あなたと一緒にこの作業を行うとき、あなたの神の意識において呼びかけるとき、私たちは顕現を実現するためにアッパールームにてあなたがたを宣言します。アッパールームで起こる顕現は、あなたが具現化した真実のはっきりとした表現です。つまり、新しい共鳴において、肉体はそれ自体だけでなくその表現も理解しなければならないということです。

作業を進めていくと、あなたは表現によって宣言するシステムというものを構築していきます。これについてよく理解してください。あなたの振動システムはこの新しい明確な表現において再生されます。その成長のために用意される使命は、経験から知るようになっていきます。なので、「欲しいものを手に入れるために、何をすべきか教えてください」などと、私たちには言わないでくださいね。繰り返しになりますが、それは小さな自己が、自分へのプレゼントがあると思って、アッパールームの入り口から忍び込もうとしているだけです。

真実のオクターブで認識するようになると、または再び知るようになると、あなたが取った体は、より低いオクターブにおいて同意していた特定の構造、あるいは、体そのものを知る方法を解体し始めます。簡単に言えば、転生する間に、実際にはより高い領域において自分自身を確立しようとするのです。そして、ポールはすでに知っていますが、これが形として現れると、いくつか不快に感じるものが含まれるかもしれません。しかし、その後は、あなたが実際に何をしているのかというと、知るということの新しい次元において自分自身を経験しながら、経験的に本当の自分に順応しようとするのです。

このプロセスについて完全に理解すると、この行動によって自分のためになると思うことを無視することがあるかもしれません。しかし、それは、あなたが自分自身を確立するための機会、あなたが活動していない振動の低い世界と同調するために具現化した確立の機会をもたらすために、共鳴しているあなたというだけでなく、あなたの経験もすべて宣言する音叉《おんさ》となることを単純に受け入れているということです。あなたは、あなたが愛と真実と呼ぶキリストの振動においてこの世界を歩いています。そして、それはあらゆる相互作用においてあなたが一致する神の存在を認識する振動です。

「すべての一致」と言うとき、私たちはアイデンティティそのものが真実を理解する中で再び知り、しっかりと再認識することができる表現の場所にたどり着くと言っています。小さな自己の考えは理解されています。おそらく、祝福されてもいるでしょう。小さな自己はその役目を担ったと認識されます。つまり、学ぶための大きな機会なのです。しかし、領域と形において本当の自己とアッパールームを確立すると、日々を過ごす中で、歴史のデータに頼らなくなるように、あなたは小さな自己を抑えつけることなく新しい一致を実現することができるでしょう。

あなたがたがそれぞれこれから選択するのは、これから起こること、これから経験すること、そして、学んでいることを認識してあなたの神聖な自己が選ぶことを受け入れることです。顕在化した本当の自己として体験することは、存在の同意における最初のステップに過ぎません。このレベルにいると、自分がなりたいものについて考えたり、策を講じたり、主張したりすることはありません。そんなことをしても意味がないからです。あなたはあなたを宣言するのです。そして、あなたが立っている場所、つまり顕在化する世界と出会うことの恩恵とは、再び明確に表現された世界で、認識することに感じる喜びです。

あなたが生きる人生は、これまで想定していたものとはかなり異なる方法、または音色、または振動で歌い始めます。そして、それに合わせるためにここにいるという選択は、確実にそれらを維持するためにあなたをサポートしてくれます。アッパールームにおける一致、そこで振動するという選択、そして、すべての相互作用の機会を宣言するという選択について理解すると、すでに存在する神を知覚することはそれほど難しいことではありません。そのことに気づいた瞬間に、あなたは実際に先駆けとなって前に進んでいくのです。私たちが「先駆けとなって前に進む」と言うとき、あなたには課題が出されます。

「課題」とは、機会という意味です。機会は、それを宣言する人である神聖な自己へのあなたの默認を通して、あなたがた一人ひとりに訪れます。そして、神聖な自己がそれを宣言すると、神聖な自己としての課題、あるいは機会を実現するために必要な能力と一緒に呼び出されるのです。そのため、これまでとはまったく異なる自分に気づくという状況を経験するかもしれません。そして、あなたが恐れることなく何をする必要があるかを知る能力というものが存在します。なぜなら、機会を得た本当の自己は恐れることはないからです。あなたが誰で何者なのかを明らかにすることで、奉仕において訪れる一つひとつの機会は、顕在化する世界においてあなたが宣言する一致をサポートしてくれます。つまり、いろいろな意味において、あなたは人々との交流においてもう一度振動を創り出しているのです。なぜなら、あなたはそれを知っているからです。認識。それこそあなたが知っているものなのです。

ところで、古いものはあなたを見つけようとします。「しかし、こんな機会があります。ここでは輝く栄光を手に入れることができます。私は誰もが知っている有名人になります」とか、「これはまたとない機会です。これを選ぶことで、私は知り合いを全員裏切ることになりますが、自分の利益のためです。人々が私をどう思うかなど気にしません」などと、あなたに語りかけるのです。

神聖な自己のための機会は、人々を喜ばせるためのものではありません。栄光を手にするためでも、栄光を見つけるためでもありません。なぜなら、神聖な自己として栄光を求めることは、すでに存在する栄光を否定することだからです。顕在化する存在として、公の場で働くことになったら、そのような機会があるかもしれませんが、あなたの更衣室に星を飾ったりしないでください。目の前で神と遭遇するような機会というものは、たとえあなたが恐怖と呼ばれる山の中に隠れていても、日々の気づきの中にあります。

山を動かすという話を聞いたことがあるはずです。それは隠喩です。恐怖の山を動かすというのは、山に何が存在して、現在の表現を超えたところに何があるのかを認識することなのです。それができるのは、山を否定しない人です。そして、山を新しいオクターブで「認識し」、その山がこれまでずっとそうだったものを真実において再生する人です。小さな自己が侵す違反、つまりあなたはどう恐れるべきか、誰を非難するべきか、誰を否定するべきか、または何を不敬だと主張するべきかなど、あなたがこれまで受けてきた命令の数々について、錬金術の目的のために、すべてともう一度出会い、再考しなければなりません。いいですか、山は動いています。

古いものを避けるために、「ああ、あの古いもの」と言ってしまうと、古いものを宣言することになってしまいます。古いものを否定するために、「ああ、私は二十一歳のとき、そんな感じでした。二度とあのような状態には戻りません」というのも、古いものを宣言しています。あなたが立っているまさに唯一の瞬間として、今の瞬間を認識することは、永遠を知ることです。永遠の認識において、自分は誰で何者だと思っているのかを表すために古いものを宣言する愚かさは、ただそれだけのこととして見なされます。このレベルの転生において、夫や父親を非難したり、あなたをよく思っていない人から愛を求められてそれを拒否したりする必要はないのです。私たちが言うように、神を知ることはつまりとにかく彼らを愛しなさいということです。あなたが恐怖を感じる人々の中に神を知ることは、新しい機会、あるいは、振動の再生において彼らを解決することです。

その経験を通して、あなたは彼らについて理解することができるのです。

こんなふうに言う人もいるでしょう。「ああ、私には何人か嫌いな人がいます。その気持ちが変わるまで、彼らの中にいる神を見ることができるかちょっとやってみます」と。繰り返しますが、それはアッパールームの仕事をやってみようとする小さな自己というものです。真実において、嘘をつくことはできません。そして、嘘というものは、その人間が誰であっても、彼らが何かを宣言したり、やろうとしたり、正当化しようとしても、神の存在なしには成り立ちません。

山の下には何が存在するのか。それは山なのですが、どんなに否定されようと、神は存在しているのです。神を否定すること、あるいは嘘や罵りや分離の中に身を置くことは、あなた自身の神性から干渉を受けないと宣言することであり、そうした途端に、あなたは恐怖を自分の手段として行動するようになります。恐怖によって、苦しい状況から抜け出そうとしたら（糾弾、罪悪感、怒り、他人を傷つけたいという願望も、仮面をかぶった恐怖とします）、本当のあなた、アッパールームで再認識したあなたなら、出会うものはすべて、存在の真実を否定することができないあなたの側面が認識するのだと理解するはずです。

——では、私たちが好きではないものとは何ですか？

ポールが尋ねます。

ポール、私たちは何度も言いました。その「好き」というのは、人格構造によるものです。「私の友だちはボウリングが好きです。それには我慢なりません」とか、「私の友人は読書が好きです。

私は映画の方が好きです」というように。あなたがどのように表現するかは、あなたの好みによります。そして、誰かを愛することはその人の性格とはまったく関係がありません。もしそうなら、これはある種の美人コンテストであり、価値のある人しか王国に入れないということになってしまいます。

王国にはすべての人が来ます。誰も除外されたりしません。過去にどんなことをしたかに関係なく、すべての人はアッパールームで、王国で、神の意識で、新しい方法で認識した人と見なされるのです。あなたを切り離し続けるのは恐怖であり、そして、あなたは長い間恐怖に頼ってきてしまったので、恐怖を感じるたびに、この次元で恐怖を顕在化するのです。あなたが恐怖を選択するたびに、この領域に存在する恐怖にかじりつきます。そして、あなたの唇に残る恐怖の味によって、恐怖の顕在化を呼び込むのです。なぜなら、それが常に恐怖の意図するところだからです。

ところで、恐怖とは、小さな自己が考える価値のないもの、分離、支配欲、そして、神になりたいという欲望の中に生まれた一つの概念と考え直すことができます。なぜなら、小さな自己はそのような欲ばかり求めるからです。このような状況で、人々は世界を作り、国々を分け、他の人々の神を否定する方法を考えつき、金持ちと貧乏人を分ける境界線を引き、知ってか知らずか、神を否定するやり方に加担するのです。あなたはそんな彼らを見ているので、つまりあなたは彼らの行為の目撃者なので、あなたも彼らの仲間に違いありません。なぜなら、あなたはあなたが目にするどんなものからも離れることはできないからです。

それを教えるために、私たちは日々、そう毎日、あなたをアッパールームに引き上げているのです。指導を受けるために進んで私たちと共にここで時間を過ごすにつれ、あなたは王国を宣言する人となります。しかし、王国の最初の宣言である「私はやってきました。私はやってきました。私はやってきました」は、あなたが王国を経験する中であなたによって、そして、あなたを通して拡張しました。したがって、これらの言葉を言うというのは、実際には表現のための行動です。そのことを認識し、知ると、言葉を発する必要はなくなります。

この三部作の第二巻のテーマとして取り上げる予定ですが、アッパールームの振動レベルでの転生における段階は、あなたが継承することで知ることができます。箱を受け取るまで、箱の中身はわからないものです。そして、箱を開けたら、あなたはそこに何が入っているか宣言することができます。高いオクターブで宣言することができるすべてのものは、その実現をサポートするために、神のものとして認識する必要があります。なぜなら、そうしないと、隠しておかなければならないものとして天国の富を求めることになってしまうからです。言い換えれば、「私はあれやこれをアッパールームで手に入れました。しかし、あなたがたの誰も、おそらく手に入れることはできないでしょうね」と言うことで、スピリチュアルな成長のために、あなたは低い自己の課題に取り組む必要があることを証明するわけです。

新しいレベルの振動であなたが受け取るすべては、それが何を意味するのかも理解するようになります。これが新しい教えです。あなたに鍵を渡しても、入り口がどこにあるのか教えなくては意味がありません。鍵を受け取った人には、入り口が現れるのです。オーケストラが登場した瞬間に、歌が歌われるのです。あなたが愛する瞬間、あなたが表現しようとしている愛は、響き渡る至福、つまりあなたと同じように表現することができる愛の雷の中にあります。そして、神のように愛することは、王国を完全に知ることとです。

王国の実現は、それぞれの段階を経て可能になります。あなたがたの中には、実現するのは今しかないと決心している人もいるでしょう。私たちは腰を下ろして、あなたがたが歩き始め、別の責任のための振動の中で進んでいこうと試みている様子を眺めます。ポールは、幼児が歩こうとして、何度も転んでしまうイメージを思い浮かべています。幼児は愛されていますが、ひとたび歩けば、彼は永遠にどうやって歩くのか知っています。そして、皆さん、どうか理解してください。急ぐ必要はありません。それがいつであれ、あなたが立ったその瞬間に、王国は存在するのです。

少し前に永遠について触れたとき、あなた自身を無限性の中で知ること、そして、そこで理解できる豊富な情報について話しました。予定表による管理システムに縛られていなければ、予定表は必要なくなる可能性があります。「私は今何月か知っています。月曜日にどこに行くのか知っています」ということもなくなります。時計と同じように、予定表はあなたの時間の経験を細かく分けて規定します。もしあなたが日光の下に立つなら、夜になるまで太陽の光は鼓動し続けます。あなたは夜を待っているわけではないのです。日が暮れた瞬間、永遠の今として、あなたは夜を知っています。神の愛には自由があり、自由には喜びがあります。そして、あなたが継承するものとして王国を宣言し、すべての花、すべての家、すべての小川、すべての人間や動物に神の認識を感じて踏み出すとき、永遠の今において永遠である神の経験を持ち始めるのです。今神の認識に踏み出す瞬間、そう、あなたは今、永遠に、永遠である神の経験をするようになるのです。

では、私たちは次の言葉を贈ります。

「今夜あなたを目撃し、あなたの歌を歌い、あなたを引き上げるとき、これらの言葉を聞くすべての人、これらの言葉を読むすべての人、彼らの中に存在する振動の中でこれらの言葉に耳を傾けるすべての人に、私たちは、すべてのものを超えて、恐怖への願望を超えて、そして、恐怖そのものを超えて、今あなたを宣言する神が開かれることを受け入れます。そうです、私たちは神が開かれることを受け入れます。同時に、本章を終えるにあたり、皆さんにお知らせします。今、カーテンが開くとき、どうか小さな自己は人生を通して自分自身を知っていたステージから降りてください。あなたの人生は既知を超えたところに存在するのです」

私たちは皆さんを歓迎します。今夜はこの辺にしましょう。おやすみなさい。終わり。終わり。終わり。

第10章 恐怖からの自由

二十七日目　物事をより高い次元に引き上げる

あなたがたそれぞれが神聖な自己として一致すると、自分が送る人生を、自らの本質、行動する本当の自己の存在としての本質、あるいは、御言葉になった肉と調和するものにしようと心に決めるでしょう。高いオクターブで自分が誰なのか知ると、神聖な自己が己について知るために必要な現実、または視点というものを確立します。そして、その結果、あなたが見て、経験するすべては、あなたという神と互いに共鳴したり、同調したりするのです。

私たちが実現について教えるとき、あなたがたにはそれについて知ってもらいたいと考えています。私たちに向かって「そのためにはどうしたらよいか教えてください」などと言ってほしくないのです。それを今、皆さんにはっきりと言っておきます。そして、あなたが実現について読んでいる文章は、後でわかることですが、一つの表現だと理解するべき具現化の宣言なのです。あなたが誰で何者なのか、つまりあなたとしてやってきた神だということに気づけば、あなたの表現とは、神聖な自己が常に存在する高いオクターブ、またはアッパールームにこれまでもずっと存在していたものを明確に表現したものだということになります。

自分が誰で何者なのか知りたくて、私たちのところにやってくる皆さんに、いつもこう言っています。あなたという人はこれまでずっとそうだったあなたなのであって、あなたが知っていると思ってきたあなたではありません。本当のあなたが表現できるよりも、ずっと劣った人間だと思い込んできたのです。

今、そのことについて考え、自分だと思ってきた自己に向き合ってみることにしたので、あなたはアッパールームにおいて自己を確立できるかもしれません。それは、キリストの自己が物事の顕現と明確な表現によって、王国を実現する高いオクターブの場所です。「物事《matter》」という言葉に線を引いてください。「物事」としての神。あなたがたの中には、花は聖なるものという考えは理解できても、汚物の中に神がいるというのは否定する人がいるでしょう。しかし、物事というのは概念――またはそれがどう見えたかによって、あなたが名前をつけ認識した構造――として描かれている神だということを本当の意味で理解すると、小さな自己の理解を超えて、顕在化するどんなものも、そのすべては神だとはっきりわかるはずです。あるいは、あなたが望むなら、神としてあなたが知っているエネルギーや振動と呼んでも構いません。

さて、与えられた名前を超えて物事を神として認識するとき、物事自体がその本質や聖なる名前において神聖なものだと見なされるとき、そのことを理解できる人によって振動は瞬時に上がります。瞬時に物事を明確に表現し、実現するということです。さらに、それがこれまでずっとどんなものだったのかわかる人は、すぐに認識することができます。あなたが誰かの、あるいは、あるものの中に存在する神を否定する瞬間、宣言はばらばらに機能するようになっています。「もの《thing》」に線を引いてください。

自分の条件に合うように一体化を求めるなら、修道院に入って門を閉じたほうがよいでしょう。「私は同じ考えを持つ人々と修道院で一つになります。私たちには、世界から自分たちを守るためのすてきな高い壁があります」と。

過去には、神性を体験するために自己を隔離するという考えが確立されました。今日、あなたは「ニュースは観ません」とか、「暗闇は見ないようにしています」というようなことを言います。しかし、そのような場合でさえ、あなたは神を否定し、神は踏みつけられた花ではなく、きれいな花だと決めつけるのです。両方の花を神として知れば、あなたはすべてのものと一つとなれます。

修道院の壁が取り壊されると、世界自体が修道院、神殿、王国、神自身が明確に表現した顕現となります。そして、ひとたび物事に気づくようになり、神の振動としてコップの水、コップと水そのものを再生しようとすると、あなたのコップと水の経験は、コップと水としてだけではなく、あなたとの関係についても変わっていきます。

――それはもうコップではなくなるのですか？　何を言おうとしているのですか？

ポールが尋ねます。

皆さん全員に学んでほしいのは、物事をより高い次元に引き上げること、あるいは錬金術についてだと言っているのです。それは、一人ひとりが自分を確立することで達成します。まず、あなたがここに到着したときに取っていた物質的な形から、あなたの本質へと変化し、さらに、その本質の顕在化によって振動の中ですべてを表現する存在になるということです。言い換えれば、あなたが本当の自分と一致するとき、顕在化する世界の一致と、その一致による聖別化は、あなたの取り組みによる効果と行動によるものです。

小さな自己が想定できる理解を超えた、神の実現という奇跡がどんなものなのか理解するとき、それはあなたが生きる人生の奇跡として、あなたは神を知るでしょう。それを証明するもの、そして、それを知る方法は、理解においてあなたの表情や身振りに表れる感情です。別の言い方をすると、最初にあなたは知ります。それから、その知っていることに一致して顕在化する世界を認識します。あなたがたの中にはすばらしい考えを持っている人もいます。例えば、あなたの中の神聖な本質が現れたとき、あなたはたくさんの花に包まれることを期待するのです。しかし、実際にあなたが見るものはすべてに顕現する神の姿なのです。「すべて《all》」という単語に線を引いてください。あなたは何者かという明確な表現とそのつながりは、一つとなった領域で起こります。私たちはその領域をアッパールーム、つまりキリストが顕現する高いオクターブと呼んでいるのです。

人間としてのキリストというのは、まったく新しい教えというわけではありません。人類がそれによって宣言することができる時代に、訪れた教えというものです。私たちが「それによって宣言すること」と言ったことを意識してください。あなたはキリストとしてのアイデンティティを宣言するのではありません。その教えがあなたを宣言するのです。そして、物事の中でこれを理解することは、源と同意するために、あなたの存在のすべての細胞と再一致することなのです。

これを自分勝手に解釈してしまうと、あっという間に偶像崇拝者になってしまいます。なぜなら、この教えを実現するには、山を登ってアッパールームに行くだけでよいのに、中にはこの教えの偶像となるものを作りたいと思う人が現れるかもしれないからです。人類の間に顕現を実現するために、この方法でしか宣言できないとするのは間違っています。その中の一つの方法、単純な一つの方法として宣言するべきなのです。他の方法も見つかるはずです。

それぞれの教えの基礎となるのは、言語と既存の文化に含まれる図像における人類の思い込みです。なぜなら、それぞれの宗教には、共通の領域や同意があるからです。そして、弾けたものは種であり、今花を咲かせています。これまでの宗教は多くの場合、その宗派によって互いに遠ざけ合ってきたので、そうした過去を乗り越えて宗教を認識していかなければ、この存在の次元としての神の顕現は制限されたものになってしまいます。あなたの教会が別の教会を非難するとき、私たちはもはや「あなたの教会に行き、あなたの神を祈ってください」と言うことはできません。また、昔の預言者の道が、真のキリストの唯一の教えであるに違いないと断言することはできません。

私たちに言えるのは、神殿の扉が開かれたとき、教会の扉が開かれたとき、モスクの扉が開かれたとき、光は降り注ぎ、それ自身の贖罪と認識が起きるということだけです。

知ること、知識がどんな組織に広まっても、それは大きな影響を与えます。そして、いろいろな意味で、政府であれ宗教であれ、構造の崩壊は、私たちがアッパールームと呼ぶ場所でもう一度知ることができるように、政府の「概念」や宗教の「概念」の再一致を促します。この世には、一度は神聖であると評価され、権力の乱用や「神に愛される者と、愛されない者」を選別して神を裏切る行為により、のちに名声を失った教えや制度があります。これらを再び評価して、再認識しなければなりませんが、低い振動において顕現することを続けるまさにその人たちによってもう一度明確に表現されるとしたら、再認識することはできません。

――それは何を意味するのでしょうか？

ポールが尋ねます。

神の行動は常に変化しているので、これまでと同じようにこれからもずっと物事は続くべきだと考えている人は、神の行動を否定することに大きく貢献しています。私たちは「ずっと」という言葉を使いました。なぜなら、そう考えていること自体に気づくことが、本書の教えで述べている物質的な現実の一時的な性質を認識するための鍵となるからです。本当の自己を知らせる「私はやってきました。私はやってきました。私はやってきました」という言葉があなたと、そして、すでにここにいて、高い一致において自分自身を表現している神によってあなたが知っていることをすべて宣言するのです。

「まあ、私たちはずっとこの方法でやってきたので、これからもそうするでしょう」と古いものを正当化することとは、神の行動、あるいは、変化のための行動を否定することです。神の行動とは、出会うものすべてを再理解し、再認識し、再生することです。「すべて《everything》」という単語にもう一度線を引いてください。それが出会うすべてです。神が出会うものは常に神です。なぜなら、神はそれ以上のものを知覚することはできません。そして、あなたがこのことを理解すると、あなたはそれ自身とその本質との出会いにおいて巡り合うすべてのものを想定する、音叉、輝き、音、そして神の振動となります。確信における神は、目を上げること、何が宣言されたのか見るために存在を引き上げること、知っているかもしれないことをもう一度知るのです。これらの教えを通してあなたが実現した一致は、実際にこれまで持っていた自分に対するどんな考えも超えて、あなたを再び宣言するでしょう。

まだ知らせていませんでしたが、次回作ではこれについて説明するために、私たちは最善を尽くす予定です。それはさておき、あなたはまだあなたが見ている宇宙が一つの概念で、再度理解することができる概念だということを知りません。宇宙が概念となる瞬間、その考えを高いオクターブで再確立し、その結果、再認識するのです。

私たちがアッパールームにおいてあなたをどう宣言するかを理解することは、単純によく知っている体を含めて、生まれ変わったあなたの神聖で、認識を求めて同意した側面について理解することです。そして、「私は自分が何者なのか知っています」という体についての明確な表現は、その選択による結果を物質的な自己に知らせます。あなたがこれまでずっとそうだった形において顕在化することを理解し、同意することは、形と形が何に一致するかを再生します。すべては複数のオクターブに存在するため、あなたは既知を超えて存在する高いオクターブにおいて、何よりも世界と一致して知ることを優先します。

私たちはあなたがた一人ひとりに、もしそうしたいなら、王国を否定しても構わないと言っておきます。歴史の出来事が完全に消えてしまう前に、あなたはよく知っている歴史をもう一度繰り返すことを選ぶかもしれません。しかし、そうすることを望み、人類が命令してきた分離をもう一度繰り返すことを選んでしまったら、その一方で新しく知りたいというあなたの願望との間にジレンマが生じてしまいます。あなたが自分の歴史を宣言し、これまでの状況に同意するとしたら、実際には一体化、「私はあの星たちと、そして、私の横にいる女性と一つです。そして、決して会うことはない人々とも一つです」という明白な一体化が可能で、物質そのものと一致し、もう一度理解するプロセスによって実現することができるこのときに、あなたは切り離されて学ぶことを選択した世界に同意しているということになってしまいます。

少し休憩します。ここまま続けることが可能なら、今日のうちに、この教えを終わらせるつもりです。終わり。終わり。終わり。

（一日休憩）

あなたが神聖な自己として顕在化しようと決心するとき、予期しないことが一つ起こります。それは、恐怖を超えて上昇するということです。そのとき、あなたはそうしている自分に気づくはずです。恐怖を感じることなく、恐怖を超えて生きることは、自分のためだと思って恐怖によって学んできた小さな自己にとっては裏切りかもしれません。しかし、恐怖は何の役にも立たないのです。もし皆さんが知りたいというなら、この章のタイトルは「恐怖からの自由」だとお伝えしておきます。それは、物質的な形をした神は必要ないことを認識するものです。

WORK

これを理解するには、これまで経験したこととはかなり異なる方法で、自己を知る必要があります。そこで少し、恐怖を表現することのないアッパールームへ、皆さんと旅をしたいと思います。

人はどのレベルの振動においても恐怖を感じますが、アッパールームでは、恐怖を選択することから解放されます。しかし、恐怖から自由に自分自身を知るためには、神としてのあなたがそれを必要としないと認識する必要があります。「恐怖とはよい先生だったかもしれないが、自分のことを本当に理解している者にとっては何の得にもならない」と認識するのです。

では、三つ数えたら、皆さんはアッパールームに上昇していくことを想像してください。私たちが皆さんのために歌う振動のレベルにおいて、もう一度恐怖を超えて、恐怖によって宣言してしまったどんな宣言も超えて、自己を知る機会を提供させてください。三つ数えたら、上昇が始まるのを感じてください。

一、二、三。

私たちに受け入れられ、アッパールームに包まれてください。そこは神が自分自身の形を知り、自ら選択しない限り恐怖は存在できないオクターブです。この一致において、皆さんには恐怖を感じない自己とはどんなものなのかを経験していただきたいと思います。さらに、もし望むなら、あなたにとってアッパールームが存在し自分を表現する場所になるまで、あなたはいつでもこの経験をくり返すことができます。

私たちが行った「私はやってきました。私はやってきました。私はやってきました」というそれぞれの宣言において、本当の自己は、最初からそれが本当の目的だったというように、自己を体験するようになるでしょう。つまり、恐怖「知らず」です。恐怖の概念がなければ、恐怖は存在できません。皆さん、今の言葉を聞きましたか？　概念として恐怖が存在しなければ――なぜなら、恐怖は概念、投影、考え方、または概念を体験する方法で「ある」ためです――恐怖自体には名前がありません。そして、名前がなければ、意思のない振動となります。何かに名前をつけること、名前で呼ぶことは、その機能に力を与えることです。誰かが座っている椅子とか、圧倒されるような恐怖などです。椅子の概念がなければ、あなたが座っているのは単にそれということになります。そして、恐怖の概念がなければ、恐怖に力はありません。

この表現のレベルに一致するということは、あなたがこれまでもずっとそうであったように、恐怖を持たず生まれてきた本当の自己を宣言することです。そして、それを理解した瞬間、あなたが生きる人生に恐怖を感じることなく、あなたがこれまでずっと誰で何者だったのかを取り戻すことができるようになるのです。このことを念頭に、次の言葉を聞いてください。

「今日この日、私は、恐怖というものを知っている私のすべての側面が、恐怖によって選択してきたものから解放され、恐怖から自由になり、そして、恐怖を知らない者として生きる可能性と一致することを選びます。恐怖なしに知るという同意において、恐怖によって生まれこれまでずっと自

分を助けるものだと思い込んでいたものから解放されます。そうすることによって、私は恐怖のない世界を知ることができるでしょう。そして、私はこれまでの恐怖の記憶、つまり小さな自己として利用してきた恐怖の投影から解放されます。これを受け入れるとき、私は自分の領域において恐怖の解放と恐怖自体の概念を認識し、私はやってくる存在となります」

恐怖の概念から自由になってください。まるで波が新しい解放の宣言へと押し流すように、恐怖自体の概念から自分を解き放ちましょう。恐怖として知っているエネルギーは、恐怖の概念なしに形を宣言し、解放を知る方法となります。捕まえる人がいなければ、囚人は存在できず、あなたが恐怖の概念から解放されたら、捕まえる人も存在しません。

あなたのままでいてください。そして、恐怖から自由になって自己を知ることを受け入れてください。

（小休止）

あなたの同志として恐れずに、あなたの鎧として恐れずに、あなたの人生の期待として恐れずに、あなたとして自己を受け入れると、あなたが具現化している間、本当の自己について知ることが許されます。「クモがいます。私はクモに怯えるでしょう」と、恐怖の記憶があなたを連れ戻そうとするので、そのときは、あなたはただクモの概念とあなたにとってクモがどんな存在なのかによって怖がっているのだということを忘れないでください。この新しい本当の自己の創造において、物質的な領域はあなたが宣言した振動を認識して、あなたのために振動を開始します。言い換えれば、恐れることなく行動する人は、同じことを宣言する必要はありません。そして、同じ宣言を受け取るつもりもありません。あなたがここでしていることは、自分に内在する真の姿を再生することだと理解すると、あなたという人は、他に選択肢があると誘惑する恐怖の影に脅かされることなく、形の実現を表現するようになります。

「選択肢がある」と言うのは、何も愚かなことを奨励しているわけではありません。「なんて見事な崖でしょう。飛び降りたら楽しいかもしれません」なんて考えないでください。それはかなりばかげた行動であり、そんなことをする必要はないのです。自己を大切にするということは愛の行動で、自己を恐ろしい目にあわせることではないと理解することは、あなたが何をどうして選択するのかがわかるシンプルな方法です。

怒りを表す神をなだめようと、仲間に承認を求めるとき、あなたは恐れて行動しています。人々の幸せをサポートするために、周りの人々をなだめる必要があるなら、あなたは愛において行動しています。あなたの周りの人々が必要としていることを理解し、彼らの小さな自己の問題を超えたところで彼らが本当はどんな人たちなのか理解するとき、あなたが彼らのために行うすべての行動は、愛による結果というものです。

あなたがたはそれぞれ、保つことができる顕現のレベルで神を実現する可能性を持って、このような愛の表現を知ります。キリストは恐れることはできません。なぜなら、キリストは恐れておらず、恐れを知らず、恐怖が何か明確に表現できないからです。そして、人類の中に、顕現するキリストが実現されるとき、人類は恐怖を超えて引き上げられ、恐怖による分離の幻想からも解放されます。

あなたがたの中には、恐怖を持ち続けたいと思う人もいるでしょう。「その方が安全です。私はどうなるのか知っていますか。何が起こりうるかわかっているので、この人たちを信頼したり、ここやあそこに行ったりするべきではありません」と。どこかに行くべきでないと判断する力は、恐怖ではなく自己愛で、前に進むための一つの方法かもしれません。しかし、あなたを守るものとして恐怖に頼ることは、実際のところあなたが望んではいないと言っている恐怖を呼び寄せてしまいます。なぜなら、あなたの表現、あなたの振動の領域が恐怖によって何かを宣言し、その結果、あなたはそのレベルに一致してしまうからです。

アッパールームでは、あなたが恐れるようなものはどんなものでも再認識し、新たに理解することができます。いいですか、皆さん。恐怖の概念そのものから自由にならなければならないと理解すれば、その後に続くものに恐怖など存在しないのです。

ここでこの教えを終わりにします。参加していただきありがとうございました。

二十八日目　あなたがあなたのままでいること

今、皆さんは顕在化した本当の自己を認識し、そして理解し、私たちの前に立っていますが、あなたは「あなたでいる」ということが何を意味するのか疑問に思っているでしょう。「さて、私は誰なのでしょうか？　自分の存在についてどうすればよいのでしょうか？　次に何をするべきかを決めるにあたり、これまで頼りにしていた古いものに反応したり依存したりしてしまうことをどう理解すればよいでしょうか？」

高いオクターブとの新しい一致におけるこの出会いを通して、あなたがた一人ひとりに何が起こっているのかというと、あなたが疑問を持った瞬間にそれに答えることができる本当の自己を認識しているということです。あなたが探し求める地図とあなたが欲しいコンパスは、低い振動では見つけることはできません。しかし、あなたが今表現する存在として暮らしているアッパールームでは、あなたは知っている人としてあなたを認識するために宣言されたのです。これらの教えにおいて、私たちがこれまでの歴史で宣言してきたものは、エネルギーの領域においてその真実を深め体系化してきました。領域はあなたが取った形をしているので、あなたはこれらの真実の指示を頼りに表現しています。それは単純に、あなたが必要とする情報はあなたがそれを必要とする瞬間に、そこにあるということです。

それでは、あなたは法律がかなり違う国に、引っ越したと想像してみてください。前の国でこれまで慣れ親しんできた行動は見られません。「お茶の時間ですか？　いつ仕事に行けばよいですか？　何をすべきかどうすればわかるのでしょうか？」と戸惑うかもしれません。しかし、あなたが知った瞬間に、あなたは何をすべきかわかります。知る前でも、後でもなくその瞬間です。神聖な転生する自己の実現は、あなたが生きる人生のようにそこに存在しますが、いろいろな意味で、既知を超えて、既知の構造を超えて、そして、確実に既知への依存を超えて活動しています。ひとたび顕在化する自己を実現し、その体系化によってあなたの存在を宣言すると、古い構造に依存することはなくなります。それはある意味、知る力に頼り、どんな瞬間に知ったとしても、あなたには知ることによって行動することが求められていると気づくことによって可能となるのです。そして、あなたが振動する世界と一致して振動しているという認識は、あなたと一致する世界を宣言し、あなたはもはや小さな自己のデータによって、自分自身を振り返る必要がないということです。「雪が降っています。確かに冬に違いありません」と考えることはないのです。古いものを参考にすることをやめ、「私はやってきました。私はやってきました。私はやってきました」と愛において表現する神、つまり新しくなった世界に奉仕するためにやってきた自己を知るために、顕在化する自己が新たに同意することによって、古いものの力は弱まっていきます。

同意によって私たちのところにやってきたあなたがたはそれぞれ、本当の自己と一致し、小さな自己による自己実現のテンプレートや構造を超えて前に進むことを決め、そして、最大の努力をしてきたと感じるとこれを承諾します。まだあなたと一緒にいる小さな自己は、目の前に示されるものが自分の経験と比べてもはるかに理にかなっているとき、もはや歴史の遺物に依存しません。規則や法律、習慣となった行動、そして、文化的慣習の正当化は、これまでと同じように現状に従うために同意するものと見なされます。それは、上昇と世界の再創造によって、もう一度知ることを求める継承された構造です。

顕在化する世界は、あなたが取るこの新しい振動の形で、あなたと向き合おうとするとき、いくつかのことが必ず起こります。まず、古いものに依存してもあなたの役には立たないので、あなたは新しい可能性の領域に進むのに忙しくなります。なぜなら、すべてのものはアッパールームで知ることができるからです。そして、あなたはこれまで歴史のデータに基づいて成功の秘訣を探ってきたので、それを超えて宣言することができるものから自分を制限してきました。今では、まったく違う方法で手に入れることが可能です。

「まあ、私たちはこれまでずっとこうしてきたので、これがそのやり方に違いありません」と、古いものを正当化してきたので、あなたは追随者であり、あなたは羊でした。実際には、あなたとしての先生である自己は羊ではなく、羊飼いなのです。あなた自身の覚醒、あなた自身の上昇は、あなたの振動の領域を通して、より高い一致でその世界を連れてくるための明快な呼び掛けです。あなたは追随者を「探している」のではなく、世界を前にして彼らの存在の本当の姿を「宣言している」のです。そして、それは、世界を知り、自分が知っていることにおいて見ているものを宣言するためにやってきた人の贈り物です。

したがって、小さな自己は質問の答えを求めています。

「私には仕事があります。仕事のことはどうすればよいのですか？」

以前、こうした質問に答えましたが、それぞれの同意のレベルで、あなたが自分の世界を見つめ、知る必要があると思う質問の答えを探すことは私たちも理解しています。しかし、前にも言ったように、あなたは知ることが与えられた瞬間にしか知ることはできません。そして、仕事、社会における役割（もしあるなら）、そして、自分の学びのために、そして自分よりも先に他の人々のために生きる人生にどんな意味があるのかを宣言するのは、顕在化した神なのです。

「私はどう奉仕すべきか知っています」という宣言を教えたとき、波動における振動の領域の拡張は、世界における神の存在を祝福し、確認します。なりたいものになれないかもしれないというあなたの恐怖は、あなたが本当は誰なのかを認識し、恐怖と認識が入れ替わります。そして、あなたがこれを読んでいる瞬間に知っているかどうかにかかわらず、本当のあなたは神であり、これまでもずっとそうであり、神以外にはありえないのです。顕在化することや、物質的世界の領域に参加するという同意は、すばらしい機会でした。そして、その機会を手放すことなく、歴史を確認することを求め続ける小さな自己には学ぶことができない新しいことを学ぶために、その本質によってあなたは顕在化する世界を引き上げようとしています。

奇跡の中で、私たちはあなたを教えています。奇跡の実践です。あなたが恐怖を超えて、恐怖への同意を超えて世界を歩くとき、あなたが理解するようになるのは、習慣としての、そして、論理に同意する方法としての恐怖の狂気です。「あなたは恐れるべきです」とか、「あなたは非難するべきです」といった具合に。人が人に背を向けることを助長してきた歴史の誤った教えは、これまでずっと同じことの繰り返しでした。つまり、規則を作る人たちのニーズを支えるために、人類がどのように関わりを持つべきか決定するためのものだったのです。何世代にもわたり一つの規則に縛られて生きていると、あなたはそれが真実だとか、意味のあることだと思うようになります。実際には、当時命令として作られた規則は、今のあなたの生活とはまったく違う形で活動していた共同体のニーズをサポートするためのものだったのです。

神そのもの、顕現する神は、その日に求められているものを把握し、出会う人々、恐怖を抱えている人がいたら、彼らを認識することでアッパールームに引き上げることができることを理解しています。では、ちょっと想像してみてください。怖がりだとわかっている人が、あなたの人生の中にいるとします。そして、その人がびくびくしながらあなたの前に立っているのを想像してみてください。恐怖の形や名前、それがその人にとって何の象徴なのかがわかれば、作業しやすくなるはずです。すると、その人個人ではなく、恐怖だけを宣言することができます。事実、恐怖はその人から独立したものです。そこで、その人が自分を表現するときに使うような恐怖のイメージや恐怖の名前を思い浮かべて、目の前の人を見てください。あなたのやり方でその恐怖を宣言してください。**「私は真にあなたが誰なのか知っています。私は真にあなたが何者なのか知っています。私は真にあなたがどう奉仕すべきか知っています。あなたは自由です。あなたは自由です。あなたは自由です」**と。

　では、その宣言の後に、エネルギーの領域や恐怖に与えられた名前に何が起こるのか観察してみてください。真実においてその人を宣言すると、自分自身についていた嘘が離れていきます。なぜなら、嘘は真実の中に存在することはできないからです。無理やり恐怖を引き離そうとしているわけではありません。死の恐怖なのか、クモに対する恐怖なのか、独りぼっちになることへの恐怖なのかに関係なく、あなたは恐れることのないその人を宣言します。その人が同意した顕現において、恐怖の概念を持たないその人を宣言するのです。学ぶために選んだ恐怖が何であれ、その人と調和し、ただアッパールームに連れてくることによって、より高いオクターブにおいて恐怖を再認識するのです。

——それはどのように行うのですか？

ポールは尋ねます。

あなたが今行った宣言を通してです。今一緒にやってもらった宣言は、アッパールームに暮らす人々によって、アッパールームで宣言されます。私たちは、自分たちの新しい住処としてアッパールームに一致することに同意したあなたがた、つまり、私たちの生徒たちに話しかけています。したがって、このオクターブにおいて宣言されることは、あなたが出会うものをアッパールームに引き上げて、もう一度確立し知ることを目的としています。恐怖を身にまとってあなたの前に立っている人は、もしかしたら眠っていたのかもしれません。あるいは、恐怖によって正当化した安全の必要性から隠れていた自分の側面をもう一度見つめ直そうとしているのかもしれません。しかし、恐怖から解き放たれた瞬間、理想の自己、本当の自己は、自分の存在という船の船長に戻ります。別の言い方をすれば、愛において宣言する人がもう一度明確に表現すると、支配する恐怖を振り払うことができるのです。

——愛において？

再び、ポールが尋ねます。

——これは、アッパールームにいて別の部屋を目撃するのと同じことですか？　それはアッパールームにいて、誰かを目撃しているのと同じことですか？

はい、その通りです。ポール、愛は感情の一つだと考えるのをやめた瞬間に、あなたはそれを理解するでしょう。なぜなら、愛とは真実、神の真実だからです。そして、真実に頼ることは、愛を知る本当の自己であるあなたが行う錬金術の宣言です。そして、それは永遠に真実なので、真実でないことなどありません。

　さて、皆さんの中には、この話を聞いて嫌いな人も進んでハグして回らないといけないのかと思う人もいるでしょう。私たちもハグはあまり好きではありません。他の方法でコンタクトをはかりたいと思います。この顕在化した世界には抱きしめることができる人はいないので、私たちはこんにちはと言って、皆さんを愛することにします。みんなをハグして回りたい人は、自分の本当のニーズが何なのか自問しなければなりません。「なぜ私は出会うすべての人に両腕で抱きつかずにはいられないのでしょう?」と。ただ、あなたはしたいようにハグをしてもよいのです。その反対もしかりで、ハグしないことを選択することもできます。一つのことは、もう一つのこととは何の関係もありません。私たちの教えにも関係がないことです。私たちは、こうしたことを教えることができるアッパールームから、恐怖から解放される愛や愛の顕現について教えています。私たちは恐怖が同意することができないアッパールームから教えています。したがって、恐れの「ない」この場所では、知ることがあなたの一部になるまで、あなたは毎日アッパールームに来ることができるのです。

　次の本で紹介する世界の引き上げとは、存在の行動というものです。顕現において神として存在するというのは、それ自体が百科事典なのです。そして、「他にも教えることがあるのですか?」と尋ねているポールのために、お話ししておきます。ポール、もしあなたがその質問の答えを本当に知りたいのなら、あなたはおそらくチャネラーとしての役割を放棄して、どこかでゲームでもしたらいいと思います。なぜなら、あなたの目の前にある仕事はずっと続きますが、これからもあなたの論理に反するような内容も続くからです。しかし、あなたが望んでいることも与えられます。つまり、あなたが誰で何者なのかという神の存在を知ること、そのあなたとして見える景色、そして、知ることができるすべてのものです。それは神秘的な道です。これは以前にも話しました。しかし、小さな自己の思い込みと、あなたが誰で何者なのかという概念に依存することから解放されることとは、こうしたことを理解するためのシンプルな鍵なのです。この教えを提供することで感じる喜びは、生徒の皆さんが実現し、顕在化した世界でどんなものを呼び起こすのかに対してです。「私はやってきました。私はやってきました。私はやってきました」と、この新しい宣言を歌う世界中の百万の声を想像してみてください。あなたがた一人ひとりが実現することを受け入れたときに、言葉、音色、振動、自由な音階、顕在化する次元を具現化する愛の音色において、その名前を何度も繰り返す振動の中に身を置くことに同意します。なぜなら、存在の本質上、あなたは恐怖によって閉じ込められた人々の解放者になるからです。そして、神や自らの神の側面を否定してきた彼らを目覚めさせるのです。神は彼らとしてやってきて、形を明確に表現することによって、彼らが新しい世界に順応できることを求めています。

あなたが今経験している世界の分裂は、自分が誰で何者なのか知っている人がその源と一つになれば、実は癒すことができます。分裂したままでは癒すことはできません。また、分裂したままでは理解することもできません。小さな自己が分離しているのと同じである分裂のレベルでの決まりは、複製することです。古いものを複製することは、新しいものを古いものとして宣言し、それを毎日繰り返していきます。あなたがどこにいようとも、源と一つになり、もう一度知り、もう一度明確に表現することを望むなら、あなたの目の前に世界として姿を現す振動の共鳴というエコーを創り出すのです。終わり。終わり。終わり。

（一旦休憩）

では、どうか次の質問を自分自身に問いかけてみてください。

「私は、自分やすべての人々がより崇高な幸せを手に入れるために、もう一度創造し、認識し、そして、奉仕することを喜んでできるでしょうか？　この次元で学ぶことを選んだ自分を許すことができるでしょうか？　アッパールームでこれから私が行う選択、私の存在の真実と調和するという新しい同意を受け入れることができるでしょうか？」

これらの質問には、あなたが望むように答えてもらって大丈夫です。そして、「はい」と答えることを選択するということは、あなたがここで取り組んでいる使命を全うするということだと理解してください。あなたは日々、奉仕における状況や必要条件に関して対応していくことになります。

しかし、しっかりと理解していただきたいことがあります。アッパールームから具現化して顕在化するとき、次のようなことが起こります。あなたは自分が誰で、何者で、どう奉仕するか知っているので、そして、「私はやってきました。私はやってきました。私はやってきました」の宣言があなたそのものとなるので、あなたはあなた以外の存在になる必要はありません。あなたは善を熱望するのではありませんし。過去の罪の赦しを求めているわけでもありません。あなたはもっとよいあれやこれを求めているのでもありません。あなたは存在することで、振動を高めているのです。そして、神に同意することによって、あなたが目にするすべてのものを新しく知るのです。

私たちはこのテキストにおいて、自分が誰か知っている人の責任と、「私はやってきました」という真実の宣言について教えてきました。この宣言こそが、あなただけの転生において神として行動する範囲を知らせるものなのです。しかし、それは同時に、今この次元でこうしてはっきり示された共同の顕在化するキリストを知らせるものでもあります。

この旅において、私たちはしばらくあなたと一緒に歩きます。あなたの横を、前を、そして、後ろを歩きます。そうすれば、あなたが新しい人生を進む中で、その新しい風景は安全だということに気づき、知ることになります。私たちはあなたをサポートし、あなたがこの世界にやってくることを世界に告げるので、一人ひとりが受け入れ実現していくために、私たちは最善の道を用意することができます。

どうか次の言葉を聞いてください。あなたはこの旅の間、決して一人ではありませんでした。一人になることもできないのです。これまで孤独を経験したことがあるなら、それは神の愛にふさわしい存在だと信じることができない小さな自己が、もう一度あなたとつながろうとしたことに恐怖を感じたからです。しかし、神の愛を受けないものはいません。なぜなら、愛こそ神で「ある」からです。そして、愛とは振動や上昇するレベルにおけるすべての生き物のすべての粒子なのです。

新しい方法で世界を見ることは、あなたがたがそれぞれ真実の大使となった今、最初のステップに過ぎません。しかし、私たちが本書で教えるのはここまでとなります。第二巻と第三巻では、錬金術と顕在化する世界を実現するという使命についてお話しします。これらの言葉を口にすることで、あなたはすでに何となくどんな意味を持つのか想像することができると思います。そこで、「この」教えを終えてから、次の教えをお届けします。

終わりに、私たちはすべての生徒の皆さんに向けて次の言葉を言います。

あなたがどこに座っていても、ポールによって言葉を聞くのか、あるいは自分で読んで理解するのかは関係ありません。私たちはこれまでと同様に、今あなたと一緒にいます。そして、アッパールームであなたの隣や前を歩きながら、私たちはあなたの目の前にある、そして、これからもずっとそこにある人生へあなたを歓迎します。

これはこの章の終わりではありません。これで、本書の内容である文章は完成しました。そして、これはポールに向けて言います。私たちが口述した文章は、私たちが意図した内容となりました。あなたががんばってくれたことを心からお祝いします。そして、生徒の皆さんが私たちの教えに参加してくれたことに感謝します。終章を口述するなら、ポール、あなたにそう伝えます。ポールがちょうどそのことを尋ねたので答えました。

文章を完成させると言うとき、私たちが本当に意味しているのは、雑音、音色、振動、話し言葉、愛、そして感謝において明確に表現した情報について、繰り返し読むことによって、何度も何度も何度も宣言するということです。あなたが手に持っている本は、愛、音色、言葉、雑音、音の中で生きています。そして、もしあなたが今許可を与えてくれるなら、私たちはあなたを王国で宣言し、これからも続く教えにあなたを受け入れます。

私たちはここにいます。私たちはここにいます。私たちはここにいます。そして、あなたを称えて歌うとき、あなたと一緒に歩く新しい道に、あなたをそれぞれ引き上げます。あなたは愛し、あなたは知り、あなたは既知を超えて認識することを実現します。すると、感謝と愛に満ちたあなたの歌が、すべてのものの源と一つになって、この次元の至るところに響き渡ります。

あなたがた一人ひとりに感謝します。おやすみなさい。終わり。終わり。終わり。

謝辞

私は次の方々に感謝の言葉を贈ります。ありがとうございました。

ダスティン・バンバーグ、ノーム・ベン・アリー、ティム・チェンバース、ジョアン・キャサリン・クラマー、ジョエル・フォティノス、エイミー・ヒューズ、オーブリー・マーカス、ジャネット・ミーク、ビクトリア・ネルソン、ノア・ペラーボ、エイミー・ペリー、ブレント・スタルク、ナタリー・スドマン、そして、エサレン協会。

訳者あとがき

本書は、ポール・セリグの三部作の第一作目として二〇一九年に出版された*Beyond the Known: Realization*の全訳です。冒頭にもあるように、本作は約三カ月に渡ってアメリカ、カナダ、イギリスで開催されたワークショップやセミナーにおいて、セリグがチャネリングによってガイドから受け取った講義をまとめたものです。セリグはワークショップを主催すると同時に、その場所からガイドが語る言葉を参加者や読者に伝えているのですが、これまで出版された彼の著書も同じような形式で書かれています。そのため、原書は未編集の原稿となっています。その独特の雰囲気を保ちながら、ときに難解な文章と悪戦苦闘しつつ、日本の読者の皆さんにうまく伝わることを願いながら訳すことを心がけました。

チャネリングとは高次元の存在と交信する手段や能力のことですが、ポール・セリグは今日のチャネリングにおいて、多くの人々が絶大な信頼を寄せる第一人者として活躍しています。これまでアメリカで出版された著書に、『私が言葉　*I Am the Word*』（二〇一〇年）、『愛と創造についての本　*The Book of Love and Creation*』（二〇一二年）、『知ることと価値があること　*The Book of Knowing and Worth*』（二〇一三年）、『マスターするための本　*The Book of Mastery*』（二〇一六年）、『真実の本　*The Book of Truth*』（二〇一七年）、『自由の本　*The Book of Freedom*』（二〇一八年）があります。本書は三部作の第一作目ですが、すでにアメリカでは第二作目『錬金術　*Alchemy*』（二〇二〇年）、第三作目『王国　*The Kingdom*』（二〇二一年）が発売されています。

ニューヨーク生まれのセリグは、ニューヨーク大学で学び、その後エール大学で修士号を取得しました。長年、ニューヨーク大学やゴダード大学で教員を勤めた後、現在は、作家、そして、霊媒師《ミディアム》として世界中を飛び回っています。一九八七年、彼は一つのスピリチュアルな体験をしました。そのことがきっかけとなり、千里眼または透視能力と呼ばれる力を身につけたのです。セリグは自ら経験するようになったその感覚をさらに深めるために、エネルギーによるヒーリングについて勉強しました。すると、相談者たちに伝える助言が「聞こえる」ようになったといいます。こうして、彼は相談者が交信したい相手その人となって、テレパシーによって伝わる言葉を聞き、それを届けるという類まれな才能を発揮してきました。そのような作業をしているときの彼は、性格や身体的な特徴までが交信している相手と非常に似てくるということです。

ポール・セリグはニューヨーク州やカリフォルニア州、現在住んでいるハワイ、そして、ロンドン、コスタリカなどでワークショップを開催しています。また、オンラインによる集中コースや、定期的なライブストリーム配信も行っています。さらに、個人を対象としたリーディングも行っており、希望者は彼のウェブサイトから申し込むことができます。実際に、彼のサイトで確認してみると（https://paulselig.com）、通常のリーディングで三年待ちということなので、かなりの人気であることが窺えます。

また、彼はさまざまなメディアにも取り上げられています。その中にはＡＢＣニュースの「ナイトライン」、フォックスニュース、テレビシリーズ「アンエクスプレインド」、ガイアムテレビ「ビヨンド・ビリーフ」、そして、ドキュメンタリー映画『PSG：パーソナル・ガイダンス・システム』などに登場しています。同時に、多くのラジオやポッドキャスト番組に出演し、個人や社会が抱える問題をどのように解決していけばよいのかというテーマについて、ガイドから授かった知恵を伝えています。二〇一八年、雑誌フォーブスが発表したウェルネス専門家が選ぶ「あなたが読むべき人生が変わる二十三冊」に、『私が言葉』、『愛と創造についての本』、『知ることと価値があること』の三冊が選ばれています。

すでに述べたように、ポール・セリグは霊媒師として世界中の個人や企業に対してカウンセリングを行っています。家族や友人や仕事関係者など相談者の人生において大切な人々についてチャネリングを行い、その関係性について大事なことを語ってくれるそうです。リーディングを行うとき、彼はよく未来の出来事についての情報を受け取ることがあるそうですが、彼が言うには、最も大切なのは、相談者の「いまここで」の人生だそうです。生きていれば、仕事や経済状況や人間関係など、前に進むことを妨げるような問題も起こるものですが、そんなとき彼は、その知恵とやさしいユーモアで、体と心のヒーリングとなるような的確なアドバイスをしてくれると評判です。

本書の中でも、ポール・セリグを通じて、ガイドたちはとても多くの大切なことを語りかけています。私たちは「何も持っていなくても大切な存在であり、もともとは神聖な存在」なのですが、「神を実現できていないのは、低い振動の中で神の表現を失うことを助長する物事に縛られている」からだ、とガイドたちは語っています。確かに、私たちが住むこの世界では、いまだに戦争が起こっています。そして、新型コロナウイルス感染症という数年前には誰も予想できなかった病気が大流行しています。こんな時代だからこそなおさら、「あなたであれ」というガイドたちの言葉が心を打ちます。ときに、小さな自己というものは恐怖を感じ、これまでの歴史を振り返り、あれもこれも間違っている、気に入らないと、私たちの心をかき乱すこともあるでしょう。しかし、本当の自己、神聖な自己、そして、キリストの自己の支配権は形を超越し、神と同じ姿をして実現するものだという言葉に希望を感じました。私自身もその他大勢の羊ではなく、群れを引っ張っていくような羊飼いになれるように前を向いて歩いていきたいと思いました。

二〇二二年十一月

斉藤　宗美

© ジョバンニ・サビーノ

ポール・セリグ

Paul Selig

ニューヨーク市生まれ。ニューヨーク大学で学び、イェール大学で修士号を取得。1987年にもたらされたスピリチュアルな経験により、透視者《クレアボヤント》の道を歩むことになる。今日のチャネリング文献分野において、第一線で活躍している一人と考えられており、世界各地でのチャネリングによるワークショップやエサレン協会での定期講義を行っている。教員としてニューヨーク大学に25年以上勤務し、その後、ゴダード大学の美術学修士課程のクリエイティブ・ライティング・プログラムでディレクターを務める。現在は、ゴダード大学の理事会に所属し、ニューヨーク市を拠点に活動中。ワークショップ、オンラインセミナー、個別の透視リーディングも開催している。

www.paulselig.com

訳者

斉藤宗美

さいとう・ひろみ

国際関係の仕事に従事した後、英語・スペイン語の翻訳を手がける。カナダ、アメリカ、コスタリカ、オーストラリアなど、17年間を海外で過ごす。青山学院大学英米文学科卒業。オハイオ大学大学院国際関係学部修士。訳書にトム・ブラウン・ジュニアの『ヴィジョン』(徳間書店)、『グランドファーザーが教えてくれたこと』(ヒカルランド)、エンリケ・バリオスの『まほう色の瞳』(徳間書店)、アーサー・ホーランド・ミシェル『空の目』『わたしたちの「すべて」が管理される世界』(ヒカルランド)などがある。

すべてが叶う究極の次元〈アッパールーム〉の教え

【自己実現】の超法則

第一刷　2022年11月30日

著者　ポール・セリグ

訳者　斉藤宗美

発行人　石井健資

発行所　株式会社ヒカルランド
〒162-0821 東京都新宿区津久戸町 3-11 TH1ビル 6F
電話 03-6265-0852 ファックス 03-6265-0853
http://www.hikaruland.co.jp info@hikaruland.co.jp

振替　00180-8-496587

ブックデザイン　ニマユマ

本文・カバー・製本　中央精版印刷株式会社

DTP　株式会社キャップス

編集担当　小澤祥子

ISBN978-4-86742-177-2